**여행자의
스페인어 MUST
CARRY**

저자 Isabel Lee (이은복)

남미로 이민 가 20년간 생활한 이사벨 선생님은 스페인어 원어민 학교를 최우수로 졸업하고 한국에 돌아와 서울대학교 서어서문학과를 졸업했습니다. 국제회의와 공공기관 통·번역, 대기업, 외고(국제고) 강의를 활발히 하고 10년간 스페인어 능력시험인 델레(DELE) 감독관으로 활동했습니다. 미주개발은행(IDB) 싱글윈도우 세미나를 통해 우리나라의 '전자무역시스템'을 스페인어권 국가에 널리 알렸고, VIP 중남미 순방 사전 조사관으로 참여, 지식경제부 전담 통역도 담당했습니다. 현재는 대기업 해외사업팀에서 스페인어권 국가를 담당하고 있습니다.

- 어학·외국어 파워블로그 〈스페인어공간〉 운영
- 〈여행자의 스페인어 MUST CARRY〉 팟캐스트 진행

여행자의 스페인어 MUST CARRY

지은이 Isabel Lee (이은복)
초판 1쇄 인쇄 2017년 8월 24일
초판 1쇄 발행 2017년 9월 1일

발행인 박효상 **총괄 이사** 이종선 **편집장** 김현 **기획·편집** 박혜민 **디자인책임** 김보연
디자인 싱타디자인 고희선 **편집·진행** 오수민 **독음 표기** 윤종민
성우 Jordi Sanchez, Verónica López Medina
마케팅 이태호, 이전희 **디지털콘텐츠** 이지호 **관리** 김태옥

종이 월드페이퍼 **인쇄·제본** 현문자현

출판등록 제10-1835호 **발행처** 사람in **주소** 121-839 서울시 마포구 양화로 11길 14-10 (서교동) 4F
전화 02) 338-3555(代) **팩스** 02) 338-3545 **E-mail** saramin@netsgo.com
Homepage www.saramin.com

책값은 뒤표지에 있습니다.
파본은 바꾸어 드립니다.

ⓒ 이은복 2017

ISBN
978-89-6049-641-5 13770

사람이 중심이 되는 세상, 세상과 소통하는 책 **사람in**

여행자의
스페인어 MUST CARRY

사람in

프롤로그
PROLOGUE

여행의 그릇을 결정하는 스페인어

스페인어를 가르치다 보면 스페인어권 국가로 여행, 출장, 어학연수 또는 이민을 계획 중인 분들을 쉽게 만나 볼 수 있습니다. 이분들은 떠나시기 전에 하나같이 제게 "그곳에 가져가서 보면 좋을 책" 하나만 추천해 달라고 합니다. 불안한 마음을 가득 담아서 말이죠. 그때마다 저는 '그런 유용한 책을 내가 꼭 써야겠구나'라는 생각을 했습니다. 떠나는 분들의 불안한 마음을 조금이나마 편안하게 가라앉혀 줄 『여행자의 스페인어 MUST CARRY』와 같은 든든한 책 말이죠.

저는 수년간 스페인어와 관련된 일을 해오며 알게 된 지인, 제자들과 함께 이 책을 작업했습니다. 그분들과 함께 일한 건 스페인어 원어민인 제가 느낄 수 없는, 모국어가 한국어인 독자들만이 필요로 하는 게 분명히 있을 거라고 생각했기 때문입니다. 스페인어권 국가로 여행 또는 어학연수를 다녀왔거나 거주 경험이 있는 사람들과 함께 책을 만든다면 여행자에게 많은 부분을 충족시켜 줄 꼭 필요한 좋은 책을 만들 수 있을 거라 확신했습니다.

여행의 질을 높여주는 여행 스페인어책, 이거 하나면 됐다!

본 책은 현지인이 실제 사용하는 단어를 포함하여 상황별 회화까지 모두 수록되어 있습니다. 스페인어 초급자뿐 아니라 중·고급 여행자들도 실생활에 적용해 더 풍부한 의사소통을 할 수 있도록 유용한 표현들만 골라 담았습니다. 말에는 그 나라의 정서가 담겨 있다고 하죠? 이 책은 거기에 문화적인 내용까지 더해 스페인어를 이해하는 데 부족함이 없도록 했습니다. 이제 아무 걱정 없이, 『여행자의 스페인어 MUST CARRY』와 함께 의미 있는 여행, 진짜 여행을 즐겨보시기 바랍니다.

처음부터 끝까지 책 출판 전 과정을 친절하게 도와주신 오수민 팀장님, 사람in 출판사 관계자들, 기획 소식을 듣고 기꺼이 독음 작업을 맡아준 나의 소중한 제자 Esperanza(윤종민)와 얼마 전 남미여행에서 찍은 수백 장의 사진을 아낌없이 내준 Bianca(최은선) 언니, 그리고 이 책을 기획하기까지 독려해 준 가족들과 〈스페인어공간〉의 제자들, 내 동생 Saya(이사야), Choi(최원철) 선배님, Bruno(김병희) 상무님께 감사의 인사를 드립니다.

끝으로 스페인어 전공자의 길을 먼저 걷고, 제가 힘차게 앞으로 나갈 수 있도록 늘 곁에서 큰 힘이 되어준 나의 영원한 스승이자 멘토인 우리 언니와 이 책이 나오기까지 잦은 감수 부탁에도 친절히 도와 준 Javier 형부에게 감사의 마음을 전합니다.

여행의 기억
스페인어가 필요했던 그 순간

ATM이 먹어버린 내 카드

마드리드 관광지에서 기념품을 사야 하는데 현금이 똑 떨어져서 가까운 은행에 있는 현금 지급기에 카드를 넣었는데 세상에! 기계가 카드를 먹고 돈은 한 푼도 안 나온 거 있죠. 너무 당황해서 주위 사람들에게 '도와달라' 혹은 '카드가 안 나왔다'라는 말을 하고 싶었는데 스페인어는 한마디 안 나오고 정말 답답했답니다.

'목이 아파요'를 스페인어로?

여행 중 목이 퉁퉁 부어서 약국에 갔는데 '목(목구멍)'이라는 단어가 스페인어로 생각이 안 나는 거예요. 그러다 〈스페인어공간〉에서 이사벨 선생님이 알려 주셨던 아르헨티나 쪽에서 바라보는 이과수 폭포인 '악마의 목구멍(La garganta del diablo)'이 문득 생각나더라고요. '아프다'라는 표현은 모르겠고 '목구멍(garganta)!'만 외쳤답니다.

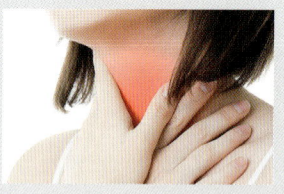

지갑을 도난당했어요!

남미 여행 중 지갑을 도난당했죠. 돈 한 푼도 없이 일단 택시를 타고 머무는 호텔로 바로 갔어요. 그런데 막상 호텔 프런트 데스크 직원에게 제 상황을 설명해야 하는데 어디서부터 어디까지 어떻게 말해야 할지 몰라 난감했어요.

SIN PRISA, SIN PAUSA
서두르지 말되 멈추지 말라

여행자의 스페인어 활용법

KEY CHECK
여행 상황마다 꼭 필요한 문장

나에게 꼭 필요할 것 같은 문장에 표시하면서 연습해 보세요. 자신감이 높아져요. (음원 수록)

DIÁLOGO
실전대비 대화문

필수 문장을 실제 상황으로 확인한다! 실제 그 상황에 처해 있다 생각하고 리얼하게 연습해 보세요. 그냥 읽는 것과는 자세부터 달라진답니다. (음원 수록)

CHECK IT OUT
여행에 도움을 주는 정보가 한가득

알면 천군만마의 힘이 돼 줄 유용한 정보를 꼭 필요하다 싶은 곳마다 실었어요. 새롭게 알아가는 재미가 쏠쏠해요!

여행 안심 패스
VOCA BOX

진정한 마음의 위안꾼! 비행기를 기다리며, 잠 못 드는 타국의 밤을 지새우며 심심풀이로 보는 보카! (음원 수록)

▶ 이 책에는 초급자들의 편의를 위해 스페인어 독음 표기를 했습니다. 스페인어가 익숙해지면 가능한 한 독음에 의지하지 말고 스페인 원문을 보고 읽는 훈련을 해 보세요. QR코드를 스캔하거나 무료 다운로드한 MP3 음원으로 원어민 발음을 확인하세요.

CONTENTS

CHAPTER 1
PRESENTACIÓN

CHAPTER 2
EL AEROPUERTO · EL AVIÓN

CHAPTER 3
EL TRANSPORTE

CHAPTER 4
ALOJAMIENTO

CHAPTER 5
SALIENDO A COMER

CHAPTER 6
TURISMO

CHAPTER 7
DE COMPRAS

CHAPTER 8
INFORMACIÓN ÚTIL

기초 다지기 (알파벳, 발음, 숫자, 날짜, 시간 등) | 18

1 PRESENTACIÓN
스페인어 기본 표현 (인사말, 자기소개, 교류)

KEY CHECK 1	1. 기본 인사말 / 2. 소개하기	30
DIÁLOGO 1	첫인사하기	37
CHECK IT OUT 1	국명과 국적	38

KEY CHECK 2	1. 직업 묻기 / 2. 비즈니스 미팅	41
DIÁLOGO 2	여행에서 만난 인연	비즈니스 미팅에서	47
CHECK IT OUT 2	비즈니스 에티켓	50

KEY CHECK 3	1. 관심사 나누기 / 2. 친구 만나기	52
DIÁLOGO 3	처음 만난 사람과 대화	초대받았을 때	64
CHECK IT OUT 3	현지인 집에 초대받았을 때	66

2 EL AEROPUERTO · EL AVIÓN
여행 출발! : 공항 & 기내에서

KEY CHECK 1	탑승 수속	72
DIÁLOGO 1	탑승 수속하기	76
CHECK IT OUT 1	공항 출국 가이드	77

KEY CHECK 2	출국 과정	78
DIÁLOGO 2	보안검색대에서	81
CHECK IT OUT 2	출국할 때 주의할 점	82

KEY CHECK 3	1. 기내에서 / 2. 기내 식사	83
DIÁLOGO 3	기내 식사하기	89
CHECK IT OUT 3	기내식 종류	90

KEY CHECK 4	1. 기내 서비스 / 2. 면세품 쇼핑	91
DIÁLOGO 4	승무원에게 요청하기	기내 면세품 구입하기	97
CHECK IT OUT 4	면세품 구입 팁	99

KEY CHECK 5	입국신고서 작성	100
DIÁLOGO 5	신고서 작성하기	102
CHECK IT OUT 5	신고서 작성하기	103

KEY CHECK 6	환승 편	104
DIÁLOGO 6	환승 비행기를 놓쳤을 때	107
CHECK IT OUT 6	비행기 환승하기 팁	108

KEY CHECK 7	입국 심사	109
DIÁLOGO 7	입국 심사	112
CHECK IT OUT 7	각국의 입국 팁	113

| KEY CHECK 8 | 세관 심사 | 114 |
| DIÁLOGO 8 | 세관 통과하기 | 116 |

KEY CHECK 9	수하물 찾기	117
DIÁLOGO 9	수하물 찾기	가방 분실 신고	119
CHECK IT OUT 9	수하물 분실 대비책	121

여행 안심 패스 VOCA BOX 2   항공·기내 관련 어휘 | 122

EL TRANSPORTE 여행지 교통편

3

KEY CHECK 1	1. 택시 이용 / 2. 교통편 문의·표 구입 3. 버스·지하철 정보 문의 / 4. 기차 여행	130
DIÁLOGO 1	교통 묻기	기차표 사기	145
CHECK IT OUT 1	중남미 버스 여행	146

KEY CHECK 2	렌터카 이용	147
DIÁLOGO 2	자동차 렌트하기	151
CHECK IT OUT 2	해외에서 렌터카하기	152

KEY CHECK 3	1. 길 묻기 / 2. 도로에서 / 3. 자동차 고장(사고)	153
DIÁLOGO 3	주차장 묻기	사고 발생	164
CHECK IT OUT 3	스페인·중남미의 교통 표지판	165

여행 안심 패스 VOCA BOX 3   교통 관련 어휘 | 166

ALOJAMIENTO 여행지 숙소

4

KEY CHECK 1	1. 숙소 예약	2. 체크인·체크아웃	174
DIÁLOGO 1	숙소 예약 관련	체크인 문의	184
CHECK IT OUT 1	숙박의 모든 것	186

| KEY CHECK 2 | 1. 룸서비스 이용 / 2. 서비스 요청 | **187** |
| DIÁLOGO 2 | 룸서비스 이용하기 | **191** |

KEY CHECK 3	숙소 관련 요청·문의	**192**
DIÁLOGO 3	숙소 문제	체크아웃 계산서 문제	**195**
CHECK IT OUT 3	체크인·체크아웃 팁	**197**

여행 안심 패스 **VOCA BOX 4**   숙소 관련 어휘 | **198**

5 SALIENDO A COMER   여행지에서 밥 먹기

KEY CHECK 1	식당 예약	**206**
DIÁLOGO 1	식당 예약하기	식당에서	**210**
CHECK IT OUT 1	스페인과 중남미의 식당	**212**

KEY CHECK 2	음식 주문하기	**213**
DIÁLOGO 2	음식 주문하기	**219**
CHECK IT OUT 2	스페인과 중남미의 인기 요리	**220**

KEY CHECK 3	취향에 따라 음식 주문하기	**222**
DIÁLOGO 3	입맛대로 주문하기	스테이크 주문하기	**225**
CHECK IT OUT 3	스테이크 굽기 정도	**227**

KEY CHECK 4	식당에서 문제가 생겼을 때	**228**
DIÁLOGO 4	음식 주문에 문제가 생겼을 때	**230**
CHECK IT OUT 4	스페인과 중남미의 레스토랑 팁	**232**

KEY CHECK 5	1. 계산하기 / 2. 맛·분위기·서비스·가격	**234**
DIÁLOGO 5	계산하기	**238**
CHECK IT OUT 5	식당 이용 시뮬레이션	**240**

KEY CHECK 6	1. 패스트푸드점 / 2. 커피 주문하기	**243**
DIÁLOGO 6	패스트푸드 주문하기	커피 주문하기	**247**
CHECK IT OUT 6	내 취향대로 커피 주문하기	**248**

KEY CHECK 7	숙소에서 요리하기	**249**
DIÁLOGO 7	숙소에서 요리하기	**251**
CHECK IT OUT 7	요리 관련 표현	**252**

여행 안심 패스 **VOCA BOX 5**   세상의 모든 음식 식도락 관련 어휘 | **254**

TURISMO 6
여행지에서 보고, 듣고, 놀기

KEY CHECK 1	관광 안내소	266
DIÁLOGO 1	길 안내하기	교통편 묻기	270
CHECK IT OUT 1	표지판 읽기	272

KEY CHECK 2	현지 투어 문의	273
DIÁLOGO 2	관광 투어	277
CHECK IT OUT 2	추천 관광 투어	278

KEY CHECK 3	공연 정보	280
DIÁLOGO 3	공연 정보 얻기	282
CHECK IT OUT 3	스페인과 중남미의 축제	284

KEY CHECK 4	공연장에서	286
DIÁLOGO 4	공연표 사기	매진입니다	289
CHECK IT OUT 4	스페인의 플라멩코 vs. 아르헨티나의 탱고	290

KEY CHECK 5	박물관과 미술관 방문	291
DIÁLOGO 5	박물관 관람	295
CHECK IT OUT 5	스페인과 중남미의 박물관·미술관	296

| KEY CHECK 6 | 1. 바에서 술 한잔 / 2. 클럽 / 3. 카지노 | 298 |
| DIÁLOGO 6 | 괜찮은 바 있나요? | 카지노 갈래? | 306 |

KEY CHECK 7	1. 스포츠 관람 / 2. 수영장·해변 / 3. 야외 활동 / 4. 장비 대여하기 / 5. 날씨	298
DIÁLOGO 7	축구 경기장 투어	해변 가기	장비 구입하기	320
CHECK IT OUT 7	스페인·중남미 트레킹 여행	322

여행 안심 패스 VOCA BOX 6   관광, 스포츠·축구, 야외활동 관련 어휘 | 324

DE COMPRAS 7
색다른 즐거움: 쇼핑하기

KEY CHECK 1	식품 구입	334
DIÁLOGO 1	식료품점에서	337
CHECK IT OUT 1	슈퍼마켓에 가면	338

KEY CHECK 2	의류와 신발 쇼핑	339
DIÁLOGO 2	옷 가게에서	343
CHECK IT OUT 2	스페인에서 똑똑하게 쇼핑하기	344

KEY CHECK 3	다양한 제품 쇼핑	**345**
DIÁLOGO 3	서점에서	안경점에서	**349**
CHECK IT OUT 3	취향 따라 쇼핑하기	**350**

| KEY CHECK 4 | 기념품 구입 | **351** |
| DIÁLOGO 4 | 기념품 구입하기 | **353** |

KEY CHECK 5	물건값 계산하기	**354**
DIÁLOGO 5	물건 고르기부터 계산까지	**358**
CHECK IT OUT 5	스페인과 중남미의 이색 선물	**360**

| KEY CHECK 6 | 환불할 때 | **361** |
| DIÁLOGO 6 | 환불(교환) 문의하기 | **363** |
| CHECK IT OUT 6 |
| 표지판 표시 알아보기 / 기본 신발의 명칭 / 옷 사이즈 / 신발 사이즈 | **364** |

여행 안심 패스 VOCA BOX 7 쇼핑의 모든 것 쇼핑 관련 어휘 | **368**

INFORMACIÓN ÚTIL 유용한 정보 (은행, 병원, 경찰서, 응급 상황)
(BANCO, HOSPITAL, POLICÍA EMERGENCIA)

8

KEY CHECK 1	은행·환전	**378**
DIÁLOGO 1	환전하기	카드 분실: 대체카드 발급하기	**382**
CHECK IT OUT 1	여행에서 비용 관리하기	**384**

KEY CHECK 2	병원 가기	**386**
DIÁLOGO 2	병원 접수하기	병원 진료받기	**393**
CHECK IT OUT 2	해외에서 건강 챙기기	**394**

| KEY CHECK 3 | 약국에서 | **396** |
| DIÁLOGO 3 | 약국에서 | **400** |

| KEY CHECK 4 | 응급 상황 | **401** |
| DIÁLOGO 4 | 교통사고 신고 | 소매치기를 만났을 때 | **405** |

KEY CHECK 5	1. 도난·분실 신고 / 2. 자세하게 설명하기	**406**
DIÁLOGO 5	도난 신고하기	**413**
CHECK IT OUT 5	여행 범죄·분실에 대비하기	**414**

여행 안심 패스 VOCA BOX 8 은행, 병원·약국, 응급 상황 관련 어휘 | **416**

BUEN VIAJE

떠나보면 알 거야, 여행은

／ 세상은 책 한 권과 같다.

세상은 책 한 권이고, 여행을 하지 않는 자는 책의 한 장만 읽는 것이나 다름없다.

El mundo es un libro y aquellos que no viajan solo leen una página.

／ 낯선 여행자의 여유…

낯선 땅은 없다. 여행자만이 유일하게 낯선 존재일 뿐이다.

No hay tierras extrañas. Quien viaja es el único extraño.

／ 나의 여행 그리고 새로운 관찰

우리의 목표는 특정 장소에 도달하는 것이 아닌, 뭔가를 새롭게 관찰하는 것에 있다.

Nuestro destino nunca es un lugar, sino una nueva forma de ver las cosas.

／ 정신력 회복에는 여행이 최고예요!

여행과 새로운 환경은 정신을 회복시킨다.

Viajar y cambiar de lugar revitaliza la mente.

／ 여행의 향기

한 나라를 이해하기 위해 가장 먼저 해야 할 일은 열심히 그 나라의 냄새를 맡는 것이다.

Lo primero que hay que hacer para entender a un nuevo país es olfatearlo.

／ 여행을 통해 마음 부자가 되세요.

여행이란 돈을 쓰고도 더 부자가 되어 돌아오는 유일한 것이다.

Viajar es la única cosa que pagas y te hace más rico.

기초 다지기
(알파벳, 발음, 숫자, 날짜, 시간 등)

El Alfabeto
알파벳

알파벳	발음	단어	알파벳	발음	단어
A a	아 [a]	abril (아브릴) 4월	N n	에네 [ene]	nube (누베) 구름
B b	베 [be]	bota (보따) 장화	Ñ ñ	에녜 [eñe]	niña (니냐) 소녀
C c	쎄 [ce]	casa (까싸) 집 circo (씨르꼬) 서커스	O o	오 [o]	ojo (오호) 눈
CH ch	체 [che]	chico (치코) 어린이	P p	뻬 [pe]	parasol (파라솔) 빠라쏠
D d	데 [de]	delfín (델핀) 돌고래	Q q	꾸 [cu]	queso (께쏘) 치즈
E e	에 [e]	mesa (메싸) 식탁	R r	에레 [ere]	radio (ㄹ라디오) 라디오
F f	에훼 [efe]	fruta (푸르따) 과일	RR rr	도블레 에레레 [doble erre]	perro (뻬ㄹ로) 개
G g	헤 [ge]	gato (가또) 고양이 gesto (헤스토) 몸짓	S s	에쎄 [ese]	sol (쏠) 태양
H h	아체 [hache]	helado (엘라도) 아이스크림	T t	떼 [te]	tomate (또마떼) 토마토
I i	이 [i]	iglesia (이글레씨아) 교회	U u	우 [u]	uva (우바) 포도
J j	호따 [jota]	jirafa (히라파) 기린	V v	우베 [uve]	vaca (바까) 암소
K k	까 [ka]	koala (꼬알라) 코알라	W w	우베 도블레 [uve doble]	whiski (위스끼)
L l	엘레 [ele]	libro (리브로) 책	X x	엑끼스 [equis]	xilofóno (씰로포노) 실로폰
Ll ll	에예(제) [elle]	pollo (뽀요) 닭	Y y	예 [ye]	yoga (요가) 요가
M m	에메 [eme]	manzana (만싸나) 사과	Z z	쎄따 [zeta]	zapato (싸빠또) 구두

* 2010년 개정된 철자법에 따라 Ch와 Ll를 더 이상 독립된 문자로 간주하지 않으므로, 스페인어의 알파벳은 기존 29개에서 27개로 변경되었다.
Y의 철자발음 역시 i griega에서 ye로 완전히 바뀌었다.

La Pronunciación
발음

읽을 때 주의해야 할 철자 알림표

ca (까)	ce (쎄)	ci (씨)	co (꼬)	cu (꾸)
–	que (께)	qui (끼)	–	–
ga (가)	ge (헤)	gi (히)	go (고)	gu (구)
–	gue (게)	gui (기)	–	–
gua (구아)	güe (구에)	güi (구이)	guo (구오)	–
ha (아)	he (에)	hi (이)	ho (오)	hu (우)
ja (하)	je (헤)	ji (히)	jo (호)	ju (후)
lla (야)	lle (예)	lli (이 ㅣ)	llo (요)	llu (유)
ya (야)	ye (예)	yi (이)	yo (요)	yu (유)
za (싸)	ze (쎄)	zi (씨)	zo (쏘)	zu (쑤)

- h: 묵음
예) hola(올라), hablar(아블라르), hormiga(오르미가), ahora(아오라)

- r로 시작하는 단어는 무조건 rr(에르레) 발음
예) rosa(ㄹ로사), Roberto(ㄹ로베르또), romper(ㄹ롬뻬르), rápido(ㄹ라삐도)

- l, n, s 다음에 r이 오는 경우에는 rr로 발음
예) alrededor(알ㄹ레데도르), honra(온ㄹ라), Israel(이스ㄹ라엘)

- ce, ci, z: 스페인에서는 'th' 발음
예) Cecilia(쎄씰리아), Cervantes(쎄르반떼스), circo(씨르꼬), zapato(싸빠또), zona(쏘나)
* 밑줄친 부분 주의 혀끝을 가볍게 이와 이 사이에 넣었다 빼는 것과 같이 'th' 발음을 한다. 반면 중남미에서는 's' 발음을 한다.

- ll, y: 일부 남미 국가에서는 'ㅈ' 발음
예) yo(요) - yo(죠), llamar(야마르) - llamar(쟈마르)

Los Números
숫자

기수

0: cero (쎄로)
1: uno (우노)
2: dos (도쓰)
3: tres (뜨레쓰)
4: cuatro (꾸아뜨로)
5: cinco (씬꼬)
6: seis (쎄이쓰)
7: siete (씨에떼)
8: ocho (오초)
9: nueve (누에베)
10: diez (디에쓰)
11: once (온쎄)
12: doce (도쎄)
13: trece (뜨레쎄)
14: catorce (까또르쎄)
15: quince (낀쎄)
16: dieciséis (디에시쎄이쓰)
17: diecisiete (디에시씨에떼)
18: dieciocho (디에씨오초)
19: diecinueve (디에씨누에베)
20: veinte (베인떼)
21: veintiuno (베인띠우노)
22: veintidós (베인띠도쓰)
23: veintitrés (베인띠뜨레쓰)
24: veinticuatro (베인띠꾸아뜨로)
25: veinticinco (베인띠씬꼬)
26: veintiséis (베인띠쎄이쓰)
27: veintisiete (베인띠씨에떼)
28: veintiocho (베인띠오초)
29: veintinueve (베인띠누에베)
30: treinta (뜨레인따)
31: treinta y uno (뜨레인따 이 우노)
32: treinta y dos (뜨레인따 이 도쓰)
33: treinta y tres (뜨레인따 이 뜨레쓰)
34: treinta y cuatro (뜨레인따 이 꾸아뜨로)
35: treinta y cinco (뜨레인따 이 씬꼬)
36: treinta y seis (뜨레인따 이 쎄이쓰)
37: treinta y siete (뜨레인따 이 씨에떼)
38: treinta y ocho (뜨레인따 이 오초)
39: treinta y nueve (뜨레인따 이 누에베)
40: cuarenta (꾸아렌따)
41: cuarenta y uno (꾸아렌따 이 우노)
42: cuarenta y dos (꾸아렌따 이 도쓰)
43: cuarenta y tres (꾸아렌따 이 뜨레쓰)
44: cuarenta y cuatro (꾸아렌따 이 꾸아뜨로)
45: cuarenta y cinco (꾸아렌따 이 씬꼬)
46: cuarenta y seis (꾸아렌따 이 쎄이쓰)
47: cuarenta y siete (꾸아렌따 이 씨에떼)
48: cuarenta y ocho (꾸아렌따 이 오초)
49: cuarenta y nueve (꾸아렌따 이 누에베)
50: cincuenta (씬꾸엔따)
51: cincuenta y uno (씬꾸엔따 이 우노)
52: cincuenta y dos (씬꾸엔따 이 도쓰)
53: cincuenta y tres (씬꾸엔따 이 뜨레쓰)
54: cincuenta y cuatro (씬꾸엔따 이 꾸아뜨로)
55: cincuenta y cinco (씬꾸엔따 이 씬꼬)
56: cincuenta y seis (씬꾸엔따 이 쎄이쓰)
57: cincuenta y siete (씬꾸엔따 이 씨에떼)
58: cincuenta y ocho (씬꾸엔따 이 오초)
59: cincuenta y nueve (씬꾸엔따 이 누에베)
60: sesenta (쎄쎈따)
61: sesenta y uno (쎄쎈따 이 우노)
62: sesenta y dos (쎄쎈따 이 도쓰)
63: sesenta y tres (쎄쎈따 이 뜨레쓰)
64: sesenta y cuatro (쎄쎈따 이 꾸아뜨로)
65: sesenta y cinco (쎄쎈따 이 씬꼬)

66: **sesenta y seis** (쎄쎈따 이 쎄이쓰)
67: **sesenta y siete** (쎄쎈따 이 씨에떼)
68: **sesenta y ocho** (쎄쎈따 이 오초)
69: **sesenta y nueve** (쎄쎈따 이 누에베)
70: **setenta** (쎄뗀따)
71: **setenta y uno** (쎄뗀따 이 우노)
72: **setenta y dos** (쎄뗀따 이 도쓰)
73: **setenta y tres** (쎄뗀따 이 뜨레쓰)
74: **setenta y cuatro** (쎄뗀따 이 꾸아뜨로)
75: **setenta y cinco** (쎄뗀따 이 씬꼬)
76: **setenta y seis** (쎄뗀따 이 쎄이쓰)
77: **setenta y siete** (쎄뗀따 이 씨에떼)
78: **setenta y ocho** (쎄뗀따 이 오초)
79: **setenta y nueve** (쎄뗀따 이 누에베)
80: **ochenta** (오첸따)
81: **ochenta y uno** (오첸따 이 우노)
82: **ochenta y dos** (오첸따 이 도쓰)
83: **ochenta y tres** (오첸따 이 뜨레쓰)
84: **ochenta y cuatro** (오첸따 이 꾸아뜨로)
85: **ochenta y cinco** (오첸따 이 씬꼬)
86: **ochenta y seis** (오첸따 이 쎄이쓰)
87: **ochenta y siete** (오첸따 이 씨에떼)
88: **ochenta y ocho** (오첸따 이 오초)
89: **ochenta y nueve** (오첸따 이 누에베)
90: **noventa** (노벤따)
91: **noventa y uno** (노벤따 이 우노)
92: **noventa y dos** (노벤따 이 도쓰)
93: **noventa y tres** (노벤따 이 뜨레쓰)
94: **noventa y cuatro** (노벤따 이 꾸아뜨로)
95: **noventa y cinco** (노벤따 이 씬꼬)
96: **noventa y seis** (노벤따 이 쎄이쓰)
97: **noventa y siete** (노벤따 이 씨에떼)
98: **noventa y ocho** (노벤따 이 오초)
99: **noventa y nueve** (노벤따 이 누에베)

100: **cien** (씨엔)
200: **doscientos** (도스씨엔또쓰)
300: **trescientos** (뜨레스씨엔또쓰)
400: **cuatrocientos** (꾸아뜨로씨엔또쓰)
500: **quinientos** (끼니엔또쓰)
600: **seiscientos** (쎄이스씨엔또쓰)
700: **setecientos** (쎄떼씨엔또쓰)
800: **ochocientos** (오초씨엔또쓰)
900: **novecientos** (노베씨엔또쓰)
1,000: **mil** (밀)

3,000: **tres mil** (뜨레쓰 밀)
5,000: **cinco mil** (씬꼬 밀)

10,000: **diez mil** (디에쓰 밀)
100,000: **cien mil** (씨엔 밀)
1,000,000: **un millón** (운 밀욘)
1억: **cien millones** (씨엔 밀요네쓰)

142: **ciento cuarenta y dos** (씨엔또 꾸아렌따 이 도쓰)
375: **trescientos setenta y cinco** (뜨레스씨엔또쓰 세뗀따 이 씬꼬)
612: **seiscientos doce** (쎄이스씨엔또쓰 도쎄)
907: **novecientos siete** (노베씨엔또쓰 씨에떼)
999: **novecientos noventa y nueve** (노베씨엔또쓰 노벤따 이 누에베)

* 스페인어는 천 단위마다 마침표(.)로 소수점 표시

서수

1st: **primero / primer** (쁘리메로 / 쁘리메르)
2nd: **segundo** (쎄군도)
3rd: **tercero / tercer** (떼르쎄로 / 떼르쎄르)
4th: **cuarto** (꾸아르또)
5th: **quinto** (낀또)
6th: **sexto** (쎅스또)
7th: **séptimo** (쎕띠모)
8th: **octavo** (옥따보)
9th: **noveno** (노베노)
10th: **décimo** (데씨모)
11th: **undécimo** (운데씨모)
12th: **duodécimo** (두오데씨모)
13th: **decimotercero** (데씨모떼르쎄로)
14th: **decimocuarto** (데씨모꾸아르또)
15th: **decimoquinto** (데씨모낀또)
16th: **decimosexto** (데씨모쎅스또)
17th: **decimoséptimo** (데씨모쎕띠모)
18th: **decimoctavo** (데씨모옥따보)
19th: **decimonoveno** (데씨모노베노)
20th: **vigésimo** (비헤씨모)
30th: **trigésimo** (뜨리헤씨모)
40th: **cuadragésimo** (꾸아드라헤씨모)
50th: **quincuagésimo** (낀꾸아헤씨모)
60th: **sexagésimo** (쎅사헤씨모)
70th: **septuagésimo** (쎕뚜아헤씨모)
80th: **octogésimo** (옥또헤씨모)
90th: **nonagésimo** (노나헤씨모)
100th: **centésimo** (쎈떼씨모)

* 두 번째, 5번가, 이름 2세, 4층

Los Meses
월

1월: **enero** (에네로)
2월: **febrero** (페브레로)
3월: **marzo** (마르쏘)
4월: **abril** (아브릴)
5월: **mayo** (마요)
6월: **junio** (후니오)
7월: **julio** (훌리오)
8월: **agosto** (아고스또)
9월: **septiembre** (쎕띠엠브레)
10월: **octubre** (옥뚜브레)
11월: **noviembre** (노비엠브레)
12월: **diciembre** (디씨엠브레)

Las Estaciones
계절

봄: **la primavera** (라 쁘리마베라)
여름: **el verano** (엘 베라노)
가을: **el otoño** (엘 오또뇨)
겨울: **el invierno** (엘 인비에르노)

Los Días
요일

월요일: **lunes** (루네쓰)
화요일: **martes** (마르떼쓰)
수요일: **miércoles** (미에르꼴리쓰)
목요일: **jueves** (후에베쓰)
금요일: **viernes** (비에르네쓰)
토요일: **sábado** (싸바도)
일요일: **domingo** (도밍고)

* 요일은 모두 남성형(관사: el)

La Fecha
날짜

날짜 표기

1998년 2월 15일: **El 15(quince) de febrero de 2017.**
(엘 낀쎄 데 페브레로 데 도스밀 디에씨 씨에떼)

7월 25일, 화요일: **Martes, veinticinco de julio.**
(마르떼쓰, 베인띠씬꼬 데 훌리오)

년도 말하기

1918: **mil novecientos dieciocho** (밀 노베씨엔또쓰 디에씨오초)
1970: **mil novecientos setenta** (밀 노베씨엔또쓰 쎄뗀따)
1984: **mil novecientos ochenta y cuatro** (밀 노베씨엔또쓰 오첸따 이 꾸아뜨로)
1990: **mil novecientos noventa** (밀 노베씨엔또쓰 노벤따)

요일 말하기

오늘 무슨 요일이죠? **¿Qué día es hoy?** (께 디아 에쓰 오이)
오늘은 금요일입니다. **Hoy es viernes.** (오이 에쓰 비에르네쓰)

날짜 말하기

오늘 몇 일이죠? **¿Qué día del mes es hoy?** (께 디아 델 메스 에쓰 오이)
오늘은 1월 27일이에요. **Hoy es el veintisiete de enero.** (오이 에쓰 엘 베인띠씨에떼 데 에네로)

날짜 관련 표현

오전: **la mañana** (라 마냐나)   오후: **la tarde** (라 따르데)   저녁(밤): **la noche** (라 노체)
그저께: **anteayer** (안떼아예르)   어제: **ayer** (아예르)   어젯밤: **anoche** (아노체)
오늘: **hoy** (오이)   내일: **mañana** (마냐나)
내일모레: **pasado mañana** (빠싸도 마냐나)

지난 주: **la semana pasada** (라 쎄마나 빠싸다)
지난 월요일: **el lunes pasado** (엘 루네쓰 빠싸도)
작년: **el año pasado** (엘 아뇨 빠싸도)

다음 주: **la semana que viene** (라 쎄마나 께 비에네)
다음 연도: **el año que viene** (엘 아뇨 께 비에네)

El Tiempo
시간

시: **la hora** (라 오라)
분: **el segundo** (엘 쎄군도)
초: **el minuto** (엘 미누또)

몇 시입니까? **¿Qué hora es?** (께 오라 에쓰)
1시입니다. **Es la una**. (에쓰 라 우나)
2시입니다. **Son las dos**. (쏜 라쓰 도쓰)
1시 5분입니다. **Es la una y cinco**. (에쓰 라 우나 이 씬꼬)
3시 15분입니다. **Son las tres y cuarto**. (쏜 라쓰 뜨레쓰 이 꾸아르또)

정각: **en punto** (엔 뿐또)
15분: **y cuarto** / 15분 전: **menos cuarto** (이 꾸아르또 / 메노쓰 꾸아르또)
30분: **y media** (이 메디아)

Los Colores
색깔

검정: **negro** (네그로)
파랑: **azul** (아쑬)
갈색: **marrón** (마론)
초록: **verde** (베르데)
회색: **gris** (그리스)
주황: **naranja** (나란하)
분홍: **rosa** (로사)
빨강: **rojo** (로호)
흰: **blanco** (블랑꼬)
노랑: **amarillo** (아마리요)

1

스페인어 기본 표현
: 인사말, 자기소개, 교류

해외여행을 떠나기 전 가방에 차곡차곡 넣는 준비물도 중요하지만, 방문할 나라의 언어를 익히는 것도 중요한 일이겠죠. 물론 완벽하게 마스터하라는 것은 절대 아닙니다. 외국어 전공자도 막상 현지에 가면 쉽게 입이 열리지 않는 경우가 많은걸요. 그래도 최소한 기본 인사말과 '실례합니다(죄송합니다)', '감사합니다' 등의 소위 '마법의 표현'만큼은 익히고 가는 게 좋겠죠.

Presentación

KEY CHECK 1

1. 기본 인사말

기본 인사말 익히기

스페인어권 국가에서는 인사할 때 뺨을 가볍게 맞대며 '쪽쪽(소리는 입으로만)'하는 것이 일반적입니다. 상대방이 외국인일 경우 첫 만남에 악수를 하기도 하지만 허그나 어깨 두드리기, 뺨키스를 해도 당황하지 마세요.

❶ 첫인사

필요한 문장에 표시해보세요!

안녕하세요. (안녕.)
Hola.
올라 ✓

▶ 아침 인사 **Buenos días**. 부에노쓰 디아쓰 /
  오후 인사 **Buenas tardes**. 부에나쓰 따르데쓰 /
  저녁(밤) 인사 **Buenas noches**. 부에나쓰 노체쓰

안녕하세요. / 어떻게 지내세요?
¿Cómo está? / ¿Qué tal?
꼬모 에스따? / 께 딸? ☐

좋습니다. 고마워요.
Muy bien, gracias.
무이 비엔, 그라씨아쓰. ☐

만나서 반가워요.
Mucho gusto.
무초 구스또. ☐

❷ 작별 인사

잘 가요. (안녕.)
Adiós.
아디오쓰. ☐

다음에 봐요.
Hasta luego.
아스따 루에고.

좋은 여행 되세요!
¡Buen viaje!
부엔 비아헤!

③ 유용한 표현

네. / 아니오.
Si. / No.
씨. / 노.

부탁입니다.
Por favor.
뽀르 파보르.

실례합니다.
Perdón. / Discúlpeme.
뻬르돈. / 디스꿀뻬메.

*남미: **permiso** (뻬르미쏘)

(매우) 감사합니다.
(Muchas) Gracias.
(무차쓰) 그라씨아쓰.

죄송합니다.
Lo siento.
로 씨엔또.

오케이. (좋아요.)
Vale.
발레.

CHAPTER 1 | Presentación 31

맞아요.
Está bien.
에스따 비엔.

틀려요. / 아니에요.
Está mal. / No lo es.
에스따 말. / 노 로 에쓰.

TIP ¡Salud!의 쓰임

서양에서는 재채기할 때 'Bless you'라고 말하죠. 스페인이나 중남미에서도 비슷한 의미로 ¡Salud! (건강)라고 말한답니다. 이는 '건배'라는 뜻이기도 하고요. 그러면 고맙다(Gracias.)고 화답해 줘야겠죠. 가톨릭 신자들은 'Jesús!'이라고도 합니다.

2. 소개하기

당신 이름이 뭐예요?

간단한 인사를 한 후 다음 단계에서는 통성명을 해야겠죠. 이름, 가족 사항, 나이 묻고 답하기 등의 표현이 소개됩니다. 특히 스페인어로 국적을 말할 때는 성별을 구분해야 한답니다. 그 점 유의해서 아래 표현 익혀 보세요.

① 소개하기

이름이 뭐예요?

¿Cómo te llamas? / ¿Cuál es tu nombre?

꼬모 떼 야마쓰? / 꾸알 에쓰 뚜 놈브레?

제 이름은 미나예요.

Me llamo Mina. / Mi nombre es Mina.

메 야모 미나. / 미 놈브레 에쓰 미나.

---

② 가족 관련

여기는 내 친구예요.

Le presento a mi amigo(a).

레 쁘레센또 아 미 아미고(가)

▶ 남편 **marido** 마리도 – 부인 **esposa** 에스뽀싸 /
아들 **hijo** 이호 – 딸 **hija** 이하 /
오빠 **hermano** 에르마노 – 언니 **hermana** 에르마나 /
아빠 **padre** 빠드레 – 엄마 **madre** 마드레 /
남자 조카 **sobrino** 쏘브리노 – 여자 조카 **sobrina** 쏘브리나 /
할아버지 **abuelo** 아부엘로 – 할머니 **abuela** 아부엘라 /
친척 **primo**(a) 쁘리모(마) /
남자친구 **novio** 노비오 – 여자친구 **novia** 노비아

딸이 한 명 있어요.

Tengo una hija.

뗑고 우나 이하.

아니요, 아이가 없어요.
No, no tengo hijos.
노, 노 뗑고 이호쓰.

싱글이에요.
Estoy soltero(a). / Soy soltero(a).
에스또이 쏠떼로(라). / 쏘이 쏠떼로(라).

결혼했어요.
Estoy casado(a).
에스또이 까싸도(다).

우리는 친구예요.
Somos amigos(as).
쏘모쓰 아미고쓰(가쓰).

가족[친구]과 함께 왔어요.
Estoy aquí con mi famila[amigo].
에스또이 아끼 꼰 미 파밀리아[아미고].

오빠가 있나요?
¿Tiene hermano?
띠에네 에르마노?

결혼했나요?
¿Estás casado(a)?
에스따쓰 까싸도(다)?

③ 나이

몇 살이에요?
¿Cuántos años tienes?
꾸안또쓰 아뇨쓰 띠에네쓰?

아들[딸] 나이가 몇 살이에요?
¿Cuántos años tiene su hijo[hija]?
꾸안또쓰 아뇨쓰 띠에네 쑤 이호[이하]?

저는 20살입니다.
Tengo 20 años.
뗑고 베인떼 아뇨쓰.

그[그녀]는 5살입니다.
Tiene 5 años.
띠에네 씬꼬 아뇨쓰.

TIP 나이는 중요치 않아요.
스페인어권 문화에서는 나이와 상관없이 모두가 친구가 될 수 있답니다. 처음 만난 사람, 비즈니스 관계가 아닌 이상 usted(당신)가 아닌 tú(당신)로 가볍게 인사하고 바로 친해질 수 있습니다.

❹ 국적

어디서 왔어요?
¿De dónde es?
데 돈데 에쓰?

어느 도시요?
¿De qué ciudad?
데 께 씨우닫?

한국에서 왔어요.
Soy de Corea.
쏘이 데 꼬레아.

당신은 스페인 사람(남/여)인가요?
¿Es usted español[española]?
에쓰 우스뗃 에스빠뇰[에스빠뇰라]?

저는 한국인입니다.
Soy coreano(a).
쏘이 꼬레아노(나).

저는 한국에 살아요.
Vivo en Corea.
비보 엔 꼬레아.

DIÁLOGO 1

첫인사하기

나	안녕하세요.	**Hola.** 올라.
상대방	만나서 반갑습니다.	**Mucho gusto.** 무초 구스또.
나	제 이름은 도민이에요. 한국에서 왔어요.	**Me llamo Domin. Soy de Corea.** 메 야모 도민. 쏘이 데 꼬레아.
상대방	제 이름은 마르띤이에요. 에콰도르인이에요.	**Me llamo Martín. Soy ecuatoriano.** 메 야모 마르띤. 쏘이 에꾸아또리아노.
나	여기는 제 와이프예요. 제 딸이고요.	**Le presento a mi esposa. Y ésta es mi hija.** 레 쁘레센또 아 미 에스뽀싸. 이 에스따 에쓰 미 이아.
상대방	귀엽네요. 몇 살이에요?	**¡Qué bonita! ¿Cuántos años tiene su hija?** 께 보니따! 꾸안또쓰 아뇨쓰 띠에네 쑤 이아?
나	여섯 살이에요.	**Tiene 6 años.** 띠에네 쎄이쓰 아뇨쓰.
상대방	이름이 뭐니?	**¿Cómo te llamas?** 꼬모 떼 야마쓰?
딸	수아예요.	**Me llamo Sua.** 메 야모 쑤아.

CHAPTER 1 | Presentación 37

CHECK IT OUT ❶ | 국명과 국적

국명과 국적 말하기

국가명과 국적, 언어 등을 표현할 때 우리나라 말로는 '한국 – 한국인 – 한국어(한글)'과 같이 간단하게 말하죠. 스페인어의 경우 번거롭게도 표현 방법이 조금씩 다르답니다. 심지어 국적도 남자와 여자를 구분하죠. 하지만 약간의 규칙만 알면 문제없어요. 주요 몇 개국 표기법 알아볼게요.

나라 이름	국적, -인 (남자/여자)	언어 (-어)
Alemania (독일) 알레마니아	alemán / alemana 알레만 / 알레마나	alemán 알레만
Arabia Saudita (사우디아라비아) 아라비아 싸우디따	árabe / árabe 아라베 / 아라베	arabe 아라베
Argentina (아르헨티나) 아르헨띠나	argentino / argentina 아르헨띠노 / 아르헨띠나	español 에스빠뇰
Australia (호주) 아우스뜨랄리아	australiano / australiana 아우스뜨랄리아노 / 아우스뜨랄리아나	inglés 인글레쓰
Bélgica (벨기에) 벨히까	belga / belga 벨가	francés, flamenco 프란세쓰, 플라멩꼬
Bolivia (볼리비아) 볼리비아	boliviano / boliviana 볼리비아노 / 볼리비아나	español 에스빠뇰
Brasil (브라질) 브라씰	brasileño / brasileña 브라씰레뇨 / 브라씰레냐	portugués 뽀르뚜게쓰
Canadá (캐나다) 까나다	canadiense / canadiense 까나디엔쎄	inglés, francés 인글레쓰, 프란쎄쓰
Chile (칠레) 칠레	chileno / chilena 칠레노 / 칠레나	español 에스빠뇰
China (중국) 치나	chino / china 치노 / 치나	chino 치노
Colombia (콜롬비아) 꼴롬비아	colombiano / colombiana 꼴롬비아노 / 꼴롬비아나	español 에스빠뇰
Corea (한국) 꼬레아	coreano / coreana 꼬레아노 / 꼬레아나	coreano 꼬레아노
Costa Rica (코스타리카) 꼬스따리까	costarricense / costarricense 꼬스따리쎈세	español 에스빠뇰
Cuba (쿠바) 꾸바	cubano / cubana 꾸바노 / 꾸바나	español 에스빠뇰
Ecuador (에콰도르) 에꾸아도르	ecuatoriano / ecuatoriana 에꾸아또리아노 / 에꾸아또리아나	español 에스빠뇰
Egipto (이집트) 에힙또	egipcio / egipcia 에힙씨오 / 에힙씨아	árabe 아라베
España (스페인) 에스빠냐	español / española 에스빠뇰 / 에스빠뇰라	español 에스빠뇰
Estados Unidos (미국) 에스따도쓰 우니도쓰	estadounidense / estadounidense 에스따도우니덴쎄	inglés 인글레쓰
Etiopia (에티오피아) 에띠오삐아	etiope / etiope 에띠오뻬	amárico 아마리꼬

나라 이름	국적, -인 (남자/여자)	언어 (-어)
Filipinas (필리핀) 필리삐나쓰	filipino / filipina 필리삐노 / 필리삐나	tagalo 따갈로
Francia (프랑스) 프랑씨아	francés / francesa 프랑쎄쓰 / 프랑쎄싸	francés 프랑쎄쓰
Grecia (그리스) 그레씨아	griego / griega 그레이고 / 그레이가	griego 그레이고
Guatemala (과테말라) 구아떼말라	guatemalteco / guatemalteca 구아떼말떼꼬 / 구아떼말떼까	español 에스빠뇰
Honduras (온두라스) 온두라쓰	hondureño / hondureña 온두레뇨 / 온두레냐	español 에스빠뇰
Inglaterra (영국) 인글라떼라	inglés / inglesa 인글레쓰 / 인글레싸	inglés 인글레쓰
Irak (이라크) 이라끄	iraquí / iraquí 이라끼 / 이라끼	árabe 아라베
Irán (이란) 이란	iraní / iraní 이라니 / 이라니	persa 뻬르싸
Irlanda (아일랜드) 이를란다	irlandés / irlandesa 이를란데쓰 / 이를란데싸	irlandés, inglés 이를란데쓰, 인글레쓰
Israel (이스라엘) 이스라엘	israelí / israelí 이스랠리	hebreo 에브레오
Italia (이탈리아) 이딸리아	italiano / italiana 이딸리아노 / 이딸리아나	italiano 이딸리아노
Japón (일본) 하뽄	japonés / japonesa 하뽀네쓰 / 하뽀네싸	japonés 하뽀네쓰
Malasia (말레이시아) 말라씨아	malayo / malaya 말라요 / 말라야	malayo 말라요
México/Méjico (멕시코) 메히꼬	mexicano / mexicana 메히까노 / 메히까나	español 에스빠뇰
Nicaragua (니카라과) 니까라구아	nicaragüense / nicaragüense 니까라구엔쎄	español 에스빠뇰
Nueva Zelanda / Nueva Zelandia (뉴질랜드) 누에바 쎌란다 / 누에바 쎌란디아	neozelandés / neozelandesa 네오쎌란데쓰 / 네오쎌란데싸	inglés / maori 인글레쓰 / 마오리
Paraguay (파라과이) 빠라구아이	paraguayo / paraguaya 빠라구아요 / 빠라구아야	español 에스빠뇰
Perú (페루) 뻬루	peruano / peruana 뻬루아노 / 뻬루아나	español 에스빠뇰
Portugal (포르투갈) 뽀르뚜갈	portugués / portuguesa 뽀르뚜게쓰 / 뽀르뚜게싸	portugués 뽀르뚜게쓰
Puerto Rico (푸에르토리코) 뿌에르또 리꼬	puertorriqueño / puertorriqueña 뿌에르또리께뇨 / 뿌에르또리께냐	español 에스빠뇰
Republica Dominicana (도미니카 공화국) 레뿌블리까 도미니까나	dominicano / dominicana 도미니까노 / 도미니까나	español 에스빠뇰
Rusia (러시아) 루씨아	ruso / rusa 루쏘 / 루싸	ruso 루쏘
Suiza (스위스) 쑤이싸	suizo / suiza 쑤이쏘 / 쑤이싸	alemán, francés 알레만, 프랑쎄쓰

나라 이름	국적, -인 (남자/여자)	언어 (--어)
Tailandia (태국) 따일란디아	tailandés / tailandesa 따일란데쓰 / 따일란데싸	tailandés 따일란데쓰
Taiwán (대만) 따이완	taiwanes / taiwanesa 따이와네쓰 / 따이와네싸	chino 치노
Turquía (터키) 뚜르끼아	turco / turca 뚜르꼬 / 뚜르까	turco 뚜르꼬
Uruguay (우루과이) 우루구아이	uruguayo / uruguaya 우루구아요 / 우루구아야	español 에스빠뇰
Venezuela (베네수엘라) 베네쑤엘라	venezolano / venezolana 베네쏠라노 / 베네쏠라나	español 에스빠뇰
Vietnam (베트남) 비에뜨남	vietnamita / vietnamita 비에뜨나미따	vietnamita 비에뜨나미따

남성과 여성에 대한 스페인어 호칭

스페인어로 남녀 호칭을 어떻게 하는지 살펴보겠습니다.

남성 (Mr. Sir)	Señor (=Sr.) (쎄뇨르)	공공장소에서 남성 호칭 (Señor Kim)
(기혼) 여성 (Mrs.)	Señora (=Sra.) (쎄뇨라)	결혼한 여성 호칭
(미혼) 여성 (Miss)	Señorita (=Srta.) (쎄뇨리따)	젊은 여성 호칭
남성 (손위, 존칭)	Don (돈)	격식 있는 존칭, 세례명 앞에 존칭 (Don Bosco), 편지(문서) 호칭
여성 (손위, 존칭)	Doña (도냐)	격식 있는 존칭, 귀족 여성 (Doña Sofía)
젊은이 (청소년)_스페인	Chico 남 / Chica 여 (치꼬 / 치까)	30대까지 젊은이(청소년) 호칭
젊은이 (청소년)_중남미	Muchacho 남 / Muchacha 여 (무차초 / 무차차)	

* 중남미의 경우 미혼/기혼 여부를 굳이 따지지 않고, (특히 백화점 등에서) 나이 많은 여성에게도 Señorita로 호칭하기도 합니다. 동서고금을 막론하고 아줌마보다 아가씨 소리 듣는 게 기분 좋은 법! 단 중남미는 미혼/기혼 호칭이 분명한 편입니다. 스페인에서는 보통 Señora라고 합니다.

KEY CHECK 2

1. 직업 묻기

인적 사항 묻고 답하기

해외에 가서 현지인이나 또 다른 여행자를 만나면 이름, 국적 외에 무슨 일을 하는지 얘기를 나눌 수 있죠. 학생, 직장인 혹은 스페인이나 중남미에 온 유학생도 있을 거고요. 자기소개 2탄! 들어가 봅시다.

1 직업이 뭐예요?

무슨 일을 해요? / 직업이 뭐예요?
¿A qué se dedica? / ¿En qué trabaja?
아 께 쎄 데디까? / 엔 께 뜨라바하?

저는 일을 안 해요. (무직이에요.)
Estoy en paro.
에스또이 엔 빠로.

저는 은퇴했어요.
Estoy jubilado(a).
에스또이 후빌라도(다).

저는 선생이에요.
Soy profesor(profesora).
쏘이 쁘로페쏘르(쁘로페쏘라).

저는 전문 여행가예요.
Soy viajante.
쏘이 비아한떼.

저는 교육 분야에서 일해요.
Trabajo en enseñanza.
뜨라바호 엔 엔쎄냔싸.

CHAPTER 1 | Presentación 41

은행 쪽에서 (예전에) 일했었죠.
Solía trabajar en banca.
쏠리아 뜨라바하르 엔 방까.

언론 기관에서 일하고 싶어요.
Quiero trabajar en un centro de periodismo.
끼에로 뜨라바하르 엔 운 쎈뜨로 데 뻬리오디스모.

---

② 무슨 공부하나요?

무엇을 공부하나요?
¿Qué estudias?
께 에스뚜디아쓰?

저는 학생이에요.
Soy estudiante.
쏘이 에스뚜디안떼.

저는 교환학생입니다.
Soy estudiante de intercambio.
쏘이 에스뚜디안떼 데 인떼르깜비오.

저는 대학에서 공부하고 있어요.
Estudio en la Universidad.
에스뚜디오 엔 라 우니베르씨닫.

TIP 학교 명칭
스페인과 중남미 지역마다 학교 명칭은 약간씩 차이가 납니다. 대략 colegio는 중고등학교 혹은 초중고 통합 과정, escuela는 초등학교 혹은 단과대, instituto는 중고등, 연구소, 학원, universidad은 일반 대학으로 구분할 수 있습니다.

저는 과학을 공부해요.
Estudio ciencias.
에스뚜디오 씨엔씨아쓰.

▶ 언어 **idiomas** 이디오마쓰 / 비즈니스 **comercio** 꼬메르씨오

저는 예술 쪽에서 일하려고 공부하고 있어요.
Estudio para trabajar en el arte.
에스뚜디오 빠라 뜨라바하르 엔 엘 아르떼.

▶ 관공서(국가기관) **gobierno** 고비에르노 / 의학 **medicina** 메디씨나 / 상경(비즈니스) **negocios** 네고씨오쓰 / 회계 **contabilidad** 꼰따빌리닫 / 교육 **educación** 에두까씨온

 여행의 목적은?

휴가로 왔어요.
Estoy aquí de vacaciones.
에스또이 아끼 데 바까씨오네쓰.

▶ 출장으로 **de negocios** 데 네고씨오쓰 / 공부하러 **para estudiar** 빠라 에스뚜디아르

3일[주/개월] 있을 거예요.
Estoy aquí por 3 días[semanas/meses].
에스또이 아끼 뽀르 뜨레쓰 디아쓰[쎄마나쓰/메쎄쓰].

TIP 직업

가수 **cantante** 깐딴떼
간호사 **enfermera** 엔페르메라
건축가 **arquitecto(a)** 아르끼떽또(따)
경찰 **policía** 뽈리씨아
군인 **soldado** 쏠다도
기자 **periodista** 뻬리오디스따
농부 **agricultor** 아그리꿀또르
디자이너 **diseñadora** 디쎄냐도라
무용수 **bailarina** 바일라리나
배우 **actor** 악또르
변호사 **abogado** 아보가도
사서 **bibliotecario** 비블리오떼까리오
사진작가 **fotógrafo** 포또그라포
소방관 **bombero** 봄베로
수의사 **veterinario** 베떼리나리오

승무원 **azafata** 아싸파따
약사 **farmacéutica** 파르마쎄우띠까
요리사 **chef** 체프
운동선수 **deportista** 데뽀르띠스따
음악가 **músico** 무씨꼬
의사 **médico** 메디꼬
작가 **escritor(a)** 에스끄리또르(라)
파일럿 **piloto** 삘로또
편집자 **redactora** 레닥또라
플로리스트 **florista** 플로리스따
학생 **estudiante** 에스뚜디안떼
헤어 디자이너 **estilista** 에스띨리스따
화가 **pintora** 삔또라
회계사 **contador** 꼰따도르

*직업, 국적, 이름, 소속 등에는 관사(el/la)가 붙지 않음

2. 비즈니스 미팅

스페인에 출장 왔어요

해외 방문의 목적은 여행이나 유학 외에도 바로 '출장'이 있죠. 해외 계약 건이나 박람회, 콘퍼런스 방문, 해외 시장 조사 등 출장 업무도 다양합니다. 비즈니스 회화는 일상 대화와는 달리 더 정중하고 격식 있게 표현해야 합니다. 비즈니스 필수 표현 잘 익혀 두세요.

❶ 비즈니스 미팅에서

안녕하세요.
¿Cómo está usted?
꼬모 에스따 우스뗃?

저는 LB사에서 왔습니다.
Soy de la companía LB.
쏘이 데 라 꼼빠니아 엘레베.

혼자예요.
He venido solo(a).
에 베니도 쏠로(라).

제 동료[동료들]와 함께 왔습니다.
He venido con mi compañero[mis compañeros].
에 베니도 꼰 미 꼼빠녜로[미쓰 꼼빠녜로쓰].

제 동료를 소개해 드리겠습니다.
Le presento a mi compañero(a).
레 쁘레쎈또 아 미 꼼빠녜로(라).

디에고 씨와 미팅이 있습니다.
Tengo una cita con el Sr. Diego.
뗑고 우나 씨따 꼰 엘 쎄뇨르 디에고.

루치아 씨와 얘기할 수 있을까요? (통화 가능할까요?)
¿Puedo hablar con Lucía?
뿌에도 아블라르 꼰 루씨아?

영어[한국어/스페인어]를 할 수 있는 통역사가 필요합니다.
Necesito un intérprete que hable inglés[coreano/español].
네쎄씨또 운 인떼르쁘레떼 께 아블레 인글레쓰[꼬레아노/에스빠뇰].

늦어서 죄송합니다.
Siento llegar tarde.
씨엔또 예가르 따르데.

여기 제 명함 있습니다.
Esta es mi tarjeta.
에스따 에쓰 미 따르헤따.

당신의 명함을 얻을 수 있을까요?
¿Puedo darme su tarjeta?
뿌에도 다르메 쑤 따르헤따?

콘퍼런스에 참석 중입니다.
Asisto a un congreso.
아씨스또 아 운 꽁그레쏘.

▶ 연수 **curso** 꾸르쏘 / 회의(미팅) **reunión** 레우니온 /
무역박람회 **feria comercial** 페리아 꼬메르씨알

저는 힐튼 호텔에 머물고 있습니다.
Estoy en el hotel Hilton.
에스또이 엔 엘 오뗄 힐똔.

2일[주] 머무를 거예요.
Estoy aquí por 2 días[semanas.]
에스또이 아끼 뽀르 도쓰 디아쓰[쎄마나쓰].

CHAPTER 1 | Presentación 45

비즈니스 센터[회의장]가 어디 있죠?
¿Dónde está el centro de negocios[la sala de conferencias]?
돈데 에스따 엘 쎈뜨로 데 네고씨오쓰[라 쌀라 데 꼰페렌시아쓰]?

미팅을 어디서 하나요?
¿Dónde es la reunión?
돈데 에쓰 라 레우니온?

시간 내주셔서 감사합니다.
Gracias por su tiempo.
그라씨아쓰 뽀르 수 띠엠뽀.

술 한잔[식사]할까요?
¿Vamos a tomar[comer algo]?
바모쓰 아 또마르[꼬메르 알고]?

제가 내겠습니다.
Invito yo.
인비또 요.

성함이 어떻게 되세요?
¿Cómo se llama usted?
꼬모 쎄 야마 우스뗻?

TIP **비즈니스 상황에서는 정중하게**

앞에서 인사말은 배웠지만, 비즈니스 미팅 등에서는 좀 더 정중하게 말해야 하겠죠. 특히 처음 보는 사람이나 손윗사람에게는 위와 같이 Usted(=you; 당신)를 붙입니다. 식당이나 백화점, 병원 등 서비스 담당자들에게도 Usted를 붙이면 당신은 매너있는 신사, 숙녀!

DIÁLOGO 2

여행에서 만난 인연

나 실례합니다. 혹시 여기로 가면 마요르 광장 나오나요?

Perdone, ¿si voy por aquí llego a la Plaza Mayor?
뻬르도네, 씨 보이 뽀르 아끼 예고 아 라 쁠라싸 마요르?

행인 네, 여기로 쭉 가면 돼요. 저도 그쪽으로 가는데 같이 갈래요?

Sí, siga recto. Yo también voy para allá. ¿Quiere ir conmigo?
씨, 씨가 렉또. 요 땀비엔 보이 빠라 아야. 끼에레 이르 꼰미고?

나 네, 좋아요.

Sí, gracias.
씨, 그라씨아쓰.

행인 반가워요. 난 마리오예요.

Mucho gusto. Me llamo Mario.
무초 구스또. 메 야모 마리오.

나 저도 반가워요. 제 이름은 노미예요. 전 한국에서 왔어요. 어느 나라 분이세요?

Encantada. Mi nombre es Nomi. Soy coreana. ¿De dónde eres?
엔깐따다. 미 놈브레 에쓰 노미. 쏘이 꼬레아나. 데 돈데 에레쓰?

행인 전 멕시코에서 왔어요.

He venido de México.
에 베니도 데 메히꼬.

나 아, 그래요? 여행하고 있어요?

¿Ah, sí? ¿Está haciendo turismo?
아, 씨? 에스따 아씨엔도 뚜리스모?

행인 아니오. 전 교환학생이에요. (저는 여기서 공부하고 있어요.) 당신은요?

No, soy estudiante de intercambio. (Estoy estudiando aquí.) ¿Y tú?
노, 쏘이 에스뚜디안떼 데 인떼르깜비오. (에스또이 에스뚜디안도 아끼) 이 뚜?

나 여행 중이에요. 저는 학교 선생님이에요.

Yo estoy haciendo turismo. Soy profesora de colegio.
요 에스또이 아씨엔도 뚜리스모. 쏘이 쁘로페쏘라 데 꼴레히오.

행인 오, 선생님이시구나!

Ah, ¡es profesora!
아, 에쓰 쁘로페쏘라!

나 여행 사진 많이 찍어서 학생들에게 보여줄 거예요.

Voy a hacer muchas fotos para enseñárselas a mis alumnos.
보이 아 아쎄르 무차쓰 포또쓰 빠라 엔쎄냐르세라쓰 아 미쓰 알룸노쓰.

행인 그거 좋네요!

¡Qué bueno!
께 부에노!

CHAPTER 1 | Presentación 47

비즈니스 미팅에서

비서 안녕하세요. 어떻게 도와드릴까요?

나 안녕하세요. 다니엘 씨와 2시 미팅이 있습니다. 저는 한국에서 온 김민입니다.

비서 네, 잠시만 기다리세요. (잠시 후) 오른쪽 두 번째 룸으로 들어가 계세요.

나 네, 감사합니다.

다니엘 반갑습니다. 미스터 김. 저는 다니엘이에요.

나 안녕하세요. 다니엘 씨. 이쪽은 제 동료 이신우입니다.

다니엘 반가워요. 먼 길 오느라 힘드셨죠?

나 아닙니다. 이 도시가 너무 아름다워서 피로가 금방 풀렸답니다.

다니엘 하하, 다행이네요! 어제는 뭐 하셨어요?

나 컨벤션 센터에서 하는 무역박람회 관람하고 오후에는 시티투어를 했어요.

다니엘 그러셨군요! 볼 게 많으셨죠?

나 네, 패션 사업 관련해서 좋은 정보를 많이 얻었답니다.

다니엘 자, 그럼 본격적으로 얘기를 시작해 볼까요?

Buenos días. ¿En qué le puedo ayudar?
부에노쓰 디아쓰. 엔 께 레 뿌에도 아유다르?

Buenos días. Tengo una cita con el Sr. Daniel a las 2. Soy Kim Min y vengo de Corea.
부에노쓰 디아쓰. 뗑고 우나 씨따 꼰 엘 세뇨르 다니엘 아 라쓰 도쓰. 쏘이 김민 이 벵고 데 꼬레아.

Sí, un momento por favor. Entre a la segunda habitación de la derecha.
씨, 운 모멘또 뽀르 파보르. 엔뜨레 아 라 쎄군다 아비따씨온 데 라 데레차.

Muy bien, muchas gracias.
무이 비엔, 무차쓰 그라씨아쓰.

Encantado Señor Kim. Soy Daniel.
엔깐따도 쎄뇨르 김. 쏘이 다니엘.

Buenos días, Sr. Daniel. Éste es mi compañero Lee Shinwoo.
부에노쓰 디아쓰, 쎄뇨르 다니엘. 에스떼 에쓰 미 꼼빠녜로 이신우.

Encantado. ¿Está cansado después de un viaje muy largo?
엔깐따도. 에스따 깐싸도 데스뿌에쓰 데 운 비아헤 무이 라르고?

No. Ha merecido la pena porque esta ciudad es preciosa.
노. 아 메레씨도 라 뻬나 뽀르께 에스따 씨우닫 에쓰 쁘레씨오싸.

Jaja, ¡Qué suerte! ¿Qué hizo ayer?
하하, 께 쑤에르떼! 께 이쏘 아예르?

Vimos una Feria Comercial en el Centro de Congreso y por la tarde hicimos turismo la ciudad.
비모스 우나 페리아 꼬메르씨알 엔 엘 쎈뜨로 데 꽁그레쏘 이 뽀르 라 따르데 이씨모스 뚜리스모 라 씨우닫.

¡Qué bien! ¿Hay mucho que ver, no?
께 비엔! 아이 무초 께 베르, 노?

Sí, he recibido muchas informaciones sobre aspectos de moda.
씨, 에 레씨비도 무차쓰 인포르마씨오네쓰 쏘브레 아스뻭또쓰 데 모다.

Bueno, ¿que les parece si empezamos nuestra reunión?
부에노, 께 레쓰 빠레쎄 씨 엠뻬싸모쓰 누에스뜨라 레우니온?

CHECK IT OUT ❷ | 비즈니스 에티켓

중요한 계약을 앞두고 떠나는 해외 출장, 비행기 타고 그 멀리까지 가서 언어불통, 방문 국가의 문화 차이를 극복하지 못하고 일을 그르친다면 안 가느니 못한 출장이 되겠죠. FTA와 한류 등으로 날이 교류가 늘어나는 스페인과 중남미, 만반의 준비를 하고 출장을 떠나 볼까요?

스페인
- 스페인 사람들은 대화할 때 몸 가까이 서는 편이니 뒷걸음 치지 마세요. 많은 서양인이 그러하듯 말할 때 제스처가 많은 편입니다. 또한, 대화 중 끼어들거나 여러 사람이 동시에 말할 수도 있으니 당황하지 마세요.
- 중요한 미팅의 경우 출장 일정을 고려하여 길게는 한 달 전에 약속을 잡고 1주일 전이나 며칠 앞서 반드시 서면이나 전화(팩스)로 재확인하고, 약속을 변경해야 할 경우 미리 조정하세요. 약속 날에는 기본적으로 15분 앞서 약속 장소에 나가세요.
- 모든 미팅이 영어로 진행되는 것은 아닙니다. 당신이 스페인어에 능숙하지 않다면 상대 업체에 미리 확인하여 통역을 동반하도록 합니다. 하지만 기본 인사말과 호응, 칭찬, 가벼운 일상 표현을 스페인어로 한다면 분위기가 한결 좋아지겠죠.
- 첫 미팅에서는 본격적인 비즈니스 주제가 아닌 편안한 분위기에서 서로 알아가는 일상 대화를 나눌 수 있습니다.
- 철두철미한 성향으로 계약 진행이 많이 더디고 번복될 수 있습니다. 인내심을 가지시길.
- 미팅 중 대립은 가능한 피하세요. 특히 잘못된 사항에 대해 사람들 앞에서 지적하거나 면박 주는 것은 절대 금지! 스페인 사람들은 체면을 중시한답니다.
- 첫 비즈니스 미팅에서 뇌물로 느껴지는 큰 선물은 피합니다. 단 작은 성의의 표시로 책, 문구류 혹은 전통 선물 정도는 괜찮습니다. 선물은 미팅이 끝나고 증정하고, 선물을 받으면 앞에서 바로 뜯어 봐도 됩니다.
- 스페인 사업이 활발한 업체라면 명함 한 면에 스페인어로 기재하는 것도 좋은 방법입니다.

페루
- 비즈니스 미팅이나 현지인과의 대화에서 조심해야 할 이슈는 바로 페루 인접 국가들에 관한 사항입니다. 역사적인 문제로 페루는 볼리비아, 칠레와의 관계가 민감합니다. 이 국가들을 칭찬, 비교하는 것과 경제적으로 아쉬운 상황에 대한 언급도 피해 주세요. 페루의 자부심, 잉카 문명과 다양하고 맛있는 음식에 대해 칭찬을 아끼지 마세요.

- 페루를 비롯한 중남미인들은 약속에 대체로 여유로운 편입니다. 10분 이상 기다리는 것은 예상하시고 회사나 기관 미팅에는 미팅 일정 확인을 꼭 하세요.
- 페루인은 적극적인 성향으로 다양한 분야에 대해 거리감을 좁혀 대화하기를 좋아합니다. 스포츠, 예술, 음악, 가족(자녀) 등이 좋아하는 주제이고, 사생활(결혼, 이성 관계, 나이, 외모 등) 얘기는 피하세요. (중남미 원주민인 인디헤나(Indígena)들은 처음에는 다소 조심스럽고 수줍어하는 성향이 있답니다. 이 또한, 어려운 경제 상황에 대해서는 언급을 피하고, 화장품 등 실용 선물을 주고 친근감을 표시하세요.)

아르헨티나
- 중남미에서 브라질을 제외하고 가장 큰 땅덩어리를 가진 국가로 스케일이 크고 자국 우월감이 높습니다. 업무 관련 추진 속도는 느리나 완벽하게 하는 편이며, 계약하고도 이행을 늦추거나 번복, 취소하는 경우도 종종 있습니다.
- 이민자들의 나라로 유럽 문화 영향을 많이 받았습니다. 비즈니스 상대의 성과 이름을 보고 어디 출신인지 미리 파악하여 언급해 주면 분위기 업그레이드!
- 직함을 중요시하므로 명함에 직함을 표시하는 게 좋습니다.
- 관세가 높은 양주(샴페인, 스카치) 선물을 좋아합니다. (흔한) 와인, 가죽 제품이나 개인 취향을 따지는 선물은 피하세요.

KEY **CHECK** 3

1. 관심사 나누기

내 관심사는…

간단한 자기소개 후 한 단계 더 들어가 서로의 관심사에 대해서도 얘기 나눌 수 있겠죠. 방문할 나라의 문화, 예술에 대해 미리 공부하고 그에 대해 대화를 이어간다면 당신은 이미 여행 고수! 세계 어디를 가나 자국의 문화와 예술에 관심 있는 여행자는 대환영 받는답니다.

① 취향

당신은 여행을 좋아하나요?
¿Te gusta viajar?
떼 구스따 비아하르?

여가 시간에 무엇을 하나요?
¿Qué te gusta hacer en tu tiempo libre?
께 떼 구스따 아쎄르 엔 뚜 띠엠뽀 리브레?

저는 예술을 좋아해요.
Me gusta el arte.
메 구스따 엘 아르떼.

▶ ~을 좋아하지 않아 (**No**) **Me gusta.** (노) 메 구스따.
영화 **cine** 씨네 / 스포츠 **deporte** 데뽀르떼 /
하이킹 **excursionismo** 엑스꿀씨오니쓰모 / 패션 **la moda** 라 모다 /
요리 **cocinar** 꼬씨나르 / 그림 그리기 **la pintura** 라 삔뚜라 /
사진 **la fotografía** 라 포또그라피아 / 독서 **leer** 레르 /
쇼핑 **ir de compras** 이르 데 꼼쁘라쓰 / 여행 **viajar** 비아하르 /
TV 보기 **ver la televisión** 베르 라 뗄레비씨온 / 댄스 **ir a bailar** 이르 아 바일라르 /
컴퓨터 게임 **videojuegos** 비데오후에고쓰

② 음악

당신은 음악 감상을 좋아하나요?
¿Te gusta escuchar música?
떼 구스따 에스꾸차르 무씨까?

▶ 콘서트장 가기 **ir a conciertos** 이르 아 꼰씨에르또쓰 /
악기 연주 **tocar algún instrumento** 또까르 알군 인스뜨루멘또 /
노래 부르기 **cantar** 깐따르

어떤 가수[음악]를 좋아하나요?
¿Qué cantante[música] te gusta?
께 깐딴떼[무씨까] 떼 구스따?

▶ 클래식 **música clásica** 무씨까 끌라씨까 / 재즈 **jazz** 자쓰 /
메탈 **rock duro** 록 두로 / 팝 **música pop** 무씨까 뽑 / 록 **música rock** 무씨까 록 /
전통 **música popular** 무씨까 뽀뿔라르 /
세계 **música internacional** 무씨까 인떼르나씨오날

③ 미술(예술)

갤러리가 언제 문 열죠?
¿A qué hora abre la galería?
아 께 오라 아브레 라 갈레리아?

어떤 작품인가요? (어떤 컬렉션인가요?)
¿Qué hay en la colección?
께 아이 엔 라 꼴렉씨온?

어떤 작품에 관심이 있나요?
¿Qué tipo de arte te interesa?
께 띠뽀 데 아르떼 떼 인떼레싸?

피카소에 대해 어떻게 생각하세요?
¿Qué piensas de Pablo Picasso?
께 삐엔싸쓰 데 빠블로 삐까쏘?

현대 미술에 관심 있어요.
Me interesa la pintura moderna.
메 인떼레싸 라 삔뚜라 모데르나.

▶ 인상주의 미술 **impresionista** 임쁘레씨오니스따 /
르네상스 미술 **renacentista** 레나쎈띠스따

프리다 칼로의 전시회예요.
Es una exposición de Frida Kahlo.
에쓰 우나 엑스뽀시씨온 데 프리다 깔로.

4 영화

어떤 영화 좋아하나요?
¿Qué películas te gustan?
께 뻴리꿀라쓰 떼 구스딴?

'에비타' 봤나요?
¿Has visto 'Evita'?
아쓰 비스또 에비따?

거기 누가 나오죠?
¿Quién actúa?
끼엔 악뚜아?

영어 자막 있나요?
¿Tiene subtítulos en inglés?
띠에네 숩띠뚤로쓰 엔 인글레쓰?

더빙인가요?
¿Está doblada?
에스따 도블라다?

나는 드라마 좋아해요.
Me gusta la novela.
메 구스따 라 노벨라.

▶ 애니메이션 **películas de dibujos animados** 뻴리꿀라쓰 데 디부호쓰 아니마도쓰 / 코미디 **comedia** 꼬메디아 / 다큐멘터리 **documentales** 도꾸멘딸레쓰 / 스페인 영화 **cine español** 씨네 에스빠뇰 / 공포 영화 **cine de terror** 씨네 데 떼로르 / SF 영화 **SF cine de ciencia ficción** 에쎄에페 씨네 데 씨엔씨아 픽씨온

안토니오 반데라스가 출연해요.
Actúa Antonio Banderas.
악뚜아 안또니오 반데라쓰.

코미디 영화 보러 가고 싶어요.
Tengo ganas de ir al cine a ver una comedia.
뗑고 가나쓰 데 이르 알 씨네 아 베르 우나 꼬메디아.

끝내준 것 같아요.
Pienso que fue excelente.
삐엔쏘 께 푸에 엑셀렌떼.

▶ 긴 것 **largo** 라르고 / 괜찮은 것 **regular** 레굴라르

5 독서

어떤 종류의 책을 읽나요?
¿Qué tipo de libros lees?
께 띠뽀 데 리브로쓰 레쓰?

'칠일 밤' 읽어 봤나요?
¿Has leído 'Siete Noches'?
아쓰 레이도 씨에떼 노체쓰?

어떤 스페인 작가를 추천하나요?
¿Qué autor español recomiendas?
께 아우또르 에스빠뇰 레꼬미엔다쓰?

여행 동안 '와일드'를 읽고 있어요.
En este viaje estoy leyendo 'Wild'.
엔 에스떼 비아헤 에스또이 레옌도 '와일드'.

'네루다의 우편배달부'를 추천해요.
Te recomiendo 'El Cartero de Neruda'.
떼 레꼬미엔도 '엘 까르떼로 데 네루다'.

6 스포츠

너는 어떤 운동을 하니?
¿Qué deportes practicas?
께 데뽀르떼스 쁘락띠까쓰?

운동 좋아하니?
¿Te gustan los deportes?
떼 구스딴 로쓰 데뽀르떼쓰?

어떤 선수를 좋아하니?
¿Quién es tu deportista favorito(a)?
끼엔 에쓰 뚜 데뽀르띠스따 파보리또(따)?

어떤 팀을 좋아하니?
¿Cuál es tu equipo favorito?
꾸알 에쓰 뚜 에끼뽀 파보리또?

남미[스페인] 축구를 좋아해.
Me gusta el fútbol sudamericano[español].
메 구스따 엘 풋볼 쑤다메리까노[에스빠뇰].

나는 축구를 해.
Practico fútbol.
쁘락띠꼬 풋볼.

▶ 테니스 **tenis** 떼니쓰 / 농구 **baloncesto** 발론쎄스또 / 배구 **voleibol** 볼레이볼

그냥 보는 것만 좋아해.
Me gusta mirar.
메 구스따 미라르.

응, 아주 좋아해. / 그다지 좋아하지 않아.
Me encantan. / En realidad, no mucho.
메 엔깐딴. / 엔 레알리닫, 노 무초.

난 레알 마드리드 팬이야.
Me encanta el Real Madrid.
메 엔깐따 엘 레알 마드리드.

그는 최고의 선수지.
Es un gran jugador.
에쓰 운 그란 후가도르.

2. 친구 만나기

친구와의 대화

해외에서 다른 나라 친구를 사귀는 것도 매우 흥미로운 일이죠. 헤어지더라도 메일을 통해 계속 연락을 주고받고 그 인연으로 각자 나라를 방문, 초청할 수도 있고요. 여행지에서 좋은 인연, 추억 만드는 데 어떤 표현이 있는 지 살펴볼까요?

① 제안(초대)하기

오늘 저녁에 뭐 하니?
¿Qué haces esta noche?
께 아쎄쓰 에스따 노체?

지금 뭐하니
¿Qué haces ahora?
께 아쎄쓰 아오라?

커피 마시러 갈래?
¿Quieres que vayamos a tomar un café?
끼에레쓰 께 바야모쓰 아 또마르 운 까페?

▶ 식사하러 **comer** 꼬메르 / 산책하러 **pasear** 빠쎄아르 /
술 마시러 **tomar algo** 또마르 알고

괜찮은 레스토랑 아니?
¿Conoces algún buen restaurante?
꼬노쎄쓰 알군 부엔 레스따우란떼?

너도 올래?
¿Por qué no vienes?
뽀르 께 노 비에네쓰?

준비됐니?
¿Estás listo(a)?
에스따쓰 리스또(따)?

내가 쏠게.
Invito yo.
인비또 요.

카페에 가고 싶어.
Tengo ganas de ir a un café.
뗑고 가나쓰 데 이르 아 운 까페.

▶ 영화보러 **al cine** 알 씨네 / 바 **a un bar** 아 운 바르 /
콘서트 **a un concierto** 아 운 꼰씨에르또 /
노래방 **a un bar de karaoke** 아 운 바 데 까라오께 /
나이트클럽 **a una discoteca** 아 우나 디스꼬떽까 /
극장 **al teatro** 알 떼아뜨로 / 레스토랑 **a un restaurante** 아 운 레스따우란떼

파티를 열 거야.
Vamos a hacer una fiesta.
바모쓰 아 아쎄르 우나 피에스따.

② 초대에 응답하기

물론이지!
¡Por supuesto!
뽀르 쑤뿌에스또!

기꺼이요.
Me encantaría.
메 엔깐따리아.

정말 친절하시군요.
Es muy amable.
에쓰 무이 아마블레.

우리 어디 갈 거니?
¿A dónde vamos?
아 돈데 바모쓰?

미안해요, 나 춤을 못 춰요[노래를 못해요].
Lo siento, no sé bailar[cantar].
로 씨엔또, 노 쎄 바일라르[깐따르].

아니요. 못하겠어요.
Lo siento pero no puedo.
로 씨엔또 뻬로 노 뿌에도.

나 바빠요.
Estoy ocupado(a).
에스또이 오꾸빠도(다).

③ 약속 잡기

몇 시에 만날까요?
¿A qué hora quedamos?
아 께 오라 께다모쓰?

어디서 만날까요?
¿Dónde quedamos?
돈데 께다모쓰?

6시에 만나요.
Quedamos a las 6.
께다모쓰 아 라쓰 쎄이쓰.

내일 어때요?
¿Qué tal mañana?
께 딸 마냐나?

카페에서 만나요.
Quedamos en el café.
께다모쓰 엔 엘 까페.

내가 데리러 갈게요.
Paso a recogerte.
빠쏘 아 레꼬헤르떼.

그때 봐요.
Nos vemos.
노쓰 베모쓰.

내일[나중에] 봐요.
Hasta mañana[luego].
아스따 마냐나[루에고].

늦어서 미안해요.
Siento llegar tarde.
씨엔또 예가르 따르데.

괜찮아요. (신경 쓰지 마세요.)
No pasa nada.
노 빠싸 나다.

④ 작별 인사

당신을 만나서 정말 좋았답니다.
Me ha encantado conocerte.
메 아 엔깐따도 꼬노쎄르떼.

계속 연락해요!
¡Estamos en contacto!
에스따모쓰 엔 꼰딱또!

내일이 여기에서 마지막 날이네요.
Mañana es mi último día aquí.
마냐나 에쓰 미 울띠모 디아 아끼.

주소가 뭐예요?
¿Cuál es tu dirección?
꾸알 에쓰 뚜 디렉씨온?

▶ 이메일 주소 **dirección de email** 디렉씨온 데 이마일 /
전화번호 **número de móvil** 누메로 데 모빌

여기 내 주소예요.
Ésta es mi dirección.
에스따 에쓰 미 디렉씨온.

한국 방문하면 꼭 연락하세요.
Si viene a Corea, llámeme, por favor.
씨 비에네 아 꼬레아, 야메메, 뽀르 파보르.

5 그 외 표현

사랑해요.
Te quiero.
떼 끼에로.

너 끝내준다. (멋지다!)
Eres estupendo(a).
에레쓰 에스뚜뻰도(다).

환상적인걸!
¡Estupendo!
에스뚜뻰도!

와!
¡Wow!
와우!

음... (글쎄)
Pues...
뿌에쓰...

건배! (재채기 후에 '신의 가호를')
¡Salud!
쌀룯!

행운을 빌어.
¡Buena suerte!
부에나 쑤에르떼!

천만에요. (아무것도 아니에요.)
De nada.
데 나다.

문제없어요.
No hay problema.
노 아이 쁘로블레마.

정말?
¿De verdad? / ¿En serio? (스페인, 남미) / ¿De veras? (중미, 멕시코)
데 베르닫? / 엔 쎄리오? / 데 베라쓰?

정말 재미있어요!
¡Qué interesante!
께 인떼레싼떼!

축하해요!
¡Enhorabuena! / ¡Felicidades!
엔오라부에나! / 펠리씨다데쓰!

이봐!
¡Eh, tú!
에, 뚜!

여기 보세요! (여기요!)
¡Mira!
미라!

자, 어서(권유), 가자!
¡Vamos!
바모쓰!

실례지만, 저 지금 가야 해요.
Lo siento, pero me tengo que ir.
로 씨엔또, 뻬로 메 뗑고 께 이르.

저리 가요!
¡Véte!
베떼!

TIP 낯선 곳, 낯선 사람
낯선 여행지에서 모처럼의 자유를 만끽하며 유흥을 즐길 수 있지만 정신줄은 놓지 마세요! 낯선 사람이 주는 음료나 정체 모를 음식은 자칫 범죄에 이용될 수 있습니다. 또한, 비즈니스나 유학 생활, 학교 동료 등 확실한 믿음을 둔 관계가 아니라면 잘 모르는 사람의 초대는 조심하세요. 자유는 맘껏 즐기되 자기를 잘 지키는 여행자가 되시길!

DIÁLOGO 3

처음 만난 사람과 대화

나 여기 분위기가 좋네요. 음악도 환상적이고요.

Me gusta el ambiente. La música es muy buena también.
메 구스따 엘 암비엔떼. 라 무씨까 에쓰 무이 부에나 땀비엔.

여행자 그렇네요. 이곳이 여행자들한테 인기 있는 바(bar)래요.

Es verdad. Dicen que este es uno de los lugares más populares entre los turistas.
에쓰 베르닫. 디쎈 께 에스떼 에쓰 우노 데 로쓰 루가레쓰 마쓰 뽀뿔라레쓰 엔뜨레 로쓰 뚜리스따쓰.

나 그렇군요. 반가워요. 전 한국에서 온 민호예요. 여행 중인가요?

Encantado. Me llamo Minho y vengo de Corea. ¿Está de turismo?
엔깐따도. 메 야모 민호 이 벵고 데 꼬레아. 에스따 데 뚜리스모?

여행자 네, 혼자 여행 중이에요. 반가워요. 전 앤드리아예요. 스페인에서 왔어요.

Sí, estoy viajando sola. Encantada. Me llamo Andrea. Soy española.
씨, 에스또이 비아한도 쏠라. 엔깐따다. 메 야모 안드레아. 쏘이 에스빠뇰라.

나 오, 그래요? 스페인은 특히 건축이 아름답죠. 2년 전에 스페인 여행을 했어요. 저는 가우디 건축을 좋아해요.

¡No me diga! La arquitectura española es muy bonita. He viajado por España hace 2 años. Me gusta la arquitectura de Gaudi.
노 메 디가! 라 아르끼떽뚜라 에스빠뇰라 에쓰 무이 보니따. 에 비아하도 뽀르 에스빠냐 아쎄 도쓰 아뇨쓰. 메 구스따 라 아르끼떽뚜라 데 가우디.

여행자 저도 그곳을 좋아해요. 모든 스페인들이 사랑하는 곳이죠.

A mí también me gusta. A todos los españoles nos gusta.
아 미 땀비엔 메 구스따. 아 또도쓰 로쓰 에스빠뇰레쓰 노쓰 구스따.

나 여행한 지 얼마나 됐어요?

¿Desde cuándo está viajando?
데스데 꾸안도 에스따 비아한도?

여행자 3개월 정도 됐어요. 세계여행을 하고 있어요. 당신은요?

Desde hace unos 3 meses. Estoy pensando hacer la vuelta al mundo. ¿Y usted?
데스데 아쎄 우노쓰 뜨레쓰 메쎄쓰. 에스또이 뺀싼도 아쎄르 라 부엘따 알 문도. 이 우스뗃?

나 멋지네요! 저는 2주째예요. 그런데 모레 볼리비아로 이동할 거예요.

¡Impresionante! Yo llevo 2 semanas pero pasado mañana voy a Bolivia.
임쁘레씨오난떼! 요 예보 도쓰 쎄마나쓰, 뻬로 빠싸도 마냐나 보이 아 볼리비아.

여행자 그렇군요. 맥주 한 잔 더 할래요? 제가 살게요.

Sí. ¿Quiere una cerveza más? Yo invito.
씨. 끼에레 우나 쎄르베싸 마쓰? 요 인비또.

나 오, 고마워요.

Sí, muchas gracias.
씨, 무차쓰 그라씨아쓰.

초대받았을 때

친구 미란아, 내일 저녁 시간 되니?

Miran, ¿mañana por la noche tienes tiempo?
미란, 마냐나 뽀르 라 노체 띠에네쓰 띠엠뽀?

미란 왜? 오후 4시 이후에는 괜찮아.

¿Por qué? A partir de las 4 sí.
뽀르 께? 아 빠르띠르 데 라쓰 구아뜨로 씨.

친구 그러면 내일 6시까지 우리 집으로 올래? 작은 파티를 열 거야.

¿Entonces quieres venir a mi casa a las 6? Voy a hacer una fiesta.
엔똔쎄쓰 끼에레쓰 베니르 아 미 까싸 아 라쓰 쎄이쓰? 보이 아 아쎄르 우나 피에스따.

미란 정말? 초대해 줘서 정말 고마워. 난 현지인 집에 처음 초대받았거든.

¿De verdad? Gracias por invitarme. Es la primera vez que me invitan aquí.
데 베르닫? 그라씨아쓰 뽀르 인비따르메. 에쓰 라 쁘리메라 베쓰 께 메 인비딴 아끼.

친구 내일 독서 클럽 친구들 3명이 더 올 거야. 재미있을 거야.

Vendrán 3 amigos más de mi grupo de lectura. Vas a estar a gusto.
벤드란 뜨레쓰 아미고쓰 마쓰 데 미 그루뽀 데 렉뚜라. 바쓰 아 에스따르 아 구스또.

미란 그럼 내일 독서 토론도 하니?

¿Entonces mañana vais a tener una discusión de lectura?
엔똔쎄쓰 마냐나 바이쓰 아 떼네르 우나 디스꾸씨온 데 렉뚜라?

친구 그렇지는 않아. 가볍게 식사하고 맥주 마시며 편히 책과 문화에 대해 얘기 나눌 거야.

No. Vamos a comer y beber cerveza hablando sobre libros y culturas.
노. 바모쓰 아 꼬메르 이 베베르 쎄르베싸 아블란도 쏘브레 리브로쓰 이 꿀뚜라쓰.

미란 좋아 아, 내일 뭐 들고 가야 하니?

¡Muy bien! Ah, ¿debo llevar algo?
무이 비엔! 아, 데보 예바르 알고?

친구 음, 꼭 그럴 필요는 없지만 네가 원한다면 작은 후식 준비해 와도 돼. 절대 부담 갖지 마.

No hace falta. Pero si quieres puedes traer una pequeña merienda. No te sientas obligada.
노 아쎄 팔따. 뻬로 씨 끼에레쓰 뿌에데쓰 뜨라에르 우나 뻬께냐 메리엔다. 노 떼 씨엔따쓰 오블리가다.

미란 오케이.

Ok.
오께이.

CHECK IT OUT ③ | 현지인 집에 초대받았을 때

여행에서 만난 현지인과의 인연으로 그들이 사는 집에 초대받는다면 특별한 추억으로 남겠죠. 해외 출장이나 유학 생활을 하면 그런 기회는 더 높아지겠고요. 현지인들의 생활 모습과 문화 그리고 음식까지 두루 섭렵할 멋진 기회 꼭 잡으셨으면 좋겠네요. (*앞서 소개한 비즈니스 에티켓과도 일맥상통하는 부분이 많으니 참조하세요.)

- 스페인이나 중남미에서 집에 초대받을 때는 작은 선물을 챙기세요. 와인, 주류, 빵, 케이크, 초콜릿, 꽃(홀수)이 무난합니다. (단, 스페인의 경우 국화나 달리아, 숫자 13송이는 피하세요) 아이들이 있다면 어린이들을 위한 선물을 챙기는 것도 좋습니다. 여행 전 한국에서 전통 선물을 여러 개 준비해 가면 좋겠죠.
- 스페인은 외형(옷차림)에 특히 신경 씁니다. 격식에 맞고 적절한 액세서리를 착용하세요.
- 식사하는 동안 두 손은 늘 식탁 위로 보이게 두세요.
- 집주인이 식사를 시작할 때까지 기다리세요.
- 집주인의 건배 사 함께 외쳐 주세요. ¡Salud!
- 음식은 내가 먹을 만큼만 덜고, 다 같이 접시를 돌려서 나눠 드세요.
- 손에 닿지 않는 곳에 음식이나 필요한 물건이 있다면, 옆 사람에게 건네달라고 하세요.
- 아르헨티나와 볼리비아에서 와인을 따를 때는 반드시 오른손으로 병 몸통 중간이나 입구 가까이 잡으세요. 병 바닥 쪽을 잡으면 결례가 될 수 있습니다.
- 아르헨티나와 파라과이에서는 마테(Maté) 차를 가족 혹은 친구들끼리 컵을 공유하며 돌려 마시는 문화가 있습니다. 이는 우정을 나눈다는 의미로 귀한 손님들에게 대접하기도 한답니다.
- 중남미에서 초대받으면 대개 손님들이 15~30분 늦게 오는 것은 다반사, 식당이나 일반 서비스업에서도 '제시간'이나 '빨리빨리'는 기대하지 마시고 인내심을 가지세요.
- 일부 남미인들은 상대방에 대한 관심과 친밀감의 표시로 사생활 질문을 할 수도 있습니다. 이에 당황하거나 불쾌해하지 마시고 적절히 답하시거나 답하기 싫으면 살짝 피해 가세요.

2

여행 출발!
: 공항 & 기내에서

두근두근 여행 시작의 첫 관문, 공항에서 시작합니다. 체크인, 검색대, 입국 심사 등 다소 복잡한 절차를 거쳐야 무사히 비행기 좌석에 앉을 수 있겠죠. 지켜야 할 규정은 꼭 지키고 입국 심사나 장시간 비행에서 필요한 기본 표현은 확실히 익혀 두세요.

El aeropuerto
· El avión

KEY **CHECK** 1

탑승 수속

공항에서 탑승 수속 쉽게 해요

스페인에서 도시 간, 중남미에서 나라 이동을 할 때 기차나 버스 외에 시간 절약을 위해 항공편을 이용하는 경우가 많습니다. 낯선 환경과 언어에 허둥대지 않게 여유 있게 공항에 도착해서 수속을 받으세요. 수속 데스크나 게이트 위치 등이 헷갈릴 때는 망설이지 말고 공항 직원에게 꼭 물어보세요.

❶ 탑승 수속하기

필요한 문장에
표시해보세요!

마드리드행 이베리아항공 체크인 데스크가 어디에 있어요?
¿Cuándo sale el próximo el vuelo de Iberia para Madrid?
꾸안도 쌀레 엘 쁘록시모 부엘로 데 이베리아 빠라 마드리드?

이베리아항공 6251편 체크인을 언제 할 수 있나요?
¿Cuándo se puede el check-in para el vuelo IB6251?
꾸안도 쎄 뿌에데 엘 체크인 빠라 엘 부엘로 이 베 쎄이쓰-도쓰-씬꼬-우노?

마드리드로 가는 다음 비행기가 언제 있죠?
¿Cuándo sale el próximo vuelo para Madrid?
꾸안도 쌀레 엘 쁘록시모 부엘로 빠라 마드리드?

창가[통로] 자리로 부탁합니다.
Asiento en la ventanilla[el pasillo], por favor.
아씨엔또 엔 라 벤따니야 [엘 빠시요], 뽀르 파보르.

D30에 있습니다. 우측으로 가세요.
Está en el D30. Vaya a la derecha.
에스따 엔 엘 데 뜨레인따. 바야 아 라 데레차.

여권 보여 주세요.
Su pasaporte, por favor.
쑤 빠사뽀르떼, 뽀르 파보르.

창가 자리로 하시겠어요, 통로 자리로 하시겠어요?
¿Prefiere asiento en la ventanilla o pasillo?
쁘레피에레 아씨엔또 엔 라 벤따니야 오 빠시요?

뒤쪽 좌석밖에 안 남았네요.
Sólo quedan asientos en la parte trasera del avión.
쏠로 께단 아씨엔또 엔 라 빠르떼 뜨라쎄라 델 아비온.

다음 비행기는 오후 1시 30분입니다.
El próximo vuelo es a la una y media de la tarde.
엘 쁘록씨모 부엘로 에쓰 아 라 우나 이 메디아 데 라 따르데.

탑승권 여기 있습니다.
Aquí está su tarjeta de embarque.
아끼 에스따 쑤 따르헤따 데 엠바르께.

탑승구는 A11이고 탑승 시간은 오전 9시예요.
La puerta de embarque es la A11 y la hora de embarque las 9 de la mañana.
라 뿌에르따 데 엠바르께 에쓰 라 아 온쎄 이 아 오라 데 엠바르께 라쓰 누에베 데 라 마냐나.

편안한 여행 하세요.
Que tenga buen viaje.
께 뗑가 부엔 비아헤.

---

② 수하물 부치기

수하물은 몇 개까지 가능한가요?
¿Cuántas maletas puedo llevar?
꾸안따쓰 말레따쓰 뿌에도 예바르?

수하물 무게는 얼마까지 가능한가요?
¿Cuál es el peso máximo de cada maleta?
꾸알 에쓰 엘 뻬쏘 마씨모 데 까다 말레따?

수하물 초과 비용은 얼마예요?
¿Cuánto cuesta el exceso de equipaje?
꾸안또 꾸에스따 엘 엑쎄쏘 데 에끼빠헤?

네, 2개 있어요.
Sí, tengo 2.
씨, 뗑고 도쓰.

이 가방은 제가 챙길게요. (기내 휴대할게요.)
Esta bolsa la llevo conmigo.
에스따 볼싸 라 예보 꼰미고.

수하물 부칠 것 있으세요?
¿Desea facturar algún equipaje?
데세아 팍뚜라르 알군 에끼빠헤?

수하물 몇 개 있으세요?
¿Cuántas maletas tiene?
꾸안따쓰 말레따쓰 띠에네?

수하물 초과 비용을 내셔야 합니다.
Tendrá que pagar por exceso de peso.
뗀드라 께 빠가르 뽀르 엑쎄쏘 데 뻬쏘.

기내 휴대하실 가방이 있나요?
¿Lleva algún equipaje de mano?
예바 알군 에끼빠헤 데 마노?

짐을 저울에 올려 주세요. 5kg 초과했네요. 추가로 20페소 내셔야 합니다.
Ponga la maleta sobre el peso. Tiene 5kg de sobrepeso. Tiene que pagar 20 pesos.
뽄가 라 말레따 쏘브레 엘 뻬쏘. 띠에네 씬꼬 낄로그라모 데 쏘브레뻬쏘. 띠에네 께 빠가르 베인떼 뻬소쓰.

TIP 수하물 무게 유의 사항

가방이 항공사별 무게(보통 20kg 내외)나 부피(가로x세로x높이) 제한을 초과하면 추가 비용이 발생합니다. 초과 수하물 규정은 무게와 지역에 따라 추가 요금이 다르므로 각 항공사 홈페이지를 통해 확인하는 게 좋습니다. (예를 들어, 에어캐나다의 경우 한국-중남미 구간은 짐 2개부터 추가 요금 발생(약 70달러)) 무게를 사전에 확인하여 부칠 것과 기내에 들고 탈 것을 적절히 분배하는 것이 좋아요.

DIÁLOGO 1

탑승 수속하기

항공사 직원 안녕하세요. 티켓과 여권 주세요.

Buenos días, muéstreme su billete y pasaporte, por favor.
부에노쓰 디아쓰, 무에스뜨레메 쑤 비예떼 이 빠싸뽀르떼, 뽀르 파보르.

나 여기 있어요.

Aquí tiene.
아끼 띠에네.

항공사 직원 수하물이 몇 개인가요?

¿Cuántas maletas lleva?
꾸안따쓰 말레따쓰 예바?

나 하나 있어요.

Llevo una.
예보 우나.

항공사 직원 가방을 여기 올려 주세요.

Suba aquí su maleta, por favor.
쑤바 아끼 쑤 말레따, 뽀르 파보르.

나 댈러스 경유할 건데요. 거기서 짐을 찾아야 하나요?

Hago transbordo en Dallas. ¿Tengo que retirar la maleta allí?
아고 뜨란스보르도 엔 달라스. 땡고 께 레띠라르 라 말레따 아이?

항공사 직원 아니에요. 마드리드까지 곧바로 갑니다. 가방 무게가 한도 초과네요.

No hace falta. Va directamente a Madrid. Su maleta tiene sobrepeso.
노 아쎄 팔따. 바 디렉따멘떼 아 마드리드. 쑤 말레따 띠에네 쏘브레뻬쏘.

나 추가로 얼마를 내야 하죠?

¿Cuánto tengo que pagar?
꾸안또 땡고 께 빠가르?

항공사 직원 30달러입니다. 탑승권 여기 있습니다. 비행기는 탑승구 A11에서 출발하며 탑승은 8시 20분부터 시작됩니다. 좌석 번호는 16E입니다.

Son 30 dólares. Aquí está su tarjeta de embarque. La puerta de embarque es la A11 y el embarque comienza a las 8:20 p.m. El número de asiento es el 16E.
쏜 뜨레인따 돌라레쓰. 아끼 에스따 쑤 따르헤따 데 엠바르께. 라 뿌에르따 데 엠바르께 에쓰 라 아 온쎄 이 엘 엠바르께 꼬미엔싸 아 라쓰 오쵸 이 베인떼 (데 라 노체). 엘 누메로 데 아씨엔또 에쓰 엘 디에씨쎄이쓰 에.

CHECK IT OUT ❶ | 공항 출국 가이드

해외여행이 활발해 진 요즘 공항 이용이 익숙한 분들도 있겠지만, 첫 해외여행이거나 경험을 해도 헷갈리시는 분들을 위한 공항 출국 가이드 정리했습니다.

출국 절차를 한눈에

❶ 공항 도착 → ❷ 체크인 & 탑승권 받기 → ❸ 출국장 이동 → ❹ 출국 심사 → ❺ 비행기 탑승

공항 도착
해당 공항에 최소한 2시간 전에 도착해야 한다. 항공사별 체크인 카운터와 출국 게이트는 전광판을 통해 확인할 수 있다.

체크인&탑승권 받기
항공사 카운터에 가서 항공권과 여권을 보여주고 탑승권을 받는다. 무거운 짐이 있다면 여기서 부친다.

출국장 이동
출국장으로 간다. 출국장으로 나가면 검역(보안검색)을 한다.

출국 심사
출국 심사대로 이동해 항공권과 여권, 출국 카드를 보여 준다.

비행기 탑승
보딩 타임이 되면 탑승구를 찾아서 탑승권을 주고 비행기에 오른다.

KEY **CHECK 2**

출국 과정

검색대에서 듣는 질문을 미리 연습해요

보안검색대에서는 직원들이 지시하는 대로 잘 따르면 됩니다. 기본적으로 겉옷과 모자를 벗고 때로는 신발을 벗거나 벨트도 빼야 합니다. 무슨 말인지 모르겠으면 앞사람 하는 대로 따라 하면 되겠죠. 참고로 스페인에서는 기차역이나 코인 라커룸에서도 보안 검색을 합니다.

① 보안검색대 표현

신발과 벨트를 벗어 주세요.
Quítese los zapatos y el cinturón, por favor.
끼떼세 로쓰 싸빠또쓰 이 엘 씬뚜론, 뽀르 파보르.

주머니에 동전이나 금속이 들어 있나요?
¿Tiene monedas o algún objeto metálico en el bolsillo?
띠에네 모네다쓰 오 알군 오브헤또 메딸리꼬 엔 엘 볼씨요?

전자기기는 트레이에 넣어 주세요.
Los aparatos electrónicos deben pasar por el aparato detector, por favor.
로쓰 아빠라또쓰 엘렉뜨로니꼬쓰 데벤 빠사르 뽀르 엘 아빠라또 데떽또르, 뽀르 파보르.

가방을 검색하는 동안 여기서 기다려 주세요.
Espere aquí mientras el bolso pasa por el aparato detector.
에스뻬레 아끼 미엔뜨라쓰 엘 볼쏘 빠싸 뽀르 엘 아빠라또 데떽또르.

가방에서 모든 액체류를 빼주세요.
Si tiene líquidos en su equipaje de mano, sáquelos, por favor.
씨 띠에네 리끼도쓰 엔 쑤 에끼빠헤 데 마노, 싸께로쓰, 뽀르 파보르.

가방을 살펴봐도 되겠습니까?
¿Podría revisar su bolso?
뽀드리아 레비사르 쑤 볼쏘?

재킷하고 짐 가방을 트레이에 놔주시고 금속탐지기를 통과해 주세요.
Deje su abrigo y su equipaje de mano en el aparato detector y pase por el arco detector de metales.
데헤 쑤 아브리고 이 쑤 에끼빠헤 데 마노 엔 엘 아빠라또 데떽또르 이 빠쎄 뽀르 엘 아르꼬 데떽또르 데 메딸레쓰.

물은 버려 주세요.
Tire el agua, por favor.
띠레 엘 아구아, 뽀르 파보르.

액체나 로션 종류는 100ml 이하만 가능합니다.
Sólo puede llevar líquidos y cremas en envases de menos de 100ml.
쏠로 뿌에데 예바르 리끼도쓰 이 끄레마쓰 엔 엔바쎄쓰 데 메노쓰 데 씨엔 밀리리뜨로쓰.

---

② 출국심사

이쪽 줄로 서 주세요.
Forme en esta fila, por favor.
포르메 엔 에스따 필라, 뽀르 파보르.

대기선에서 기다려 주세요.
Espere su turno en la línea marcada.
에스뻬레 쑤 뚜르노 엔 라 리네아 마르까다.

다음 분 오세요.
Siguiente, por favor.
씨기엔떼, 뽀르 파보르.

여권과 탑승권을 보여 주세요.
Enséñeme el pasaporte y la tarjeta de embarque, por favor.
엔쎄녜메 엘 빠싸뽀르떼 이 라 따르헤따 데 엠바르께, 뽀르 파보르.

TIP 편리한 자동출입국심사

국내 공항 출국 시 출입국 심사에서 긴 줄을 피하고 싶으면 '자동출입국 심사(Smart Entry Service)를 활용하세요. 만 19세 이상 국민은 사전 등록 절차 없이 바로 이용 가능합니다. (만 7세~만 18세/17세 이상 외국인은 사전 등록 후 이용)

DIÁLOGO 2

보안검색대에서

보안요원	가방을 바구니에 넣어 주세요. 노트북과 휴대폰도 바구니에 넣어 주세요.	**Ponga el bolso en la bandeja, por favor. Su ordenador y teléfono móvil también, por favor.** 뽄가 엘 볼쏘 엔 라 반데하, 뽀르 파보르. 쑤 오르데나도르 이 뗄레포노 모빌 땀비엔, 뽀르 파보르.
나	네.	**Sí** 씨.
	(삐삐삐삐)	
나	앗.	**¡Ay!** 아이!
보안요원	주머니에 열쇠가 있나요?	**¿Lleva llaves en el bolsillo?** 예바 야베쓰 엔 엘 볼씨요?
나	아니요, 이미 꺼냈어요.	**No, ya las he sacado.** 노, 야 라쓰 에 쎄까도.
		▶ 스페인어에서 '~없나요? ~안했나요?'라고 물을 경우 '아니요, ~했어요.'라고 답해야 합니다.
보안요원	잠깐만요. 물은 버려 주세요.	**Un momento. Tire el agua, por favor.** 운 모멘또. 띠레 엘 아구아, 뽀르 파보르.
나	알겠습니다.	**Muy bien.** 무이 비엔.
보안요원	그리고 이 로션 병은 너무 큽니다. 허용량은 100ml까지예요. 여기 두고 가셔야 합니다.	**Este bote de crema es muy grande. El límite es de 100ml. Debe dejarlo aquí.** 에쓰떼 보떼 데 끄레마 에쓰 무이 그란데. 엘 리미떼 에쓰 데 씨엔 밀리리뜨로쓰. 데베 데하르로 아끼.
나	아, 아쉽네요!	**Ah, ¡qué pena!** 아, 께 뻬나!
보안요원	통과해 주세요.	**Pase, por favor.** 빠쎄, 뽀르 파보르.

CHECK IT OUT ❷ | 출국할 때 주의할 점

출국 관련 서류를 잘못 기재해서 출국이 취소 혹은 지연되거나 보안검색대에서 소지품 반입이 취소되는 일은 예상 외로 빈번하게 발생됩니다. 출국 관련 가이드를 꼭 숙지하세요.

여권과 티켓 이름은 동일하게

비행기 티켓을 구매할 때, 영문으로 철자를 잘못 써넣는 실수도 빈번하지만, 성을 제외한 이름의 표기 방법이 여권과 다른 경우도 많이 발생합니다. 우리는 주로 이름 두 글자 사이를 붙여쓰거나 띄어쓰기도 하며 간혹 하이픈(-)을 넣기도 하는데, 티켓 상의 이름 영문 표기가 여권과 다를 경우 비행기를 타지 못하는 문제가 생길 수도 있으니 주의해야 합니다. 실제로 이름을 잘못 입력하는 사고는 생각보다 자주 발생합니다.

보안검색대에서

탑승 수속을 하고 출국장으로 이동하여 보안검색을 받아야 합니다. 모든 액체와 젤류는 100㎖ 이하 용기에 담아 투명한 지퍼락에 넣어야 합니다. 끝이 뾰족하거나 날카로운 물체는 기내반입 제한됩니다. 김치나 된장, 고추장류는 기내반입은 불가능하나 포장을 꼼꼼히 하여 위탁수하물로는 반입 가능합니다. 오염과 냄새가 발생할 우려가 있는 식품류는 포장에 유의하세요. 불미스러운 일을 방지하기 위해서는 보안검색 가이드에 따라 어떤 물품을 기내에 반입할지 어떤 물품을 수하물로 처리할지 잘 구분하여 짐을 쌀 필요가 있습니다.

KEY **CHECK** 3

1. 기내에서

기내에서 생길 수 있는 일들

드디어 비행기 탑승! 비행기에 타서는 자기 좌석 찾고 짐을 올려야겠죠. 외국 비행기의 경우 좌석이 많이 빈 상태로 출발할 때 간혹 편한 자리로 이동할 수 있어요. 그래서 친구나 가족이 따로 떨어져 앉아 있으면 좌석 교환이 가능한지 승무원에게 물어보세요. 이제 출발해 볼까요? ¡Todos a bordo!

❶ 승무원에게 좌석 묻기

제 좌석이 어디예요?
¿Cuál es mi asiento?
꾸알 에쓰 미 아씨엔또?

제 좌석 번호가 42C인데, 어느 쪽에 있죠?
Mi asiento es el 42C, ¿me podría decir dónde está?
미 아씨엔또 에쓰 엘 꾸아렌따 이 도스 쎄, 메 뽀드리아 데씨르 돈데 에스따?

다른 자리에 앉아도 될까요?
¿Podría cambiar de asiento?
뽀드리아 깜비아르 데 아씨엔또?

옆 좌석이 비었으면 제가 사용해도 될까요?
¿Si estuviera desocupado, podría sentarme en el asiento de al lado?
씨 에스뚜비에라 데스오꾸빠도, 뽀드리아 쎈따르메 엔 엘 아씨엔또 데 알 라도?

❷ 주변 승객에게

잘못 앉으신 것 같은데요.
Creo que se ha equivocado de asiento.
끄레오 께 쎄 아 에끼보까도 데 아씨엔또.

저 사람과 일행인데, 자리를 좀 바꿔주실 수 있나요?
Voy con esa persona ¿podría cambiarme de asiento, por favor?
보이 꼰 에싸 뻬르쏘나 뽀드리아 깜비아르메 데 아씨엔또, 뽀르 파보르?

지나가도 될까요?
¿Puedo pasar, por favor?
뿌에도 빠사르, 뽀르 파보르?

좌석을 뒤로 젖혀도 될까요?
¿Puedo echar el asiento para atrás, por favor?
뿌에도 에차르 엘 아씨엔또 빠라 아뜨라쓰, 뽀르 파보르?

의자를 조금만 앞으로 당겨 주시겠어요?
¿Podría levantar un poco el asiento, por favor?
뽀드리아 레반따르 운 뽀꼬 엘 아씨엔또, 뽀르 파보르?

실례합니다. 저 안쪽 좌석으로 들어갈게요.
Perdone, tengo que pasar al asiento del fondo.
뻬르도네, 뗑고 께 빠사르 알 아씨엔또 델 폰도.

죄송합니다.
Perdone.
뻬르도네.

③ 짐 보관하기

이 가방 드는 것 좀 도와주시겠어요?
¿Puede ayudarme a levantar esta maleta?
뿌에데 아유다르메 아 레반따르 에스따 말레따?

(내 좌석) 위쪽 짐칸이 꽉 찼어요.
El espacio para el equipaje de mano de mi asiento está lleno.
엘 에스빠시오 빠라 엘 에끼빠헤 데 마노 데 미 아씨엔또 에스따 예노.

위쪽 짐칸에 가방이 안 들어가네요.
No cabe mi maleta en el espacio para el equipaje de mano.
노 까베 미 말레따 엔 엘 에스빠시오 빠라 엘 에끼빠헤 데 마노.

이걸 어디에 넣어야 하나요?
¿Dónde debo meter esto?
돈데 데보 메떼르 에스또?

4 승무원의 요청

노트북[휴대폰]을 꺼주세요.
Apague el ordenador[móvil], por favor.
아빠게 엘 오르데나도르[모빌], 뽀르 파보르.

지금 전자기기를 사용하시면 안됩니다.
Ahora no puede utilizar aparatos electrónicos.
아오라 노 뿌에데 우띨리싸르 아빠라또쓰 엘렉뜨로니꼬쓰.

안전벨트를 착용하세요.
Póngase el cinturón de seguridad.
뽄가세 엘 씬뚜론 데 쎄구리닫.

승객 여러분, 우리 비행기가 기류를 만났으니, 자리로 돌아가 주시길 바랍니다. 그리고 안전벨트를 착용해 주시기 바랍니다.
Señores pasajeros, estamos atravesando un área de turbulencias, vuelvan a su asiento y abróchense los cinturones de seguridad.
쎄뇨레쓰 빠사헤로쓰; 에스따모쓰 아뜨라베싼도 운 아레아 데 뚜르불렌시아쓰, 부엘반 아 쑤 아시엔또, 이 아브로첸쎄 로쓰 신뚜로네쓰 데 쎄구리닫.

이제 이것[전자기기]을 켜도 되나요?
¿Ya puedo encender esto[el aparato electrónico]?
야 뿌에도 엔쎈데르 에스또[아빠라또 엘렉뜨로니꼬]?

여기 와이파이 되나요?
¿Funciona el Wi-Fi aquí?
푼시오나 엘 위-피 아끼?

TIP 기내 전자기기 사용

비행기 이착륙 시, 안전을 위해 승무원들이 위의 짐칸도 확인하고 객석을 돌아다니며 점검하는 시간입니다. 전자기기 사용도 멈춰야겠죠. 승무원들의 지시 사항을 잘 따라 주세요

2. 기내 식사

기내에서 식사를 주문할 때

장거리 비행의 지루함과 출출함을 달래 줄 식사 시간입니다. 기내식은 좁은 공간의 제약으로 소화가 잘되는 저칼로리로 구성되는데요. 대개 서양식을 기본으로 아시아 퓨전 요리가 곁들여집니다. 단, 저가 항공의 경우 기내식과 음료에 별도의 요금이 책정됩니다.

❶ 기내에서 음료 및 식사 주문하기

치킨과 소고기 중 어떤 것으로 하시겠습니까?
¿Qué desea, carne de ternera o pollo?
께 데세아, 까르네 데 떼르네라 오 뽀요?

음료는 어떤 것으로 하시겠습니까?
¿Qué desea beber?
께 데세아 베베르?

커피 더 드시겠어요?
¿Quiere más café?
끼레에 마쓰 까페?

뜨거우니 조심하세요.
Tenga cuidado. Está caliente.
뗑가 꾸이다도. 에스따 깔리엔떼.

죄송합니다. 다 떨어졌네요. 다른 메뉴로 하시겠어요?
Perdone. Se ha acabado. ¿Quiere elegir otro menú?
뻬르도네. 쎄 아 아까바도. 끼에레 엘레히르 오뜨로 메누?

파스타[닭고기/소고기]로 하겠습니다.
Quiero pasta[pollo/ternera], por favor.
끼에로 빠스따[뽀요/떼르네라], 뽀르 파보르.

CHAPTER 2 | El aeropuerto · El avión | **87**

다른 것도 있나요?
¿Hay otra cosa?
아이 오뜨라 꼬싸?

채식주의 식단도 있나요?
¿Hay menú para vegetarianos?
아이 메누 빠라 베헤따리아노쓰?

오렌지 주스 주세요.
Quiero zumo de naranja, por favor.
끼에로 쑤모 데 나란하, 뽀르 파보르.

아니요, 괜찮습니다.
No, gracias.
노, 그라씨아쓰.

커피를 쏟았어요. 휴지 좀 갖다 주시겠어요?
He derramado el café. ¿Me puede traer servilletas, por favor?
에 데라마도 엘 까페. 메 뿌에데 뜨라에르 쎄르비예따쓰, 뽀르 파보르?

DIÁLOGO 3

기내 식사하기

승무원 음료 무엇으로 드릴까요?

¿Qué quiere tomar?
께 끼에레 또마르?

나 스프라이트 주세요.

Sprite, por favor.
스프라이트, 뽀르 파보르.

승무원 죄송하지만, 스프라이트가 떨어졌는데, 다른 음료 드시겠어요?

Lo siento pero se ha acabado el Sprite, ¿quiere otra bebida?
로 씨엔또 뻬로 쎄 아 아까바도 엘 스프라이트. 끼에레 오뜨라 베비다?

나 콜라 있나요?

¿Tiene Coca-cola?
띠에네 꼬까-꼴라?

승무원 네, 여기 있습니다.

Sí, aquí tiene.
씨, 아끼 띠에네.

승무원 닭고기와 소고기 중 무엇으로 드시겠어요?

¿Prefiere pollo o ternera?
쁘레피에레 뽀요 오 떼르네라?

나 닭고기로 주세요.

Pollo, por favor.
뽀요, 뽀르 파보르.

승무원 음료는 무엇으로 하시겠어요?

¿Qué quiere beber?
께 끼에레 베베르?

나 와인(레드와인) 주세요. 그리고 땅콩 좀 더 주시겠어요?

Vino tinto, por favor. ¿Y me podría traer más cacahuetes?
비노 띤또, 뽀르 파보르. 이 메 뽀드리아 뜨라에르 마쓰 까까우에떼쓰?

나 출출한데 간식 있나요?

¿Tiene algo para picar?
띠에네 알고 빠라 삐까르?

승무원 라면과 피자가 있는데 무엇을 드시겠어요?

Tenemos fideos instantáneos y pizza. ¿Qué quiere tomar?
떼네모쓰 피데오쓰 인스딴따네오쓰 이 삐짜. 께 끼에레 또마르?

나 라면 주세요.

Fideos, por favor.
피데오쓰, 뽀르 파보르.

승무원 네, 바로 가져다 드릴게요.

Muy bien, ahora mismo se los traigo.
무이 비엔, 아오라 미쓰모 쎄 로쓰 뜨라이고.

CHECK IT OUT ③ | 기내식 종류

하늘 위에서의 멋진 식사, 기내식!
장시간 비행 시 제공되는 기내식을 먹는 재미도 쏠쏠합니다. 참고로 중남미의 장거리 버스 여행에서도 기내식이 제공되기도 한답니다.

대부분의 항공사에서는 영양과 고도에서 소화가 잘되는 식사, 식중독 등의 위생 요건을 고려하여 소고기, 닭고기, 밥이나 면을 제공합니다. 비즈니스 이상 등급에서는 캐비어, 푸아그라 등 고급 음식도 제공된답니다. 라면이나 피자 등의 간식도 갖춰져 있죠. 나라별로 고유의 음식 문화를 반영해 국내 항공사의 경우 비빔밥 같은 한식을 제공하기도 하는데 전 세계 항공 이용객의 입맛에 따라 기내식 메뉴는 대체로 한정된 편입니다. 건강(채식주의, 저염식, 당뇨식 등)이나 종교(이슬람, 힌두교, 유대교식), 연령(어린이 기내식)을 고려하여 특별 기내식 서비스도 있으니 필요한 분들은 출발 24시간 전에 예약하세요.

KEY **CHECK 4**

1. 기내 서비스

기내 서비스를 즐겨보세요.

앞서 소개된 기내식, 음료 서비스 외에 기내 서비스는 매우 다양합니다. 영화 관람, 신문, 잡지 제공은 기본이고 항공사 별로 와이파이, 생일 축하, 마스크팩 등 이색 서비스가 제공된답니다. 탑승할 항공의 서비스가 무엇이 있는지 살펴보시고 꼭 이용해 보세요.

❶ 서비스 및 다양한 요청 사항

읽을만한 것이 있나요?
¿Tiene algo para leer?
띠에네 알고 빠라 레르?

한국어 신문[잡지]이 있어요?
¿Tiene periódico[revista] en coreano?
띠에네 뻬리오디꼬[레비스따] 엔 꼬레아노?

춥습니다. / 덥습니다.
Tengo frío. / Tengo calor.
뗑고 프리오. / 뗑고 깔로르.

담요[베개]를 주시겠어요?
¿Me puede dar una manta[almohada], por favor?
메 뿌에데 다르 우나 만따[알모아다], 뽀르 파보르?

수면 안대 있나요?
¿Tiene antifaces?
띠에네 안띠파세쓰?

전등 끄는 법 좀 알려 주시겠어요?
¿Me puede decir cómo se apaga la luz?
메 뿌에데 데씨르 꼬모 쎄 아빠가 라 루쓰?

CHAPTER 2 | El aeropuerto · El avión **91**

이어폰 사용 방법 좀 가르쳐 주세요.
¿Me puede enseñar cómo se utilizan los auriculares?
메 뿌에데 엔세냐르 꼬모 쎄 우띨리싼 로스 아우리꿀라레쓰?

이어폰이 고장 났어요.
Los auriculares no funcionan.
로쓰 아우리꿀라레쓰 노 푼씨오난.

이것 좀 치워 주시겠어요?
¿Puede retirarme esto, por favor?
뿌에데 레띠라르메 에스또, 뽀르 파보르?

화장실 가도 되나요?
¿Puedo ir al servicio[baño]?
뿌에도 이르 알 쎄르비씨오[바뇨]?
*남미에서는 baño가 더 많이 쓰임

② 컨디션이 안 좋을 때

몸이 좋지 않은데, 약 좀 주세요.
No me encuentro bien, necesito una pastilla, por favor.
노 메 엔꾸엔뜨로 비엔, 네쎄씨또 우나 빠스띠야, 뽀르 파보르.

저 속이 좀 안 좋아요.
Tengo malestar.
뗑고 말레스따르.

토할 것 같아요.
Tengo ganas de vomitar.
뗑고 가나스 데 보미따르.

멀미약 있어요?
¿Tiene pastillas para el mareo?
띠에네 빠스띠야쓰 빠라 엘 마레오?

냉수 한 잔만 좀 갖다 주실래요?
¿Me puede traer un vaso de agua fría?
메 뿌에데 뜨라에르 운 바쏘 데 아구아 프리아?

TIP 비행기 화장실

비행기 화장실은 Baño(Lavatory)라고 표시하는 경우가 많아요. 화장실 문에는 Ocupado(Occupied; 사용 중), Libre(Vacant; 비어 있음)라고 표시되어 있습니다. 기내 전체가 금연 구역이라는 것은 상식! 흡연 시 엄격하게 항공법의 적용을 받습니다.

2. 면세품 쇼핑

면세점에서 쇼핑하기

출국 심사를 마치고 비행기 탑승 전 시간이 남으면 면세점 투어를 빼먹을 순 없겠죠. 면세품은 말 그대로 세금이 면제된 상품으로 시중가보다 저렴해서 면세품 쇼핑을 즐기는 여행객들이 많습니다. 스페인어권에서도 면세점은 영어와 마찬가지로 Duty Free Shop 이라고 합니다.

1 공항 면세점에서

이것 할인 품목인가요?
¿Estos productos tienen descuento?
에스또쓰 쁘로둑또쓰 띠에넨 데스꾸엔또?

테스트해 봐도 되나요?
¿Se pueden probar?
쎄 뿌에덴 쁘로바르?

뭐가 더 잘 팔리나요?
¿Cuál se vende más?
꾸알 쎄 벤데 마쓰?

여기 할인 쿠폰 사용 가능한가요?
¿Se pueden utilizar cupones de descuento?
쎄 뿌에덴 우띨리싸르 꾸뽀네쓰 데 데스꾸엔또?

20% 할인 품목입니다.
Tiene un 20% de descuento.
띠에네 운 베인떼 뽀르씨엔또 데 데스꾸엔또.

이 제품이 좀 더 잘 팔립니다.
Este producto es el que más se vende.
에스떼 쁘로둑또 에쓰 엘 께 마쓰 쎄 벤데.

탑승권 보여 주세요.
Muéstreme la tarjeta de embarque, por favor.
무에스뜨레메 라 따르헤따 데 엠바르께, 뽀르 파보르.

영수증 여기 있습니다.
Aquí tiene el recibo.
아끼 띠에네 엘 레씨보.

포장은 목적지까지 뜯지 마세요.
El paquete debe ir cerrado hasta el destino.
엘 빠께떼 데베 이르 쎄라도 아스따 엘 데스띠노.

② 기내 면세 쇼핑

기내에서 면세품을 파나요?
¿Venden productos sin impuestos dentro del avión?
벤덴 쁘로둑또쓰 씬 임뿌에스또쓰 덴뜨로 델 아비온?

지금 면세품 살 수 있나요?
¿Puedo comprar productos sin impuestos ahora?
뿌에도 꼼쁘라르 쁘로둑또쓰 씬 임뿌에스또쓰 아오라?

면세품 목록을 보여 주시겠어요?
¿Puedo ver el catálogo de venta a bordo?
뿌에도 베르 엘 까딸로고 데 벤따 아 보르도?

이 향수 구입하고 싶어요.
Quisiera comprar este perfume.
끼시에라 꼼쁘라르 에스떼 뻬르푸메.

면세점보다 싼가요?
¿Es más económico que en las tiendas del aeropuerto?
에쓰 마쓰 에꼬노미꼬 께 엔 라쓰 띠엔다쓰 델 아에로뿌에르또?

현금[카드]으로 계산해도 되나요?
¿Puedo pagar en efectivo[con tarjeta]?
뿌에도 빠가르 엔 에펙띠보[꼰 따르헤따]?

면세품 구입은 기내 방송으로 안내해 드리겠습니다.
Daremos información sobre productos sin impuestos por altavoz.
다레모쓰 인포르마씨온 쏘브레 쁘로둑또쓰 씬 임뿌에스또쓰 뽀르 알따보쓰.

좌석 앞주머니에 기내품 쇼핑 목록을 확인하세요.
Lea el catálogo de productos sin impuestos.
레아 엘 까딸로고 데 쁘로둑또쓰 씬 임뿌에스또쓰.

죄송합니다. 그 제품은 소진되었습니다.
Lo siento. Ese producto está agotado.
로 씨엔또. 에쎄 쁘로둑또 에스따 아고따도.

DIÁLOGO 4

승무원에게 요청하기

승무원	잡지나 신문 드릴까요?	¿Quiere revista o periódico? 끼에레 레비스따 오 뻬리오디꼬?
나	네, 한국 신문 있나요?	Sí, ¿tiene periódico coreano? 씨, 띠에네 뻬리오디꼬 꼬레아노?
승무원	네, 서울 신문과, 한국경제 신문이 있습니다. 어떤 것으로 드릴까요?	Sí, tenemos el periódico de Seúl y de Economía Coreana. ¿Cuál quiere? 씨, 떼네모쓰 엘 뻬리오디꼬 데 쎄울 이 데 에꼬노미아 꼬레아나. 꾸알 끼에레?
나	서울 신문 주세요.	El de Seúl, por favor. 엘 데 쎄울 뽀르 파보르.

나	실례합니다. 영화를 보려는 데 도와주실 수 있나요?	Perdone. Quiero ver una película, ¿me podría ayudar? 뻬르도네. 끼에로 베르 우나 뻴리꿀라. 메 뽀드리아 아유다르?
승무원	이 리모컨으로 방향키를 누르세요.	Presione el botón de direcciones de este mando. 쁘레씨오네 엘 보똔 데 디렉씨오네쓰 데 에스떼 만도.
나	아, 네.	Muy bien. 무이 비엔.
승무원	여기서 언어 선택 누르시고요. 볼륨은 여기 있어요.	Tiene que seleccionar el idioma, y el volumen está aquí. 띠에네 께 쎌렉씨오나르 엘 이디오마, 이 엘 볼루멘 에스따 아끼.
나	네, 감사합니다. 간단하네요.	Sí, gracias. Es sencillo. 씨, 그라씨아쓰. 에쓰 쎈씨요.

기내 면세품 구입하기

나 면세품을 사려는데요. 지금 가능한가요?

Me gustaría comprar productos sin impuestos. ¿Es posible hacerlo ahora?
메 구스따리아 꼼쁘라르 쁘로둑또쓰 씬 임뿌에스또쓰. 에쓰 뽀씨블레 아쎄를로 아오라?

승무원 네, 여기 면세품 목록을 보시고 신청서에 표시해 주세요. *(잠시 후)*

Sí, aquí tiene el catálogo y rellene posteriormente el formulario.
씨, 아끼 띠에네 엘 까딸로고 이 레예네 뽀스떼리오르멘떼 엘 포르물라리오.

나 여기 면세품 구매 신청서 있어요. 이 제품은 공항 면세점보다 더 싼가요?

Aquí está el formulario. ¿Esto es más económico que en el aeropuerto?
아끼 에스따 엘 포르물라리오. 에스또 에쓰 마쓰 에꼬노미꼬 께 엔 엘 아에로뿌에르또?

승무원 네, 2달러 정도 더 저렴합니다. 잠시 기다려 주세요. 상품을 가져다 드릴게요. *(잠시 후)*

Sí, unos 2 dólares menos. Un momento, por favor. Le traigo su producto.
씨, 우노스 도쓰 돌라레쓰 메노쓰. 운 모멘또, 뽀르 파보르. 레 뜨라이고 쑤 쁘로둑또.

승무원 손님, 죄송합니다. 이 비타민은 다 떨어졌네요. 인기 품목이라 다 팔렸습니다.

Perdone, lo siento. La vitamina está agotada. Es un producto muy solicitado.
뻬르도네, 로 씨엔또. 라 비타미나 에스따 아고따다. 에쓰 운 쁘로둑또 무이 쏠리씨따도.

나 음, 그럼 이 제품은 있나요?

Hmm... entonces, ¿tiene ésta?
음... 엔똔쎄스, 띠에네 에스따?

승무원 네, 다행히 그것은 재고가 있습니다.

Sí, afortunadamente tenemos.
씨, 아포르뚜나다멘떼 떼네모쓰.

나 그럼 그것으로 주세요.

Entonces déme ésa, por favor.
엔똔쎄쓰 데메 에싸, 뽀르 파보르.

CHECK IT OUT ❹ | 면세품 구입 팁

해외여행에서 빼놓을 수 없는 면세품 구입! 좋은 상품을 착한 가격에 살 수 있는 기회라 놓칠 수 없죠. 스페인이나 중남미 면세점에서 인기 있는 상품 등 다양한 구입 팁 소개합니다.

- 남미의 공항 면세점은 국내나 북미, 유럽 권 면세점에 비해 규모가 작아서 이용도가 낮은 편입니다. 스페인 면세점에서 인기 있는 상품은 스페인 전통 과자 뚜론(Turrón)과 와인(vino), 주류(alcohol) 등입니다. 멕시코에서는 테킬라(tequila)와 담배(cigarro/cigarrillo) 그리고 쿠바에서는 시가(tabaco)가 저렴해서 인기가 많답니다.
- 출국 시 면세품 구매 한도액은 3,000달러이고, 입국 시 면세 한도액은 600달러입니다. 면세 한도가 초과했을 경우 반드시 세관에 자진 신고하세요. 면세 한도는 나라마다 기준이 다르니 미리 확인하세요.
- 출국 시 고가 혹은 부피가 큰 면세품을 구입하면 여행지에서 그것을 들고 다녀야 할 부담감이 있죠. 그 점 잘 고려하여 신중하게 면세품 쇼핑을 할 필요가 있습니다.
- 기내는 협소한 장소 제약으로 모든 제품을 갖춰둘 수가 없으므로 주로 술, 담배, 화장품, 향수, 시계, 필기구, 보석, 과자 등을 일정량 판매합니다.
- 기내 면세품이 공항 면세품보다 약간 저렴한 이유는 고정 환율이기도 하고 장소 임대료나 인건비 절감 차원도 있습니다. 각 항공사 홈페이지에서 기내 면세 품목 가격을 확인할 수 있습니다.
- 국내(한국) 항공사의 경우 기내 면세품 사전 예약 서비스도 유용합니다. 상품이 떨어져서 기내에서 면세품을 구입하지 못하는 경우를 대비해 출국 항공편에서 예약 주문을 하고 귀국할 때 전달받을 수 있습니다.

KEY **CHECK** 5

입국신고서 작성

입국의 첫 관문, 입국신고서 작성

기내에서 승무원이 해당 입국 국가의 신고서를 나누어 줍니다. 대부분 입국신고서와 세관신고서로 나뉘죠. 여권 정보, 비행기 편명, 방문할 국가 숙소 정보는 필수입니다. 불편한 상황이 발생하지 않도록 정확하게 작성하셔야 해요.

① 입국신고서 작성하기

이 양식을 쓰는 법 좀 가르쳐 주세요.
¿Me puede explicar cómo rellenar este formulario?
메 뿌에데 엑스쁠리까르 꼬모 레예나르 에스떼 포르물라리오?

입국신고서는 어떻게 쓰는 건가요?
¿Cómo se rellena éste formulario de inmigración?
꼬모 쎄 레예나 에스떼 포르물라리오 데 인미그라씨온?

펜 좀 빌릴 수 있을까요?
¿Me puede dejar un bolígrafo?
메 뿌에데 데하르 운 볼리그라포?

제 입국신고서를 좀 봐주시겠어요?
¿Puede verificar si mi formulario de inmigración está correcto?
뿌에데 베리피까르 씨 미 포르물라리오 데 인미그라씨온 에스따 꼬렉또?

세관 서류 작업이 필요해요.
Necesito preparar los documentos para el control aduanero.
네쎄씨또 쁘레빠라르 로쓰 도꾸멘또쓰 빠라 엘 꼰뜨롤 아두아네로.

입국신고서를 한 장 더 얻을 수 있을까요?
¿Me puede dar otro formulario de inmigración?
메 뿌에데 다르 오뜨로 포르물라리오 데 인미그라씨온?

대문자로 쓰세요.
Escriba en mayúscula, por favor.
에스끄리바 엔 마유스꿀라, 뽀르 파보르.

여기 한 장 더 있습니다.
Aquí tiene uno más.
아끼 띠에네 우노 마쓰.

여기 머무를 숙박지[호텔] 주소를 적으세요.
Escriba aquí la dirección del lugar[hotel] donde se va a hospedar.
에스끄리바 아끼 라 디렉씨온 델 루가르[오뗄] 돈데 쎄 바 아 오스뻬다르.

DIÁLOGO 5

신고서 작성하기

승무원 입국신고서와 세관신고서 작성해 주세요.

Rellene los formularios de inmigración y aduana, por favor.
레예네 로쓰 포르물라리오 데 인미그라씨온 이 아두아나, 뽀르 파보르.

나 여기 스페인어로 써야 하나요?

¿Tengo que escribir en español?
뗑고 께 에스끄리비르 엔 에스파뇰?

승무원 외국인이시면 이 면에 영어로 쓰시면 됩니다.

Si es extranjero puede escribir aquí en inglés.
씨 에쓰 엑쓰뜨란헤로 뿌에데 에스끄리비르 아끼 엔 인글레쓰.

나 앗, 여기 잘못 썼는데, 한 장 더 주시겠어요? 죄송합니다.

Ay, me he equivocado, ¿me puede dar otro? Lo siento.
아, 메 에 에끼보까도. 메 뿌에데 다르 오뜨로? 로 씨엔또.

승무원 괜찮습니다. 여기 있습니다. 하단에 숙소 정보는 꼭 적으세요.

No pasa nada. Aquí tiene. Abajo tiene que escribir la dirección del lugar donde se va a hospedar.
노 빠싸 나다. 아끼 띠에네. 아바호 띠에네 께 에스끄리비르 라 디렉씨온 델 루가르 돈데 쎄 바 아 오스뻬다르.

나 알겠습니다. 세관신고서는 가족들 각자 다 써야 하나요?

Muy bien. ¿Necesito rellenar un formulario para cada miembro de la familia?
무이 비엔. 네쎄씨또 레예나르 운 포르물라리오 빠라 까다 미엠브로 데 라 파밀리아?

승무원 가족 대표로 한 분만 쓰시면 되요.

No, sólo uno por familia.
노, 쏠로 우노 포르 파밀리아.

나 네, 감사합니다.

Muy bien, gracias.
무이 비엔, 그라씨아쓰.

CHECK IT OUT ⑤ | 신고서 작성하기

해외여행 중 비행기에서 필수로 작성해야 하는 신고서(입국신고서, 세관신고서)가 있습니다. 영어로 작성하니 너무 걱정마시고요. 그래도 신고서에 있는 스페인어 용어는 영어와 함께 알아 두면 좋겠죠.

입국신고서와 세관신고서 용어

한국어	스페인어	영어
성	Apellido (아뻴리도)	Family Name/Surname
이름	Nombre (놈브레) *Primer nombre/Segundo nombre	Name *First Name/Given Name
출생일	Fecha de nacimiento (페차 데 나씨미엔또) *Día/Mes/Año	Date of Birth *Day/Month/Year
출생지	Lugar de nacimiento (루가르 데 나씨미엔또)	Place of Birth
주소	Dirección (디렉씨온)	Home Address
국적	Nacionalidad (나씨오날리닫)	Nationality
직업	Ocupación/Profesión/Trabajo (오꾸빠씨온/쁘로페씨온/뜨라바호)	Occupation/Profession/Work
여권 번호	Número de pasaporte (누메로 데 빠싸뽀르떼)	Passport Number
발행일	Fecha de expedición (페차 데 엑스뻬디씨온)	The Date(Day) of Issue
서명	Firma (피르마)	Signature

입국신고서 작성 요령

- 입국신고서 형식은 나라마다 다르지만, 대부분 자국어와 그 뒷면에는 영어로 쓸 수 있게 되어있습니다. 해당 언어를 모르더라도 걱정하지 마세요.
- 이름(Nombre)과 성(Apellido)을 바꿔 쓰지 않아야 하고, 모든 내용은 대문자로 써야 합니다. 방문할 국가의 숙소 주소는 반드시 기재하세요.
- 기내에서 입국신고서를 받지 못했다면 당황하지 말고 입국장에 갖춰진 신고서에 작성하세요.

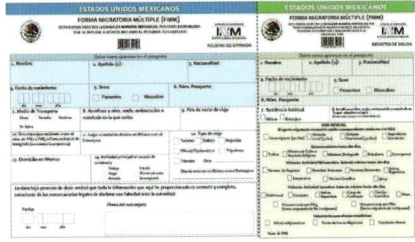

CHAPTER 2 | El aeropuerto · El avión

KEY **CHECK 6**

환승 편

비행기 놓치지 마세요

중남미 여행 중에 직항 대신 경유 항공편을 선택하는 경우가 많죠. 그런데 티켓 결정 시 경유지에서 환승 시간이 얼마나 주어지는지를 반드시 고려해야 해요. 해당 공항이 너무 붐비거나 환승 게이트가 멀 수도 있으니 경유 시간이 최소 1시간 이상인 안전한 비행편을 고르세요.

❶ 환승할 때

비행기를 갈아타야 해요.
Tengo que hacer transbordo.
뗑고 께 아쎄르 뜨란스보르도.

마드리드행 환승객이에요.
Soy pasajero con destino a Madrid.
쏘이 빠싸헤로 꼰 데스띠노 아 마드리드.

스페인(이베리아)항공사 환승 카운터로 어떻게 가나요?
¿Cómo puedo ir al mostrador de conexión de la aerolínea española Iberia?
꼬모 뿌에도 이르 알 모스뜨라도르 데 꼬넥씨온 데 라 아에로리네아 에스빠뇰라 이베리아?

환승 비행기 수속은 어디서 하나요?
¿Cuál es el proceso para coger el siguiente vuelo?
꾸알 에쓰 엘 쁘로쎄쏘 빠라 꼬헤르 엘 씨기엔떼 부엘로?

저 표시를 따라가세요.
Siga esa señal.
씨가 에사 쎄냘.

마드리드행 환승은 30번 게이트로 가세요.
Vaya a la puerta 30 para la conexión a Madrid.
바야 아 라 뿌에르따 뜨레인따 빠라 라 꼬넥씨온 아 마드리드.

모니터에서 게이트를 확인하세요.
Confirme la puerta en el monitor.
꼼피르메 라 뿌에르따 엔 엘 모니또르.

직원을 따라가세요.
Siga al empleado.
씨가 알 엠쁠레아도.

② 환승 비행기를 놓쳤을 때

마드리드로 가는 환승 비행기를 놓쳤어요.
He perdido el vuelo de conexión a Madrid.
에 뻬르디도 엘 부엘보 데 꼬넥씨온 아 마드리드.

다음 편 마드리드행 비행기가 언제 있나요?
¿Cuál es el siguiente vuelo a Madrid?
꾸알 에쓰 엘 씨기엔떼 부엘로 아 마드리드?

오늘 중으로 도착할 수 있을까요?
¿Podré llegar hoy?
뽀드레 예가르 오이?

다음 편으로 예약해 드리겠습니다.
Le reservo el siguiente vuelo.
레 레쎄르보 엘 씨기엔떼 부엘로.

걱정하지 마세요. 다음 편에 태워드리겠습니다.
No se preocupe. Viajará en el siguiente vuelo.
노 쎄 쁘레오꾸뻬. 비아하라 엔 엘 씨기엔떼 부엘로.

3시간 뒤에 다음 비행기가 있습니다.
Dentro de 3 horas sale el siguiente vuelo.
덴뜨로 데 뜨레쓰 오라쓰 쌀레 엘 씨기엔떼 부엘로.

CHAPTER 2 | El aeropuerto · El avión **105**

다음 비행기는 내일 있습니다.
El siguiente vuelo es mañana.
엘 씨기엔떼 부엘로 에쓰 마냐나.

항공사에서 제공하는 호텔 숙박 안내해 드릴게요.
Le daré la información sobre hoteles que ofrece la aerolínea.
레 다레 라 인포르마씨온 쏘브레 오스뗄레쓰 께 오프레쎄 라 아에로리네아.

DIÁLOGO 6

환승 비행기를 놓쳤을 때

나 연착으로 환승 편을 놓쳤어요. 마드리드행 IB6251편이에요.

He llegado tarde y he perdido el vuelo de conexión. Era el vuelo IB6251 con destino a Madrid.
에 예가도 따르데 이 에 뻬르디도 엘 부엘로 데 꼬넥씨온. 에라 엘 부엘로 이 베 쎄이쓰-도쓰-씽꼬-우노 꼰 데스띠노 아 마드리드.

항공사 직원 비행기 티켓 부탁드립니다.

Necesito su billete de avión.
네쎄씨또 쑤 비예떼 데 아비온.

나 여기 있어요. 오늘 현지 시각으로 오후 5시까지는 도착해야 하는데 가능할까요?

Aquí tiene. Debería llegar hoy antes de las 5, hora local. ¿Cree que será posible?
아끼 띠에네. 데베리아 예가르 오이 안떼쓰 데 라쓰 씽꼬, 오라 로깔. 끄레 께 쎄라 뽀씨블레?

항공사 직원 잠시만요, 체크해 보겠습니다. 다행히 2시간 후에 마드리드행 비행기가 있습니다. 비즈니스석으로 업그레이드해 드릴게요. 5시까지는 충분히 도착하시겠어요.

Un momento, por favor. Voy a comprobarlo. Afortunadamente tenemos un vuelo a Madrid en 2 horas. Le voy a situar en clase business. Creo que llegará antes de las 5.
운 모멘또. 뽀르 파보르. 보이 아 꼼쁘로바를로. 아포르뚜나다멘떼 떼네모쓰 운 부엘로 아 마드리드 엔 도쓰 오라쓰. 레 보이 아 씨뚜아르 엔 끌라쎄 비즈니스. 끄레오 께 예가라 안떼쓰 데 라쓰 씽꼬.

나 오, 다행이에요. 비행기 놓친 게 행운인 것 같네요. 좌석 업그레이드도 됐고요.

Oh, vaya suerte. Creo que ha sido suerte perder el vuelo porque me han cambiado por un asiento en business.
오, 바야 쑤에르떼. 끄레오 께 아 씨도 쑤에르떼 뻬르데르 엘 부엘로 뽀르께 메 안 깜비아도 뽀르 운 아씨엔또 엔 비즈니스.

항공사 직원 그렇네요. 여기 티켓 있습니다. A-30번 게이트로 가세요.

Es verdad. Aquí está su billete. Vaya a la puerta A-30.
에쓰 베르닫. 아끼 에스따 쑤 비예떼. 바야 아 라 뿌에르따 아-뜨레인따.

나 대단히 감사합니다.

Muchas gracias.
무차쓰 그라씨아쓰.

CHECK IT OUT 6 | 비행기 환승하기 팁

한국에서 가장 먼 나라는 어디일까요? 다들 예상하셨겠지만, 남미의 아르헨티나와 우루과이라고 합니다. 한국에서 중남미로 가려면 20시간 이상 소요되니 정말 큰마음 먹고 떠나야겠죠. 한국에서 멕시코와 브라질 직항편이 있지만 만만찮은 비행기 값으로 많은 여행자는 직항보다 경유 편을 이용하는데요. 미국이나 일본, 두바이 등을 거쳐 중남미로 가는 방법이 있답니다. 환승 시 유의사항을 알려 드릴게요.

- 비행기에서 내려서 갈아탈 비행기 편으로 환승(Transfer) 사인이나 직원의 안내를 잘 따라가세요.
- 환승 시간을 잘 체크하세요. 예상치 못한 연착 등으로 경유 편을 놓치거나 환승 시간이 촉박할 수 있습니다. 게이트도 변경될 수 있으니 공항 모니터를 통해 재확인하세요.
- 탑승 수속 시 부착한 수하물 태그의 목적지를 잘 확인해 두세요. 대부분 수하물은 최종 목적지까지 도착하지만 만약에 분실할 경우 분실 신고서를 작성하고 수시로 연락을 해야 합니다.
- 미국은 환승만 하는데도 ESTA 비자를 발급받아야 합니다. 입국 심사 과정을 거치면서 예상외로 시간이 오래 걸릴 수도 (길게는 2, 3시간) 있으니 환승 시간을 잘 확인하세요. 이때 수하물도 직원을 통해 재확인해 봐도 좋습니다.
- 환승 편을 놓친 경우 항공사 과실일 경우 당황하지 말고 직원에게 다음 편을 문의합니다. 연결 비행편이 없어서 1박을 해야 할 경우 항공사에서 제공하는 숙박을 제공받고 이때 서면 확인을 받으세요. 이때 환승 수하물도 놓칠 가능성도 높은지라 도착지 공항 분실물 센터나 수하물 센터에서 확인하세요.
- 개인 과실로 환승 비행기를 놓쳤을 경우는 티켓 재발행을 해야 합니다. 항공사 별로 페널티가 차이가 있으니 확인이 필요합니다.

KEY CHECK 7

입국 심사

입국 심사 대비하기

입국 심사에서는 대개 스탬프 쾅, 별 무리 없이 통과되지만, 종종 여행 목적이나 체류 기간 등의 기본 질문을 받기도 합니다. 스페인어가 아직 서툴다면 영어로도 가능하니 너무 걱정하지 마세요.

① 질문과 그 답변

여권[비자] 보여 주세요.
Su pasaporte[visado], por favor.
쑤 빠싸뽀르떼[비싸도], 뽀르 파보르.

방문 목적이 무엇입니까?
¿Cuál es el propósito de su visita?
꾸알 에쓰 엘 쁘로뽀씨또 데 쑤 비씨따?

마드리드 방문은 이번이 처음인가요?
¿Es la primera vez que visita a Madrid?
에쓰 라 쁘리메라 베쓰 께 비씨따 마드리드?

이곳에 얼마 동안 머무실 겁니까?
¿Por cuánto tiempo viene?
뽀르 꾸안또 띠엠뽀 비에네?

일행이 몇 분이나 됩니까?
¿Cuántas personas viajan en su grupo?
꾸안따쓰 뻬르쏘나쓰 비아한 엔 쑤 그루뽀?

귀국 비행기 표가 있습니까?
¿Tiene billete de vuelta?
띠에네 비예떼 데 부엘따?

CHAPTER 2 | El aeropuerto · El avión

어디에 머물 예정입니까?
¿Dónde estará hospedado?
돈데 에스따라 오스뻬다도?

여행하러 왔어요.
He venido a hacer turismo.
에 베니도 아 아쎄르 뚜리스모.

친구네 집에 방문하러 왔어요.
He venido para visitar a una amiga.
에 베니도 빠라 비씨따르 아 우나 아미가.

사업차 왔습니다.
He venido por negocios.
에 베니도 뽀르 네고씨오쓰.

네, 처음이에요.
Sí, es la primera vez.
씨, 에쓰 라 쁘리메라 베쓰.

아뇨, 이곳에 세 번째 왔어요.
No, es la tercera vez.
노, 에쓰 라 떼르쎄라 베쓰.

열흘 동안이요.
Durante 10 días.
두란떼 디에스 디아쓰.

혼자 왔어요. / 두 명이에요.
He venido solo(a). / Somos 2.
에 베니도 쏠로. / 쏘모쓰 도쓰.

힐튼 호텔에 머무를 거예요.
Me voy a alojar en el hotel Hilton.
메 보이 아 알로하르 엔 엘 오뗄 힐똔.

마드리드에 있는 이모 댁에 있을 거예요.
Me voy a quedar en la casa de mi tía, en Madrid.
메 보이 아 께다르 엔 라 까싸 데 미 띠아, 엔 마드리드.

❷ 알아듣지 못했다면

이해 못 했어요.
No entiendo.
노 엔띠엔도.

죄송한데, 스페인어를 아주 조금밖에 못 해요.
Lo siento, hablo muy poco español.
로 씨엔또, 아블로 무이 뽀꼬 에스파뇰.

실례합니다. / 뭐라고요, 다시 한번 말씀해 주실래요?
Perdone. / ¿Cómo, puede repetir, por favor?
뻬르도네. / 꼬모? 뿌에데 레뻬띠르, 뽀르 파보르?

더 천천히 말씀해 주실래요?
¿Puede repetir más despacio?
뿌에데 레뻬띠르 마쓰 데스빠씨오?

영어로 말할 수 있는 사람 있나요?
¿Hay alguien que hable inglés?
아이 알기엔 께 아블레 인글레쓰?

DIÁLOGO 7

입국 심사

입국 심사관 여권 보여 주세요.

El pasaporte, por favor.
엘 빠싸뽀르떼, 뽀르 파보르.

나 여기 있어요.

Aquí tiene.
아끼 띠에네.

입국 심사관 마드리드에 얼마나 머무실 거예요?

¿Cuánto tiempo se queda en Madrid?
꾸안또 띠엠뽀 쎄 께다 엔 마드리드?

나 2주간이요.

2 semanas.
도쓰 쎄마나쓰.

입국 심사관 방문 목적은요?

¿Cuál es el motivo de su visita?
꾸알 에쓰 엘 모띠보 데 쑤 비씨따?

나 관광 왔어요.

He venido a hacer turismo.
에 베니도 아 아쎄르 뚜리스모.

입국 심사관 어디서 머무르시죠?

¿Dónde se va a hospedar?
돈데 쎄 바 아 오스뻬다르?

나 힐튼 호텔요.

En el hotel Hilton.
엔 엘 오뗄 힐똔.

입국 심사관 여기 있습니다. 마드리드에 오신 걸 환영해요.

Aquí tiene. Bienvenido a Madrid.
아끼 띠에네. 비엔베니도 아 마드리드.

나 고마워요.

Gracias.
그라씨아쓰.

CHECK IT OUT 7 | 각국의 입국 팁

스페인과 중남미 여러 나라에서 입국 시 유의해야 할 사항입니다. 중남미의 경우 공통으로 입국 시 받은 입국 확인증을 출국 때까지 잘 보관해야 합니다. 또한 귀국(출국) 항공권을 확인할 수 있는 점 유의하세요. 이는 항공뿐 아니라 육로로 국경을 넘을 때도 동일하게 적용됩니다.

- 스페인: 스페인 직항이 아닌 유럽 다른 도시를 경유해서 갈 경우 스페인에서는 입국 심사를 별도로 하지 않습니다. 영국을 제외한 EU 국가(셍겐 조약 가맹국)를 경유할 경우 그곳에서 심사를 먼저 진행합니다.

- 멕시코: 멕시코는 한국과 비자 면제 협정으로 180일 무비자 체류가 가능합니다. 입국 심사 시 크게 까다로운 점은 없으나 간혹 타국민의 한국 여권 위조 문제로 불시 검문 사례도 있습니다. 출국할 때 스탬프가 찍힌 입국 카드가 필요하니 잘 보관해야 합니다. 멕시코를 비롯한 중남미 여러 나라에서는 입국 시 귀국 항공권을 확인할 수도 있으니 이 점 염두에 두세요.

- 쿠바: 쿠바 비자(여행자 카드)는 발급 받는 것이 아닌 구입을 해야 합니다. 지정 여행사나 경유 공항에서 비자를 구입할 수 있습니다(에어캐나다의 경우 기내 배포). 입국 심사 시 출국 항공권과 여행자 보험(영문)도 필수입니다. 쿠바 역시 출국할 때까지 비자를 잘 보관해야 합니다.

- 페루: 입국 시 받은 입국 카드는 출국할 때까지 잘 보관해야 합니다. 출국세는 항공권에 포함됩니다.

- 볼리비아: 볼리비아 입국 시 비자가 필요합니다. 특이한 사항은 황열병 예방접종 증명서도 구비돼야 합니다.

- 칠레: 비자 없이 90일 이내 단기 방문이 가능합니다. 입국 심사 시 중남미 다른 나라와 마찬가지로 출국 항공권을 확인할 수도 있습니다. 귀국 항공권이 없으면 일단 귀국 표를 구입하고 입국 후 환불받는 것도 방법입니다. 특히 칠레는 농산물 검사에 철저하므로 반입 금지된 항목은 반드시 염두에 두고 규정을 지켜야 합니다.

KEY **CHECK 8**

세관 심사

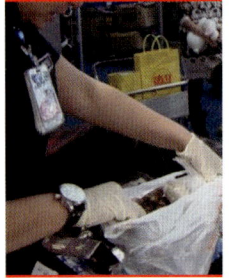

세관 심사

많은 여행자가 세관 심사에서 괜히 긴장하는 경우가 많죠. 하지만 간단한 세관 규정만 잘 지킨다면 전혀 걱정할 필요 없답니다. 면세 범위(600달러 이상)가 초과할 때 귀국 시 자진 신고하기와 동물·식물·수산물 검역 물품 소지에 주의하기 등입니다. 특히 중남미 나라 이동 시 농식물 반입이 금지된 점 유의하세요.

❶ 세관원 질문

신고 품목이 있나요?
¿Tiene algo que declarar?
띠에네 알고 께 데끌라라르?

여행 기간 동안 무엇을 구매했죠?
¿Qué ha comprado durante su viaje?
께 아 꼼쁘라도 두란떼 쑤 비아헤?

농산물, 고기나 세금이 부과되는 물품을 가지고 있나요?
¿Lleva algún producto agrícola, carne o productos que excedan el límite de exención de impuestos?
예바 알군 쁘로둑또 아그리꼴라, 까르네 오 쁘로둑또 께 엑쎄단 엘 리미떼 데 엑쎈씨온 데 임뿌에스또쓰?

화폐는 얼마나 가지고 있나요?
¿Cuánto dinero lleva?
꾸안또 디네로 예바?

이 가방에는 무엇이 들어 있나요?
¿Qué lleva dentro del equipaje de mano?
께 예바 덴뜨로 델 에끼빠헤 데 마노?

이것은 어디에 쓰는 거죠?
¿Para qué sirve esto?
빠라 께 씨르베 에스또?

2 질문에 답하기

신고할 게 없습니다.
No tengo nada que declarar.
노 뗑고 나다 께 데끌라라르.

신고할 게 있어요.
Tengo que declarar algo.
뗑고 께 데끌라라르 알고.

신고해야 하는지 몰랐습니다.
No sabía que tenía que declarar.
노 싸비아 께 떼니아 께 데끌라라르.

제 것이에요.
Es mío.
에쓰 미오.

제 것이 아니에요.
No es mío.
노 에쓰 미오.

개인 소지품뿐이에요.
Son objetos personales.
쏜 오브헤또쓰 뻬르쏘날레쓰.

가족들에게 줄 선물이에요.
Son regalos para la familia.
쏜 레갈로쓰 빠라 라 파밀리아.

DIÁLOGO 8

세관 통과하기

세관원 여권과 세관신고서를 보여 주세요.

Enséñeme el pasaporte y la declaración de aduana, por favor.
엔쎄녜메 엘 빠싸뽀르떼 이 라 데끌라라씨온 데 아두아나, 뽀르 파보르.

나 네, 여기 있어요.

Aquí tiene.
아끼 띠에네.

세관원 짐 가방을 여기 올려놔 주세요. 어디서 오셨어요?

Suba aquí su maleta. ¿De dónde viene?
쑤바 아끼 쑤 말레따. 데 돈데 비에네?

나 한국에서요.

De Corea.
데 꼬레아.

세관원 짐은 이게 다예요?

¿No tiene más maletas?
노 띠에네 마쓰 말레따쓰?

나 네, 이게 다예요.

No, esto es todo.
노, 에스또 에쓰 또도.

세관원 어떤 물품을 가지고 있나요?

¿Qué productos lleva?
께 쁘로둑또쓰 예바?

나 담배 5갑이요.

5 paquetes de cigarrillos.
씬고 빠께떼스 데 씨가로쓰.

세관원 술은 없나요? 와인은요?

¿Lleva alguna bebida alcohólica? ¿Vino?
예바 알구나 베비다 알꼬올리까? 비노?

나 이 위스키 한 병이요.

Solo llevo esta botella de whisky.
쏠로 예보 에스따 보떼야 데 위스키.

세관원 면세점에서 사신 건가요?

¿La ha comprado en la tienda del aeropuerto?
라 아 꼼쁘라도 엔 라 띠엔다 델 아에로뿌에르또?

나 네, 인천국제공항에서요. 여기 영수증이요.

Sí, en el Aeropuerto Internacional de Incheon. Aquí está el recibo.
씨, 엔 엘 아에로뿌에르또 인떼르나씨오날 데 인천, 아끼 에스따 엘 레씨보.

세관원 좋습니다. 감사합니다. 가셔도 됩니다. 마드리드에서 즐거운 시간 보내세요.

Muy bien. Gracias. Puede continuar. Que lo pase muy bien en Madrid.
무이 비엔. 그라씨아쓰. 뿌에데 꼰띠누아르. 께 로 빠쎄 무이 비엔 엔 마드리드.

나 감사합니다.

Gracias.
그라씨아쓰.

KEY **CHECK** 9

수하물 찾기

내 짐은 어디에?

목적지에 도착했으니 출국할 때 체크인했던 짐을 찾아야겠죠? 전 광판에서 해당 항공편명의 수하물 찾는 곳 번호를 확인하고 그곳으로 이동합니다. 잘 모르겠다 싶으면 비행기에서 내린 일행들을 일단 따라가세요.

❶ 수하물 찾기

IB6251 항공편 수하물을 어디에서 찾을 수 있나요?
¿Dónde es la recogida de equipajes del vuelo IB6251?
돈데 에쓰 라 레꼬히다 데 에끼빠헤스 델 부엘로 이 베 쎄이쓰-도쓰-씬꼬-우노?

카트는 어디에 있나요?
¿Dónde están los carros?
돈데 에스딴 로쓰 까로쓰?

그 가방 제 가방인데요.
Esa maleta es mía.
에싸 말레따 에쓰 미아.

컨베이어 5번으로 가세요.
Vaya a la cinta número 5.
바야 아 라 씬따 누메로 씬꼬.

❷ 짐이 안 나왔을 때

제 짐이 아직 안 나왔어요.
Mi maleta no ha salido todavía.
미 말레따 노 아 쌀리도 또다비아.

제 짐이 분실됐어요. 짐을 찾을 수가 없어요.
Mi maleta no ha llegado. No puedo encontrarla.
미 말레따 노 아 예가도. 노 뿌에도 엔꼰뜨라를라.

IB6251 비행편을 타고 왔고, 제 가방은 빨간색 캐리어입니다.
He llegado en el vuelo IB6251, y mi maleta es de color rojo.
에 예가도 엔 엘 부엘로 이 베 쎄이쓰-도쓰-씬꼬-우노, 이 미 말레따 에쓰 데 꼴로르 로호.

여기에 3일 머물 거고요, 제 이름은 킴이에요.
Me voy a quedar 3 días, mi nombre es Kim.
메 보이 아 께다리 뜨레쓰 디아쓰. 미 놈브레 에쓰 킴.

여기에 머무르실 숙소 주소와 연락처를 적어 주세요.
Escriba aquí la dirección y el número de teléfono del sitio donde va a hospedarse.
에스끄리바 아끼 라 디렉씨온 이 엘 누메로 데 뗄레포노 델 씨띠오 돈데 바 아 오스뻬다르세.

짐을 찾으면 여기로 연락 드리겠습니다.
Cuando encontremos la maleta le vamos a llamar a ese número.
꾸안도 엔꼰뜨레모쓰 라 말레따 레 바모쓰 아 야마르 아 에쎄 누메로.

DIÁLOGO 9

수하물 찾기

나 제 가방이 분실된 것 같아요. 한참 기다렸는데 하나가 안 나왔어요.

Creo que he perdido una maleta. He esperado pero hay una que no ha salido.
끄레오 께 에 뻬르디도 우나 말레따. 에 에스뻬라도 뻬로 아이 우나 께 노 아 쌀리도.

공항 직원 어떤 항공편을 타고 오셨나요?

¿En qué vuelo ha llegado?
엔 께 부엘로 아 예가도?

나 인천발 IB6251이요.

En el IB6251 con destino a Incheon.
엔 엘 이 베 쎄이쓰–도쓰–씬꼬–우노 꼰 데스띠노 아 인천.

공항 직원 수하물 태그는 가지고 계세요?

¿Lleva a mano el comprobante de su equipaje?
예바 아 마노 엘 꼼쁘로반떼 데 수 에끼빠헤?

나 네, 여기 있어요.

Sí, aquí está.
씨, 아끼 에스따.

공항 직원 컨베이어를 잘 못 찾으신 것 같네요. 7번 컨베이어로 가세요.

Creo que se ha equivocado de cinta. Vaya a la cinta número 7.
끄레오 께 쎄 아 에끼보까도 데 씬따. 바야 아 라 씬따 누메로 씨에떼.

나 죄송해요. 정말 감사합니다.

Lo siento, muchas gracias.
로 씨엔또, 무차쓰 그라씨아쓰.

CHAPTER 2 | El aeropuerto · El avión

가방 분실 신고

나 실례합니다. 제 가방이 나오지 않아요. 어떻게 해야 하죠?

공항 직원 가방이 지연되거나 분실됐는지 확인하겠습니다.

나 그 가방에 중요한 물건들이 있어요.

공항 직원 저희 시스템에서 가방을 찾을 수 있는지 볼게요. 다음 비행기에 있을 수도 있어요. 다음 비행기는 두 시간 후에 도착합니다. *(잠시 후)*

공항 직원 죄송합니다. 다음 비행기에도 있는 것 같지 않네요. 가방을 분실하신 것 같아요.

나 그럼 어떻게 해야 하죠?

공항 직원 고객님의 성함, 호텔 주소, 항공편 그리고 수화물 상세 내용을 알려 주세요. 가방을 찾으면 호텔로 보내드릴 거예요.

나 네, 태그는 여기 있어요.

공항 직원 대부분 가방은 48시간 이내에 찾게 됩니다. 24시간 이내에 가방을 받지 못하시면 여행에 필요한 것을 새로 구입하시고 그것을 청구하시면 됩니다. 이 양식을 작성하시고 영수증은 모두 보관해 두세요.

나 그것 참 번거롭네요!

공항 직원 아직 단념하지 마세요. 이 공항은 매우 커서 비행기들이 많이 들어 오거든요. 다른 비행기로 들어 왔으면 좋겠네요.

Perdone. Mi maleta no ha salido. ¿Qué debo hacer?
뻬르도네. 미 말레따 노 아 쌀리도. 께 데보 아쎄르?

Voy a comprobar si ha llegado o está perdida.
보이 아 꼼쁘로바르 씨 아 예가도 오 에스따 뻬르디다.

Tengo cosas importantes en esa maleta.
뗑고 꼬사쓰 임뽀르딴떼쓰 엔 에싸 말레따.

Voy a mirar si podemos localizar su maleta en nuestro sistema. Puede que llegue en el siguiente vuelo. El siguiente vuelo llega en 2 horas.
보이 아 미라르 씨 뽀데모쓰 로깔리싸르 쑤 말레따 엔 누에스뜨로 씨스떼마. 뿌에데 께 예게 엔 엘 씨기엔떼 부엘로. 엘 씨기엔떼 부엘로 예가 엔 도쓰 오라쓰.

Creo que no viene en el siguiente vuelo tampoco. Parece que está perdida.
끄레오 께 노 비에네 엔 엘 씨기엔떼 부엘로 땀뽀꼬. 빠레쎄 께 에스따 뻬르디다.

¿Qué debo hacer entonces?
께 데보 아쎄르 엔똔쎄쓰?

Déjeme su nombre, la dirección de su hotel, información de vuelo y detalles del equipaje. En cuanto llegue la maleta se la enviaremos.
데헤메 쑤 놈브레, 라 디렉씨온 데 쑤 오뗄, 인뽀르마씨온 데 부엘로 이 데따예쓰 델 에끼빠헤. 엔 꾸안또 예게 라 말레따 쎄 로 엔비아레모쓰.

Sí, el comprobante del equipaje está aquí.
씨, 엘 꼼쁘로반떼 델 에끼빠헤 에스따 아끼.

Normalmente la maleta se encuentra en menos de 24hs. Si no la recibe en 24hs tiene derecho a comprar lo que necesite y reclamar a la aerolínea. Complete este formulario y guarde todos los recibos, por favor.
노르말멘떼 라 말레따 쎄 엔꾸엔뜨라 엔 메노쓰 데 베인떼 꾸아뜨로 오라쓰. 씨 노 라 레씨베 엔 베인떼 꾸아뜨로 오라쓰 띠에네 데레쵸 아 꼼쁘라르 로 께 네쎄씨떼 이 레끌라마르 아 라 아에로리네아. 꼼쁠레떼 에스떼 포르물라리오 이 구아르데 또도쓰 로쓰 레씨보쓰, 뽀르 파보르.

Vaya, ¡qué molestia!
바야, 께 몰레스띠아!

No la dé por perdida. Este aeropuerto es muy grande y aterrizan muchos aviones. Puede llegar en un próximo vuelo.
노 라 데 뽀르 뻬르디다. 에스떼 아에로뿌에르또 에쓰 무이 그란데 이 아떼리싼 무초쓰 아비오네쓰. 뿌에데 예가르 엔 운 쁘록씨모 부엘로.

CHECK IT OUT ⑨ | 수하물 분실 대비책

여행지에 가서 입을 예쁜 옷과 기대를 가득 담고 떠났는데 도착지 공항에서 내 짐이 나오지 않는다면, 혹은 여행을 무사히 마친 귀국 길, 유럽에서 구입한 아기자기한 기념품과 부모님, 친구들의 선물 그리고 귀한 내 명품 신발이 담긴 내 짐! 아무리 기다려도 나오지 않는 내 짐!! 이런 상황은 상상만 해도 끔찍하지만 운 나쁘면 내게도 생길 수 있는 '수하물 분실' 사고랍니다. 참고로 '2017년 수하물 통계(SITA)'에 따르면 수하물 분실 사고가 많은 지역은 유럽이고, 그중 '파리 샤를드골공항'에서 분실·지연 사고가 가장 빈번하게 발생한다고 합니다. 나도 분실 사고 당사자가 될 수 있다는 생각으로 대비책을 알아 두면 좋겠습니다.

- 수하물 태그(Baggage Claim Tag)를 잘 보관하세요. 수하물 분실 시 태그를 제시하고 분실 신고를 해야 합니다. 태그를 사진으로 찍어 두는 것도 방법입니다.
- 다른 짐과 구분하기 쉽게 자기 캐리어에 이름 표를 붙이거나 눈에 띄게 표시해 두세요. 이전 여행 때 붙여 둔 라벨은 반드시 제거해야 합니다.
- 수하물 분실 시 공항 분실물 센터에 수하물 사고보고서를 작성하여 신고합니다. 이때 개인 연락처와 숙소 주소를 정확히 기재해야 하는데 이동이 잦고 숙소가 명확하지 않을 때는 직접 공항에 짐을 찾으러 갈 수 있습니다. 신고 시 받은 '분실 조회 번호(Reference Number)'는 추후 확인할 때 필요하므로 잘 기록해 두세요.
- 수하물 분실 시 보상을 받으려면 분실 수하물 내용을 증명할 수 있는 서류나 사진을 제출해야 합니다. 즉 짐을 쌀 때 내용물 사진을 찍어 두고 구입 영수증을 챙겨두는 게 좋습니다. 특히 귀중품은 기내 휴대하는 편이 안전합니다.
- 수하물에 귀중품이 있다면 수하물 분실 보험인 '종가 요금 제도'에 가입할 수 있습니다. 보험금을 내면 신고 물품이 손상 혹은 분실되었을 때 보상받을 수 있습니다.
- 수하물을 받았지만 내용물이 손상되거나 일부 분실되는 경우 수하물 수취일로부터 7일 이내 항공사에 신고하면 규정에 따라 보상받을 수 있습니다.

여행 안심 패스
VOCA
BOX 2

항공·기내 관련 어휘

스페인어 권을 포함한 전 세계 공항과 기내에는 자국어와 영어가 공통으로 쓰입니다.
항공·기내 관련 용어를 스페인어와 영어 함께 알아 두세요.

한글	스페인어	영어
(좌석) 가운데 자리	Asiento en el medio(centro) (아씨엔또 엔 엘 메디오(쎈뜨로))	middle(center) seat
(좌석) 복도(통로) 자리	Asiento en el pasillo (아씨엔또 엔 엘 빠시요)	aisle seat
(좌석) 창가 자리	Asiento en la ventanilla (아씨엔또 엔 라 벤따니야)	window seat
(화장실) 비어 있음	Libre (리브레)	vacant
(화장실) 사용 중	Ocupado (오꾸빠도)	occupied
게이트	Puerta de embarque (뿌에르따 데 엠바르께)	gate
공항	Aeropuerto (아에로뿌에르또)	airport
구명조끼	Chaleco salvavidas (찰레꼬 쌀바비다쓰)	life jacket(vest)
구토(구토하다)	Vomitar (보미따르)	vomit
국내선	Vuelos Nacionales (부엘로쓰 나씨오날레쓰)	domestic flight
국제선	Vuelos Internacionales (부엘로쓰 인떼르나씨오날레쓰)	international flight
금연 구역	Prohibido fumar (쁘로히비도 푸마르)	non-smoking area
기내 화장실	Baño (바뇨)	lavatory
기내 (머리 위의) 짐칸	Compartimento portaequipajes (꼼빠르띠멘또 뽀르따에끼빠헤스)	overhead compartment
대기 (24시간 이내)	Espera (에스뻬라)	layover
도착	Llegadas (예가다쓰)	arrival
독서 등	Luz de lectura (루쓰 데 렉뚜라)	reading light
면세점	Duty-free (듀티 프리)	Duty-free shop
목적지	Destino (데스띠노)	destination

변기 버튼을 누르다	Tirar (띠라르)	flush
보안 요원	Guardia de seguridad (구아르디아 데 쎄구리닫)	security guard
비상구	Salida de emergencia (쌀리다 데 에메르헨씨아)	emergency exit
비자	Visado (비싸도)	visa
비행	Vuelo (부엘로)	flight
비행기	Avión (아비온)	airplane
비행기 티켓	Billete de avión (비예떼 데 아비온)	airplane ticket
비행기 편명	Número de vuelo (누메로 데 부엘로)	Flight No.
산소마스크	Máscara de oxígeno (마스까라 데 옥씨헤노)	oxygen mask
세관	Aduana (아두아나)	customs
셔틀버스	Lanzadera (란싸데라) *버스 autobús / ómnibus (아우또부쓰 / 옴니부스)	shuttle (bus)
수하물 찾는 곳	Recogida de equipajes (레꼬히다 데 에끼빠헤쓰)	baggage claim
수하물 카트	Carro de equipaje (까로 데 에끼빠헤)	baggage cart
수하물 티켓(태그)	Comprobante del equipaje (꼼쁘로반떼 델 에끼빠헤)	baggage tag
승객	Pasajero / Viajero (빠사헤로 / 비아헤로)	passenger
승무원	Azafata (아싸파따)	flight crew(attendant)
승무원 호출	Llamada al tripulante (야마다 알 뜨리뿔란떼)	attendant call
여권	Pasaporte (빠싸뽀르떼)	passport
왕복 티켓	Billete de ida y vuelta (비예떼 데 이다 이 부엘따)	round-trip ticket
위생 봉투	Sobre sanitario (소브레 싸니따리오)	sanitary envelope
이륙	Despegar (데스뻬가르)	take off
이어폰(헤드폰)	Audífono / Auricular (아우디포노 / 아우리꿀라르)	earphone(headphone)
이코노미 클래스	Clase económica (클라쎄 에꼬노미까)	economy class

스페인어 권을 포함한 전 세계 공항과 기내에는 자국어와 영어가 공통으로 쓰입니다.
항공·기내 관련 용어를 스페인어와 영어 함께 알아 두세요.

한글	스페인어	영어
(좌석) 가운데 자리	Asiento en el medio(centro) (아씨엔또 엔 엘 메디오(쎈뜨로))	middle(center) seat
(좌석) 복도(통로) 자리	Asiento en el pasillo (아씨엔또 엔 엘 빠시요)	aisle seat
(좌석) 창가 자리	Asiento en la ventanilla (아씨엔또 엔 라 벤따니야)	window seat
(화장실) 비어 있음	Libre (리브레)	vacant
(화장실) 사용 중	Ocupado (오꾸빠도)	occupied
게이트	Puerta de embarque (뿌에르따 데 엠바르께)	gate
공항	Aeropuerto (아에로뿌에르또)	airport
구명조끼	Chaleco salvavidas (찰레꼬 쌀바비다쓰)	life jacket(vest)
구토(구토하다)	Vomitar (보미따르)	vomit
국내선	Vuelos Nacionales (부엘로쓰 나씨오날레쓰)	domestic flight
국제선	Vuelos Internacionales (부엘로쓰 인떼르나씨오날레쓰)	international flight
금연 구역	Prohibido fumar (쁘로히비도 푸마르)	non-smoking area
기내 화장실	Baño (바뇨)	lavatory
기내 (머리 위의) 짐칸	Compartimento portaequipajes (꼼빠르띠멘또 뽀르따에끼빠헤스)	overhead compartment
대기 (24시간 이내)	Espera (에스뻬라)	layover
도착	Llegadas (예가다쓰)	arrival
독서 등	Luz de lectura (루쓰 데 렉뚜라)	reading light
면세점	Duty-free (듀티 프리)	Duty-free shop
목적지	Destino (데스띠노)	destination

변기 버튼을 누르다	Tirar (띠라르)	flush
보안 요원	Guardia de seguridad (구아르디아 데 쎄구리닫)	security guard
비상구	Salida de emergencia (쌀리다 데 에메르헨씨아)	emergency exit
비자	Visado (비싸도)	visa
비행	Vuelo (부엘로)	flight
비행기	Avión (아비온)	airplane
비행기 티켓	Billete de avión (비예떼 데 아비온)	airplane ticket
비행기 편명	Número de vuelo (누메로 데 부엘로)	Flight No.
산소마스크	Máscara de oxígeno (마스까라 데 옥씨헤노)	oxygen mask
세관	Aduana (아두아나)	customs
셔틀버스	Lanzadera (란싸데라) *버스 autobús / ómnibus (아우또부쓰 / 옴니부쓰)	shuttle (bus)
수하물 찾는 곳	Recogida de equipajes (레꼬히다 데 에끼빠헤쓰)	baggage claim
수하물 카트	Carro de equipaje (까로 데 에끼빠헤)	baggage cart
수하물 티켓(태그)	Comprobante del equipaje (꼼쁘로반떼 델 에끼빠헤)	baggage tag
승객	Pasajero / Viajero (빠사헤로 / 비아헤로)	passenger
승무원	Azafata (아싸파따)	flight crew(attendant)
승무원 호출	Llamada al tripulante (야마다 알 뜨리뿔란떼)	attendant call
여권	Pasaporte (빠싸뽀르떼)	passport
왕복 티켓	Billete de ida y vuelta (비예떼 데 이다 이 부엘따)	round-trip ticket
위생 봉투	Sobre sanitario (소브레 싸니따리오)	sanitary envelope
이륙	Despegar (데스뻬가르)	take off
이어폰(헤드폰)	Audífono / Auricular (아우디포노 / 아우리꿀라르)	earphone(headphone)
이코노미 클래스	Clase económica (클라쎄 에꼬노미까)	economy class

조종사(파일럿, 기장)	Piloto (삘로또)	pilot / captain
좌석 벨트	Cinturón de seguridad (씬뚜론 데 쎄구리닫)	seat belt
짐, 수하물	Equipaje / Maleta (에끼빠헤 / 말레따)	baggage
착륙	Aterrizar (아떼리싸르)	land
체크인	Facturar (팍뚜라르)	check-in
체크인 데스크	Mostrador de facturación (모스뜨라도르 데 팍뚜라씨온)	check-in desk
출발	Salida (쌀리다)	departure
출입국	Inmigración (인미그라씨온)	immigration
컨베이어 벨트	Cinta de equipajes (씬따 데 에끼빠헤스)	conveyer belt
터미널	Terminal (떼르미날)	terminal
트레이 테이블	Mesita (메시따)	tray table
티켓	Billete / Ticket (비예떼 / 티켓)	ticket
퍼스트 클래스	Primera clase (쁘리메라 끌라쎄)	first class
편도 티켓	Billete de ida (비예떼 데 이다)	one-way ticket
포터(짐꾼)	Maletero (말레떼로)	porter
항공사	Aerolínea (아에로리네아)	airline
현지 시간	Hora local (오라 로깔)	local time
환승	Conexión (꼬넥씨온)	transfer
휴대용 가방	Equipaje de mano (에끼빠헤 데 마노)	carry-on bag

3

여행지 교통편

편안한 비행을 마치고 드디어 여행지 도착! 이제부터 기대와 설렘으로 가득한 진짜 여행 시작입니다. 공항을 나와 현지에서 처음 접하는 대중교통, 버스와 지하철, 택시를 경험해 봐야겠죠. 목적지에 무사히 도착할 수 있도록 길 묻기, 목적지 재확인하기, 바가지요금 피하기 등 유용한 표현들만 모았습니다.

El transporte

KEY CHECK 1

1. 택시 이용

편하게 택시 이용하기

주머니 사정 팍팍한 여행자들은 선뜻 택시 타기가 쉽지 않겠죠. 그래도 늦은 시각, 나는 누구? 여기는 어디? 낯선 곳에서 길을 잃었을 때는 택시를 탈 수밖에 없습니다. 바가지요금 안 쓰고 정확하게 목적지까지 가는 표현들 잘 익혀 두세요.

❶ 택시 타기

필요한 문장에
표시해보세요!

택시!
¡Taxi!
딱씨! ☐

택시 승강장이 어디 있나요?
¿Dónde está la parada de taxis?
돈데 에스따 라 빠라다 데 딱씨쓰? ☐

빅토리아 역 근처로 가 주세요.
Por favor, lléveme cerca de la estación de metro La Victoria.
뽀르 파보르, 예베메 쎼르까 데 라 에스따씨온 데 메뜨로 라 빅또리아. ☐

이 역까지 가 주세요. *(주소를 보여 주며)*
A esta dirección, por favor.
아 에스따 디렉씨온, 뽀르 파보르. ☐

리마 메트로폴리탄 미술관에 가려고요.
Quiero ir al Museo Metropolitano de Lima.
끼에로 이르 알 무쎄오 메뜨로뽈리따노 데 리마. ☐

다운타운에 있는 힐튼 호텔로 가 주세요.
Vamos al hotel Hilton del centro de la ciudad.
바모쓰 알 오뗄 힐똔 델 쎈뜨로 데 라 씨우닫. ☐

캐피탈 빌딩 옆 ABC 스테이크하우스에 가려고요.
Quiero ir al restaurante de carnes ABC que está junto al edificio Capital.
끼에로 이르 알 레스따우란떼 데 까르네 아베쎄 께 에스따 훈또 알 에디피씨오 까피탈.

저[우리] 늦었어요. 빨리 가 주세요.
Llego[Llegamos] tarde. Tengo[Tenemos] prisa.
예고[예가모쓰] 따르데. 뗑고[떼네모쓰] 쁘리싸.

실례지만, 천천히 가 주시겠어요?
Por favor, ¿puede ir más despacio?
뽀르 파보르, 뿌에데 이르 마쓰 데스빠씨오?

여기 세워 주세요.
Pare aquí, por favor.
빠레 아끼, 뽀르 파보르.

이번 코너요. (이번 코너에서 내려 주세요.)
Me bajo en ésta esquina.
메 바호 엔 에스따 에스끼나.

다음 코너요. (다음 코너에서 내려 주세요.)
En la esquina siguiente.
엔 라 에스끼나 씨기엔떼.

여기서 잠깐 기다려 주세요.
Por favor, pare aquí y espéreme un momento.
뽀르 파보르, 빠레 아끼 이 에스뻬레메 운 모멘또.

왼쪽[오른쪽]으로요.
A la izquierda[derecha].
아 라 이쓰끼에르다[데레차].

쭉 직진해 주세요.
Siga recto, por favor.
씨가 렉또, 뽀르 파보르.

어디 가시죠?
¿A dónde va?
아 돈데 바?

2 거리와 비용 물어보기

기차역까지 비용이 대략 얼마예요?
¿Cuánto cuesta aproximadamente ir de aquí a la estación de tren?
꾸안또 꾸에스따 아쁘록씨마다멘떼 이르 데 아끼 아 라 에스따씨온 데 뜨렌?

미터기를 눌러 주세요.
Encienda el taxímetro, por favor.
엔씨엔다 엘 딱씨메뜨로, 뽀르 파보르.

호텔까지 거리가 얼마나 되죠?
¿Qué distancia hay de aquí al hotel? (거리를 알고 싶을 때)
께 디스딴씨아 아이 데 아끼 알 오뗄?

¿Cuánto tiempo tardaremos de aquí al hotel? (시간을 알고 싶을 때)
꾸안또 띠엠뽀 따르다레모쓰 데 아끼 알 오뗄?

그 호텔이 가까운가요?
¿Queda cerca el hotel?
께다 쎄르까 엘 오뗄?

공항에서 듣기로는 20페소밖에 안 한다던데요.
En el aeropuerto me han dicho que costaría unos 20 pesos.
엔 엘 아에로뿌에르또 메 안 디초 께 꼬스따리아 우노쓰 베인떼 뻬소쓰.

얼마죠?
¿Cuándo cuesta?
꾸안도 꾸에스따?

잔돈은 됐어요.
Quédese con el cambio.
께데세 꼰 엘 깜비오.

영수증 좀 주실래요?
¿Me puede dar el comprobante, por favor?
메 뿌에데 다르 엘 꼼쁘로반떼, 뽀르 파보르?

거기까지 보통 8유로 정도 나옵니다.
Hasta allí viene a costar unos 8 euros.
아스따 아이 비에네 아 꼬스따르 우노쓰 오초 에우로쓰.

안 막히면 15분 정도 걸려요.
Si no hay tráfico tardaremos unos 15 minutos.
씨 노 아이 뜨라피꼬 따르다레모쓰 우노쓰 낀쎄 미누또쓰.

---

3 콜택시 이용

택시 좀 불러 주실래요?
¿Puede pedir(me) un taxi?
뿌에데 뻬디르(메) 운 딱씨?

3시까지 산타페 힐튼 호텔 앞에 와 주세요.
Por favor, venga al hotel Hilton de Santa Fé a las 3.
뽀르 파보르, 벤가 알 오뗄 힐똔 데 싼따 페 아 라쓰 뜨레쓰.

7시까지 공항에 가야 해요.
Tengo que estar en el aeropuerto antes de las 7.
뗑고 께 에스따르 엔 엘 아에로뿌에르또 안떼쓰 데 라쓰 씨에떼.

몇 시까지 어디로 갈까요?
¿A qué hora y en qué lugar quiere que le recoja?
아 께 오라 이 엔 께 루가르 끼에레 께 레 레꼬하?

TIP 택시 바가지 요금 피하기

- 여행자에 그 나라 말도 서툴다면 바가지요금의 목표가 되기 쉽습니다. 현지에 도착하자마자 택시를 탔을 뿐인데 거금을 쓰게 되면 씁쓸하겠죠. 택시에 오르기 전에 가격을 협상하거나 미터기를 눌러달라고 단호하게 요구하고 목적지까지 대략 얼마인지 확인하세요.
- 중남미 국가 일부 공항에서 공인 택시(쿠폰/바우처 사용)를 탈 수 있습니다. 입국심사 후 공항 내 택시 회사 부스에서 쿠폰을 구입하고 나중에 택시 기사에게 팁(10%)만 주면 됩니다. 바가지요금을 피하는 안전한 방법이죠.
- 택시비를 냈는데 간혹 거스름돈이 없다고 배 째라 할 수도 있으니 거스름은 잘 챙겨 두세요. 그리고 미리 택시 요금을 협의했는데 나중에 두 사람 따로 가격이라고 우기며 다른 소리를 할 수도 있으니 개인 요금인지, 그룹 합쳐서 금액인지도 꼭 확인하고 적어 두세요.

2. 교통편 문의 · 표 구입

모르면 물어보세요

낯선 여행지에서 대중교통을 이용하기는 쉽지 않지만, 요즘은 교통 노선 홈페이지나 앱이 잘 발달해서 그나마 다행이죠. 대중교통을 타기 전 호텔 로비에서도 교통편을 물을 수 있고 매표소와 역 직원에게도 물어보면 친절하게 답해 줄 겁니다.

1 교통편 묻기

라마다 호텔까지 가장 쉽고 빠른 교통편은 뭔가요?
¿Cuál es el modo más rápido y sencillo de llegar al hotel Ramada?
꾸알 에쓰 엘 모도 마쓰 라삐도 이 센씨요 데 예가르 알 오뗄 라마다?

가장 가까운 지하철역이 어디예요?
¿Cuál es la parada de metro más cercana?
꾸알 에쓰 라 빠라다 데 메뜨로 마쓰 쎄르까나?

어느 버스가 마드리드까지 가죠?
¿Qué autobús va a Madrid?
께 아우또부쓰 바 아 마드리드?

쿠스코행 버스가 어디에서 출발하나요?
¿De dónde sale el autobús hacia Cuzco?
데 돈데 쌀레 엘 아우또부쓰 아씨아 꾸스꼬?

표를 어디서 사나요?
¿Dónde se venden los billetes?
돈데 쎄 벤덴 로쓰 비예떼쓰?

R120번을 타세요.
Suba al R120.
쑤바 알 에레 우노 도스 쎄로.

6번 게이트로 나가면 바로 버스를 탈 수 있어요.
Saliendo por la puerta 6 encontrará el autobús.
쌀리엔도 뽀르 라 뿌에르따 쎄이쓰 엔꼰뜨라라 엘 아우또부쓰.

방금 출발해서 30분 정도 기다리셔야 해요.
Acaba de salir. Para el próximo tiene que esperar 30 minutos.
아까바 데 쌀리르 빠라 엘 쁘록씨모 띠에네 께 에스뻬라르 뜨레인따 미누또쓰.

② 표 사기

1일[1주일/한 달] 교통권은 얼마예요?
¿Cuál es el precio de un bono diario[semanal/mensual]?
꾸알 에쓰 엘 쁘레씨오 데 운 보노 디아리오[쎄마날/멘쑤알].

쿠스코행 버스표가 얼마예요?
¿Cuánto cuesta el billete de autobús a Cuzco?
꾸안또 꾸에스따 엘 비예떼 데 아우또부쓰 아 꾸스꼬?

성인[어린이]은 얼마예요?
¿Cuánto es un adulto[niño]?
꾸안또 에쓰 운 아둘또[니뇨]?

1일 교통권을 사려고 합니다.
Quiero comprar un bono de un día.
끼에로 꼼쁘라르 운 보노 데 운 디아.

리마 메트로폴리탄 박물관 가는 표 한 장 주세요.
Quiero un billete para visitar el Museo Metropolitano de Lima.
끼에로 운 비예떼 빠라 비씨따르 엘 무쎄오 메뜨로뽈리따노 데 리마.

리마행 왕복 티켓 한 장 주세요.
Déme un billete de ida y vuelta a Lima, por favor.
데메 운 비예떼 데 이다 이 부엘따 아 리마, 뽀르 파보르.

어느 버스가 산토도밍고 교회로 가나요?
¿Qué autobús lleva a la iglesia de Santo Domingo?
께 아우또부쓰 예바 아 라 이글레시아 데 싼또 도밍고?

50유로짜리 교통권을 사시면 무제한 탑승 가능합니다.
Con un bono de 50 euros puede usar el transporte todas las veces que quiera.
꼰 운 보노 데 씬꾸엔따 에우로쓰 뿌에데 우싸르 엘 뜨란스뽀르떼 또다쓰 라쓰 베쎄쓰 께 끼에라.

네, 이것 타시면 돼요.
Sí, puede subir a éste.
씨, 뿌에데 쑤비르 아 에스떼.

길 건너서 T20번 버스 타세요.
Cruce la callle y suba al autobús número T20.
끄루쎄 라 까예 이 쑤바 알 아우또부쓰 누메로 떼 베인떼.

자판기에서 표를 사세요.
Puede comprar el billete en el máquina[expendedor].
뿌에데 꼼쁘라르 엘 비예떼 엔 엘 마끼나[엑스뻰덴도르].

▶ 자판기 **expendedor** 엑스뻰덴도르

3. 버스・지하철 정보 문의

목적지에 정확히 내리기

버스에 올라타면 어디서 내리는지 물어보세요. 운전기사나 현지인에게 물어보고 목적지에 도착하면 알려달라고 요청해도 좋습니다. 교통이 불편한 나라를 제외하면 대체로 어느 나라든 시내버스는 정해진 일정대로 운행하니 인터넷으로 검색하여 미리 버스 시간표를 확인해두세요.

❶ 버스 기사에게 물어보기

이 버스가 시청으로 가는 버스인가요?
¿Este es el autobús que lleva al Ayuntamiento?
에스떼 에쓰 엘 아우또부쓰 께 예바 알 아윤따미엔또?

여기서 내려 주세요.
Pare aquí, por favor.
빠레 아끼, 뽀르 파보르.

버스를 잘못 탔어요.
Me he subido al autobús equivocado.
메 에 쑤비도 알 아우또부쓰 에끼보까도.

시청에 언제 내리는지 알려 주실래요?
¿Me puede avisar cuando lleguemos a la parada del Ayuntamiento?
메 뿌에데 아비싸르 꾸안도 예게모쓰 아 라 빠라다 델 아윤따미엔또?

중앙 박물관까지는 몇 정거장 가야 하죠?
¿Cuántas paradas quedan hasta el Museo Central?
꾸안따쓰 빠라다쓰 께단 아스따 엘 무세오 쎈뜨랄?

어디에서 내려야 하죠?
¿Dónde tengo que bajar?
돈데 뗑고 께 바하르?

여기가 마지막 정거장인가요?
¿Es ésta la última parada?
에쓰 에스따 라 울띠마 빠라다?

여기에 얼마나 정차하나요?
¿Cuánto tiempo dura esta parada?
꾸안또 띠엠뽀 두라 에스따 빠라다?

이번[다음] 역은 중앙역입니다.
Esta[La siguiente] estación es la Estación Central.
에스따[라 씨기엔떼] 에스따씨온 에쓰 라 에스따씨온 쎈뜨랄.

❷ 지하철 타기

가장 가까운 지하철역은 어디인가요?
¿Cuál es la parada de metro más cercana?
꾸알 에쓰 라 빠라다 데 메뜨로 마쓰 쎄르까나?

지하철 노선도 좀 주시겠어요?
¿Me da un plano del metro, por favor?
메 다 운 쁠라노 델 메뜨로, 뽀르 파보르?

표 2장 주세요.
2 billetes, por favor.
도쓰 비예떼쓰, 뽀르 파보르.

남부 터미널로 가려면 몇 호선을 타야 하나요?
¿Qué línea lleva a la Terminal Sur?
께 리네아 예바 아 라 떼르미날 쑤르?

메인 스트리트 쪽 출구는 어디예요?
¿Qué salida da a la calle principal?
께 쌀리다 다 아 라 까예 쁘린씨빨?

여기가 환승역인가요?
¿Se puede hacer transbordo en esta estación?
쎄 뿌에데 아쎄르 뜨란스보르도 엔 에스따 에스따씨온?

지하철을 반대편에서 잘못 탔어요.
Me he equivocado de sentido.
메 에 에끼보까도 데 쎈띠도.

시청에 가려면 어디서 갈아타야 하나요?
Para ir al Ayuntamiento ¿dónde tengo que hacer el transbordo?
빠라 이르 알 아윤따미엔또 돈데 뗑고 께 아쎄르 엘 뜨란스보르도?

여기서부터 세 정거장 더 가세요.
Son 3 estaciones más desde aquí.
쏜 뜨레쓰 에스따씨오네쓰 마쓰 데스데 아끼.

빅토리아 역에서 2호선으로 갈아타세요.
En la estación La Victoria cambie a la línea 2.
엔 라 에스따씨온 라 빅또리아 깜비에 아 라 리네아 도쓰.

4. 기차 여행

낭만 기차 여행

스페인은 고속철도가 잘 발달했지만, 중남미에는 기차가 많지 않습니다. 페루와 볼리비아 등 일부 국가에만 있고 대부분 버스나 비행기로 이동하죠. 옛날 완행열차처럼 여유와 아름다운 남미 풍광을 즐기며 기차 여행을 즐길 수도 있답니다.

❶ 기차표 사기

열차 시간표 좀 주시겠어요?
¿Me puede facilitar el horario de los trenes?
메 뿌에데 파씰리따르 엘 오라리오 데 로쓰 뜨레네쓰?

침대채[식당차/바]가 딸려 있어요?
¿El tren tiene coches cama[vagón restaurante/bar]?
엘 뜨렌 띠에네 꼬체쓰 까마[바곤 레스따우란떼/바]?

편도 기차표가 얼마죠?
¿Cuánto cuesta el billete de ida?
꾸안또 꾸에스따 엘 비예떼 데 이다?

왕복으로 해주세요.
Un billete de ida y vuelta, por favor.
운 비예떼 데 이다 이 부엘따, 뽀르 파보르.

몇 시에 기차가 출발하죠?
¿A qué hora sale el tren?
아 께 오라 쌀레 엘 뜨렌?

열차는 얼마나 자주 운행하죠?
¿Cuál es la frecuencia de salidas?
꾸알 에쓰 라 프레꾸엔씨아 데 쌀리다쓰?

쿠스코행 열차는 얼마나 자주 있어요?
¿Cada cuánto tiempo sale un tren hacia Cuzco?
까다 꾸안또 띠엠뽀 쌀레 운 뜨렌 아씨아 꾸스꼬?

저녁에 쿠스코로 가는 열차가 있나요?
¿Hay algún tren de noche hacia Cuzco?
아이 알군 뜨렌 데 노체 아씨아 꾸스꼬?

❷ 기차 탑승

이거 마추픽추행 기차 맞나요?
¿Este es el tren que va a Machu Picchu?
에스떼 에쓰 엘 뜨렌 께 바 아 마추삑추?

이 기차 쿠스코에 서나요?
¿Este tren para en Cuzco?
에스떼 뜨렌 빠라 엔 꾸스꼬?

어디 행 기차인가요?
¿Qué destino tiene este tren?
께 데스띠노 띠에네 에스떼 뜨렌?

이 자리에 누가 있나요? / 여기 앉아도 되나요?
¿Está ocupado este asiento? / ¿Me puedo sentar?
에스따 오꾸빠도 에스떼 아씨엔또? / 메 뿌에도 쎈따르?

제 자리예요.
Ése es mi asiento.
에쎄 에쓰 미 아씨엔또.

쿠스코까지 몇 정거장 남았나요?
¿Cuántas estaciones quedan hasta Cuzco?
꾸안따쓰 에스따씨오네쓰 께단 아스따 꾸스꼬?

다음 역은 어디죠?
¿Cuál es la próxima parada?
꾸알 에쓰 라 쁘록씨마 빠라다?

③ 기차에서 각종 사건 사고

쿠스코행 기차를 놓쳤어요.
He perdido el tren que va a Cuzco.
에 뻬르디도 엘 뜨렌 께 바 아 꾸스꼬.

이 표를 환불해 주실래요?
¿Me podría reembolsar este billete?
메 뽀드리아 렘볼싸르 에스떼 비예떼?

기차에 가방을 놓고 내렸어요.
He olvidado mi bolso en el tren.
에 올비다도 미 볼쏘 엔 엘 뜨렌.

표를 분실했어요.
He perdido el billete.
에 뻬르디도 엘 비예떼.

④ 기차에서 듣는 말

표를 보여 주세요.
Enséñeme el billete, por favor.
엔쎄녜메 엘 비예떼, 뽀르 파보르.

이 열차는 이번 역에서 3분간 정차하겠습니다.
La parada en estación será de 3 minutos aproximadamente.
라 빠라다 엔 에스따씨온 쎄라 데 뜨레쓰 미누또쓰 아쁘록시마다멘떼.

이제 쿠스코 역에 도착합니다.
Estamos llegando a la estación de Cuzco.
에스따모쓰 예간도 아 라 에스따씨온 데 꾸스꼬.

이곳은 이 열차의 종점입니다.
Esta es la estación final del viaje.
에스따 에쓰 라 에스따씨온 피날 델 비아헤.

종점입니다. 모두 갈아타 주세요.
Final de trayecto, por favor cambien de tren.
피날 데 뜨라옉또, 뽀르 파보르 깜비엔 데 뜨렌.

모든 짐과 소지품을 챙겨 주세요.
Comprueben que llevan todo su equipaje de mano.
꼼쁘루에벤 께 예반 또도 쑤 에끼빠헤 데 마노.

TIP 스페인에서는 기차 예약이 필수!

스페인에서 도시 이동 시 비행기, 기차, 버스 등이 있는데 시간과 비용을 고려하여 각자 가장 효율적인 교통편을 선택할 수 있습니다. 스페인에서 기차로 이동할 때 사전 예약은 필수입니다. Renfe의 경우 사전 예약할 경우 할인 혜택(단, 환불/변경 불가)을 받을 수 있답니다. 한편 유레일 패스를 가진 여행자가 기차 예약할 때 예약 수수료가 발생하는 점도 알아 두세요. 스마트폰 앱에서도 예약/결제 가능하니 유용하게 활용하세요.

DIÁLOGO 1

교통 묻기

나	실례지만, 시청까지 어떻게 가죠?	**Perdone, ¿cómo puedo ir al Ayuntamiento?** 뻬르도네, 꼬모 뿌에도 이르 알 아윤따미엔또?
행인	택시나 버스를 타면 돼요.	**Puede ir en autobús o en taxi.** 뿌에데 이르 엔 아우또부쓰 오 엔 딱씨.
나	어떤 게 가장 좋을까요?	**¿Qué es mejor?** 께 에쓰 메호르?
행인	버스가 싸죠. 힐튼 호텔 앞에서 50번 버스를 타세요.	**El autobús es más barato. El 50 sale desde delante del hotel Hilton.** 엘 아우또부쓰 에쓰 마쓰 바라또. 에쓰 씬꾸엔따 쌀레 데스데 델란떼 델 오뗄 힐똔.
나	감사합니다.	**Muchas gracias.** 무차쓰 그라씨아쓰.

기차표 사기

나	쿠스코행 기차표 주세요.	**Quiero un billete para ir a Cuzco, por favor.** 끼에로 운 비예떼 빠라 이르 아 꾸스꼬, 뽀르 파보르.
직원	몇 장 드릴까요?	**¿Cuántos quiere?** 꾸안또쓰 끼에레?
나	성인 2장요. 몇 시에 출발하죠?	**2 billetes para adultos. ¿A qué hora sale?** 도쓰 비예떼쓰 빠라 아둘또쓰. 아 께 오라 쌀레?
직원	2시에 출발합니다.	**Sale a las 14:00 horas.** 쌀레 아 라쓰 까또르쎄 오라쓰.
나	총 얼마죠?	**¿Cuánto es en total?** 꾸안또 에쓰 엔 또딸?
직원	총 60유로입니다.	**Son 60 euros en total.** 쏜 쎄쎈따 에우로쓰 엔 또딸.

CHECK IT OUT | 중남미 버스 여행

중남미는 버스가 잘 발달했습니다. 버스를 타고 다른 나라로 이동하다 보니 장시간, 길게는 20시간 이상 꼬박 버스를 타야 합니다. 그래서 버스도 크고 화장실이 갖춰진 2층 버스도 많습니다. 기내식처럼 버스에서 식사나 간식이 제공되기도 하죠.

티켓 용어

목적지 **Destino** (데스띠노)
좌석 **Asiento** (아씨엔또)
날짜 **Fecha** (페차)
금액 **Importe** (임뽀르떼)

버스 탈 때 주의할 점

중남미에서 버스를 탈 때는 목적지에 따라 버스 회사가 다를 수 있으니 목적지 기준으로 버스 회사를 찾아야 합니다. 사람들이 많이 찾는 유명 관광지는 꽤 많은 버스 회사에서 운행하므로 호객 행위도 활발합니다. 목적지와 가격, 시간을 잘 비교해서 살펴보고 선택하세요. 저렴한 버스의 경우 신용 카드 사용이 불가능할 수 있으니 현금을 준비하세요. 한국의 터미널은 한 공간 안에 버스가 주차되어 있지만, 일부 중남미 국가(콜롬비아, 페루, 에콰도르 등)의 터미널은 길에 버스가 쭉 정차되어 있으니 목적지와 버스 회사를 잘 보고 골라 타야 합니다.

버스표를 사기 전에 꼭 확인할 것

- 직행버스인지 경유지가 있는지
- 장거리 이동의 경우, 음식(기내식) 제공 여부
- 화장실(가능한 화장실에서 먼 좌석에 앉기), 에어컨 작동 등 확인

KEY **CHECK** 2

렌터카 이용

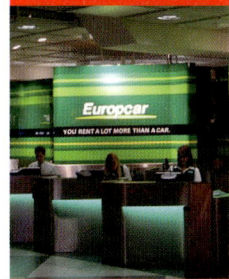

렌터카로 여행해요.

대중교통 시스템이 부족한 곳에서는 렌터카만큼 편한 게 없죠. 이동이 자유로울수록 여행의 질이 높아지기도 하고요. 공항에서 바로 렌터카를 계약할 수 있지만, 요금 차이가 있으니 홈페이지를 통해 비교 검색하는 것도 좋은 방법입니다.

① 차종 및 요금 문의

인터넷으로 예약했어요.
He reservado por internet.
에 레쎄르바도 뽀르 인떼르넷.

차를 빌리고 싶어요.
Me gustaría alquilar un coche.
메 구스따리아 알낄라르 운 꼬체.

▶ 오토바이 **moto** 모또 / 밴 **furgoneta** 푸르고네따 /
컨버터블 **coche descapotable** 꼬체 데스까뽀따블레

어떤 종류의 차가 있나요?
¿Qué clase de coche tiene?
께 끌라쎄 데 꼬체 띠에네?

요금표를 보여 주시겠어요?
¿Me puede enseñar la tarifa, por favor?
메 뿌에데 엔쎄냐르 라 따리파, 뽀르 파보르?

시간[하루/주 당]에 비용이 얼마예요?
¿Cuál es el precio por hora[día/semana]?
꾸알 에쓰 엘 쁘레씨오 뽀르 오라[디아/쎄마나]?

빌리기 전에 차를 볼 수 있을까요?
¿Podría ver el coche antes de alquilarlo?
뽀드리아 베르 엘 꼬체 안떼쓰 데 알낄라를로?

3일간 차를 빌리고 싶어요.

Me gustaría alquilarlo por 3 días.

메 구스따리아 알낄라를로 뽀르 뜨레쓰 디아쓰.

2 렌터카 옵션 문의

미니밴이나 작은 트럭이 좋겠는데요.

Querría un monovolumen o una furgoneta pequeña.

께리아 운 모노볼루멘 오 우나 푸르고네따 뻬께냐.

오토[수동] 차를 원해요.

Quisiera un coche con el cambio automático[manual].

끼씨에라 운 꼬체 꼰 엘 깜비오 아우또마띠꼬[메누알].

가능하면 연비가 좋은 소형차를 빌리고 싶어요.

Si es posible, quisiera un coche pequeño que consuma poco.

씨 에쓰 뽀씨블레, 끼씨에라 운 꼬체 뻬께뇨 께 꼰쑤마 뽀꼬.

에어컨 잘 되죠?

¿Funciona bien el aire acondicionado?

푼씨오나 비엔 엘 아이레 아꼰디씨오나도?

▶ 에어컨 **climatizador** 낄리마띠싸도르

GPS에 한국어 지원이 되나요?

¿El GPS se puede poner en idioma coreano?

엘 헤뻬쎄 쎄 뿌에데 뽀네르 엔 이디오마 꼬레아노?

(GPS를) 영어로 어떻게 바꾸죠?

¿Cómo lo cambio al inglés?

꼬모 로 깜비오 알 인글레쓰?

알겠습니다. 이것으로 하죠.
Muy bien. Me quedo con éste.
무이 비엔. 메 께도 꼰 에스떼.

몇 시에 반납해야 하나요?
¿A qué hora tengo que devolverlo?
아 께 오라 뗑고 께 데볼베를로?

다른 도시에 차를 두고 가도 되나요?
¿Puedo devolverlo en otra ciudad?
뿌에도 데볼베를로 엔 오뜨라 씨우닫?

도로 지도를 주실래요?
¿Me puede facilitar un mapa de la zona?
메 뿌에데 파씰리따르 운 마빠 데 라 쏘나?

사고가 나면 어디로 연락하죠?
¿En caso de accidente a qué número debo llamar?
엔 까소 데 악씨덴떼 아 께 누메로 데보 야마르?

이 자동차는 어떤 연료를 사용하죠?
¿Qué combustible usa?
께 꼼부스띠블레 우싸?

▶ 렌트 시 휘발유(가솔린)와 디젤 중 어느 연료를 사용하는 차인 지 반드시 확인

반납하기 전에 기름을 가득 채워야 하나요?
¿Tengo que llenar el depósito antes de devolver el vehículo?
뗑고 께 예나르 엘 데뽀시또 안떼쓰 데 데볼베르 엘 베이꿀로?

얼마나 쓰실 건가요?
¿Durante cuánto tiempo desea usarlo?
두란떼 꾸안또 띠엠뽀 데세아 우싸를로?

이 양식에 써 주십시오.
Relléne este formulario, por favor.
레예네 에스떼 포르물라리오, 뽀르 파보르.

③ 자동차 보험 질문

보험을 들고 싶어요.
Quisiera contratar un seguro.
끼씨에라 꼰뜨라따르 운 쎄구로.

보험료는 얼마예요?
¿Qué precio tiene el seguro?
께 쁘레씨오 띠에네 엘 쎄구로?

보험[세금]이 포함됐나요?
¿El precio del alquiler incluye el seguro[impuesto]?
엘 쁘레씨오 델 알낄레르 인끌루예 엘 쎄구로[임뿌에스또]?

보험에서 어떤 걸 보장하죠?
¿Qué cobertura tiene el seguro?
께 꼬베르뚜라 띠에네 엘 쎄구로?

보험에서 사고나 부상도 보장하나요?
¿Incluye daños personales en caso de accidente?
인끌루예 다뇨쓰 뻬르쏘날레쓰 엔 까쏘 데 악씨덴떼?

DIÁLOGO 2

자동차 렌트하기

직원 어떻게 도와 드릴까요?

¿En qué puedo ayudarle?
엔 께 뿌에도 아유다를레?

나 여행 중인데요. 여기 있는 동안 차를 빌리고 싶어서요.

Estoy de viaje y me gustaría alquilar un coche durante mi estancia.
에스또이 데 비아헤 이 메 구스따리아 알낄라르 운 꼬체 두란떼 미 에스딴씨아.

직원 잘 오셨습니다. 저희는 도시에서 가장 많은 렌터카를 가지고 있어요. 온라인으로 예약하셨나요?

Bienvenido(a). Nuestra oferta de vehículos es la más amplia de la ciudad. ¿Ha hecho una reserva on-line?
비엔베니도. 누에스뜨라 오페르따 데 베이꿀로쓰 에쓰 라 마쓰 암쁠리아 데 라 씨우닫. 아 에초 우나 레쎄르바 온라인?

나 아니요. 연비가 좋은 소형차를 빌릴 수 있을까요?

No. ¿Tendría un coche pequeño que no consuma mucho?
노. 뗀드리아 운 꼬체 뻬께뇨 께 노 꼰쑤마 무초?

직원 저희는 2도어 쿠페형 차량이 몇 대 있습니다. 여기 사진을 한번 보실래요?

Tenemos una amplia oferta de coupés de 2 puertas. ¿Quiere ver las fotos?
떼네모쓰 우나 암쁠리아 오페르따 데 꼬우뻬쓰 데 도쓰 뿌에르따쓰. 끼에레 베르 라쓰 포또쓰?

나 좋아 보이네요. 소형차가 좋겠어요. 이게 연비가 좋은 건가요?

Tienen buena pinta. Quiero un coche pequeño. ¿Este consume poco?
띠에넨 부에나 삔따. 끼에로 운 꼬체 뻬께뇨. 에스떼 꼰쑤메 뽀꼬?

직원 네, 저희 차 중에서 최고죠. 얼마 동안 사용하실 건가요?

Sí, de los que tenemos es el mejor. ¿Durante cuánto tiempo lo va a utilizar?
씨, 데 로쓰 께 떼네모쓰 에쓰 엘 메호르. 두란떼 꾸안또 띠엠뽀 로 바 아 우띨리싸르?

나 5일 동안이요.

Durante 5 días.
두란떼 씬꼬 디아쓰.

직원 요금은 두 가지 경우가 있는데요. 운전을 많이 하실 거라면 무제한 마일리지로 4일에 500유로예요.

Tenemos 2 tarifas. Si va a usarlo mucho, tenemos una sin límite de kilometraje. El precio sería 500 euros por 4 días.
떼네모쓰 도쓰 따리파쓰. 씨 바 아 우싸를로 무초, 떼네모쓰 우나 씬 리미떼 데 낄로메뜨라헤. 엘 쁘레씨오 쎄리아 끼니엔또쓰 에우로쓰 뽀르 꾸아뜨로 디아쓰.

나 비싸네요.

Me parece un poco caro.
메 빠레쎄 운 뽀꼬 까로.

직원 그렇다면 좀 더 싼 걸 추천해 드리죠. 하루에 99유로짜리도 있어요.

Entonces le puedo ofrecer una tarifa más barata, de 99 euros por día.
엔똔쎄쓰 레 뿌에도 오프레쎄르 우나 따리파 마쓰 바라따, 데 노베인따 이 누에베 에우로쓰 뽀르 디아.

나 그게 낫네요.

Ese es mejor.
에쎄 에쓰 메호르.

직원 좋습니다. 차는 수요일 오후 6시까지 이용하시는 겁니다.

Muy bien. Puede utilizarlo hasta el miércoles a las 6 de la tarde.
무이 비엔. 뿌에데 우띨리싸를로 아스따 엘 미에르꼴레쓰 아 라쓰 쎄이쓰 데 라 따르데.

나 그럴게요.

Muy bien.
무이 비엔.

CHECK IT OUT ❷ | 해외에서 렌터카하기

운전에 자신있거나 해외여행에서 시간에 구애받지 않고 자유여행을 원하는 여행자들은 렌터카를 많이 합니다. 대중교통으로 가기 힘든 곳도 구석구석 갈 수 있는 큰 매력이 있죠. 특히 렌터카는 가족이나 친구(동행) 여럿이서 하면 더 효율적입니다.

국제운전면허증 미리 챙기기

- 해외에서 차를 운전하려고 계획을 했다면 렌터카 홈페이지에서 예약하고 가는 것이 좋습니다. 그렇지 못했다면 공항이나 시내의 업소에서 렌트하면 되고요. 온라인 예약을 하면 계약 사항을 더욱 꼼꼼히 챙길 수 있어요. 참고로 유럽은 오토 차량이 많지 않으니 예약은 특히 필수! 한글이 지원되는 내비게이션을 미리 준비해 가거나 스마트폰 앱을 이용하시면 좋아요.
- 렌터카를 생각하신다면 국제운전면허증과 국내 발행 운전면허증을 반드시 준비하셔야 합니다. 국제운전면허증만 믿고 국내 발행 운전면허증을 두고 가면 안 돼요! 대부분 국가에서는 두 가지 면허증을 다 요구하기 때문이죠.

자동차 보험

- 렌터카를 예약할 때 하루(시간) 당 요금이 저렴하다고 느낄 수도 있는데 보험료 포함 여부를 잘 살펴봐야 합니다. 보험료가 비싸므로 다른 여행지에 비해 요금이 싸다고 할 수 없답니다. 여행 경비를 고려하여 렌터카 비용을 책정하세요.
- 지리와 언어가 익숙하지 않은 외국에서 렌터카로 운전하는 것은 다소 위험하고 긴장될 수 있습니다. 그래서 베스트 드라이버라도 렌터카 풀커버리지 보험은 꼭 가입하는 것을 권합니다. 인터넷 예약을 해도 렌터카 픽업 시 보험 가입 여부를 재확인하고 혹시 빠진 게 있으면 추가 가입하는 것이 안전합니다. 인터넷 예약을 하고 현장에서 결제할 때 신용 카드와 예약자 이름은 동일해야 하니 그 점 명심하세요. 중남미를 비롯하여 대부분 나라에서 한인이 운영하는 렌터카 업체도 많으니 원활한 소통을 원하면 그런 업체를 활용하는 것도 현명한 방법입니다.

KEY **CHECK** 3

1. 길 묻기

길 좀 물을게요

우리가 사는 한국에서도 처음 가 본 동네에서 길을 헤매는데 해외에서는 그런 일이 더 빈번하겠죠. 길을 잃었을 때는 너무 당황하지 말고 현지인에게 물어보세요. 설명을 들은 후에는 정확히 이해했는지 재확인하세요. 기본적인 방향 표현은 꼭 알아두세요.

❶ 길 물어보기

실례합니다만, 길 좀 물을게요.
Perdone, una pregunta.
뻬르도네, 우나 쁘레군따.

실례합니다만, 도와주실래요?
¿Perdone, me puede ayudar?
뻬르도네, 메 뿌에데 아유다르?

실례해요. 쇼핑몰이 어느 쪽이에요?
Perdone. ¿Dónde está el centro comercial?
뻬르도네. 돈데 에스따 엘 쎈뜨로 꼬메르씨알?

제가 길을 잃었어요.
Creo que me he perdido.
끄레오 께 메 에 뻬르디도.

거기 어떻게 가죠?
¿Cómo se puede ir?
꼬모 쎄 뿌에데 이르?

여기서 얼마나 먼가요?
¿Cómo de lejos está desde aquí?
꼬모 데 레호스 에스따 데스데 아끼?

CHAPTER 3 | El transporte **153**

여기에서 거기까지 걸어갈 수 있나요?
¿Podría ir andando desde aquí?
뽀드리아 이르 안단도 데스데 아끼?

지도에서 제가 어디쯤 있어요?
¿Me puede indicar en el mapa dónde estoy?
메 뿌에데 인디까르 엔 엘 마빠 돈데 에스또이?

지도에 표시해 주실래요?
¿Me lo puede marcar en el mapa, por favor?
메 로 뿌에데 마르까르 엔 엘 마빠, 뽀르 파보르?

이 거리 이름이 뭐예요?
¿Cómo se llama esta calle?
꼬모 쎄 야마 에스따 까예?

약도를 그려 주시겠어요?
¿Me puede hacer un pequeño mapa, por favor?
메 뿌에데 아쎄르 운 뻬께뇨 마빠, 뽀르 파보르?

계속 죽 가나요?
¿Sigo recto?
씨고 렉또?

박물관이 은행 옆에 있나요?
¿El Museo está al lado del banco?
엘 무세오 에스따 알 라도 델 방꼬?

다음 신호등에서 우회전하나요?
¿Giro a la derecha en el siguiente semáforo?
히로 아 라 데레차 엔 엘 씨기엔떼 쎄마포로?

② 길 안내하기

바로 여기예요.
Es aquí.
에쓰 아끼.

은행 건너편이에요.
Es enfrente del banco.
에쓰 엔프렌떼 델 방꼬.

잘못 들어섰어요.
Me he equivocado.
메 에 에끼보까도.

다음 교차로에서 우회전하세요.
Gire a la derecha en el próximo cruce.
히라 아 라 데레차 엔 엘 쁘록씨모 끄루쎄.

버스를 타셔야 할 거예요.
Creo que debería ir en autobús.
끄레오 께 데베리아 이르 엔 아우또부쓰.

세 블록 가셔서 산호세 가에서 좌회전하세요.
Vaya 3 manzanas y en la calle San José gire a la izquierda.
바야 뜨레쓰 만싸나쓰 이 엔 라 까예 싼호세 히레 아 라 이쓰끼에르다.

직진해서 걸어가시면 오른편 블록 중간쯤에 그 레스토랑이 보입니다.
Si va recto a la mitad de este tramo de acera podrá ver el restaurante a mano derecha.
씨 바 렉또 아 라 미딷 데 에스떼 뜨라모 데 아쎄라 뽀드라 베르 엘 레스따우란떼 아 마노 데레차.

다음 코너에서 좌회전하시고 신호등이 보일 때까지 걸어가세요.
Gire a la izquierda en la siguiente esquina y siga andando hasta que vea el semáforo.
히레 아 라 이쓰끼에르다 엔 라 씨기엔떼 에스끼나 이 씨가 안단도 아스따 께 베아 엘 쎄마포로.

두 블록 직진하면, 왼쪽에 호텔이 있을 겁니다.
Si va recto, pasadas 2 calles el hotel está a la izquierda.
씨 바 렉또, 빠싸다쓰 도쓰 까예쓰 엘 오뗄 에스따 아 라 이쓰끼에르다.

2. 도로에서

주유하기, 주차하기

차를 운전하면 주유와 주차는 꼭 하게 되는데요. 스페인을 비롯한 해외에서는 셀프 주유가 많습니다. 주유할 때 가장 중요한 점은 가솔린인지 디젤인지 구분하는 것이죠. 주차할 때는 주차장의 이름을 잘 기억하고 중요한 소지품은 차 안에 놓고 떠나지 마세요.

❶ 주유소에서

가까운 주유소가 어디죠?
¿Por favor, dónde está la gasolinera más cercana?
뽀르 파보르, 돈데 에스따 라 가쏠리네라 마쓰 쎄르까나?

기름 가득 채워 주세요.
Por favor, lléneme el depósito.
뽀르 파보르, 예네메 엘 데뽀씨또.

가솔린으로 주세요.
Necesito gasolina.
네쎄씨또 가쏠리나.

▶ 가솔린(휘발유) **Gasolina** 가쏠리나 /
유연/가연 휘발유 **Gasolina normal** 가쏠리나 노르말 /
무연 휘발유 **Gasolina sin plomo** 가쏠리나 씬 쁠로모 / 디젤(경유) **Diesel** 디에쎌

50유로어치 넣을게요.
Póngame 50 euros, por favor.
뽄가메 씬꾸엔따 에우로쓰, 뽀르 파보르.

이 주유기는 어떻게 사용해요?
¿Cómo funciona el surtidor?
꼬모 푼씨오나 엘 수르띠도르?

신용 카드로 결제되나요?
¿Puedo pagar con tarjeta?
뿌에도 빠가르 꼰 따르헤따?

CHAPTER 3 | El transporte

주유소는 어디 있나요?
¿Dónde hay una gasolinera?
돈데 아이 우나 가쏠리네라?

2 주차할 때

어디에 주차해야 하죠?
¿Dónde puedo aparcar?
돈데 뿌에도 아빠르까르?

여기 주차해도 되나요?
¿Puedo aparcar aquí?
뿌에도 아빠르까르 아끼?

무료인가요?
¿Es gratis?
에쓰 그라띠쓰?

시간[하루]당 얼마죠?
¿Cuánto cuesta por hora[día]?
꾸안또 꾸에스따 뽀르 오라[디아]?

3. 자동차 고장(사고)

자동차가 고장 났어요!

해외에서 렌터카를 몰거나 현지인의 자동차를 몰다가 예상치 않은 사고(고장)가 나거나 현지 도로 규정에 익숙지 않아 위반하게 되면 어떻게 할까요? 당황하지 말고 일단 문제점이 무엇인지 살펴봐야겠죠. 이런 상황에 대비할 아래 표현들도 잘 익혀 두세요.

① 문제점 설명하기

차가 고장 났어요.
El coche se ha averiado.
엘 꼬체 쎄 아 아베리아도.

자동차 시동이 안 걸려요.
No puedo arrancar el coche.
노 뿌에도 아란까르 엘 꼬체.

과열된 것 같아요.
Se ha sobrecalentado.
쎄 아 쏘브레깔렌따도.

엔진이 그냥 꺼졌어요.
Se ha apagado el motor.
쎄 아 아빠가도 엘 모또르.

배터리가 약한 것 같아요.
Creo que tiene poca batería.
끄레오 께 띠에네 뽀까 바떼리아.

연료가 바닥났어요.
Me he quedado sin gasolina.
메 에 께다도 씬 가쏠리나.

타이어에 펑크가 났어요.
Se ha pinchado una rueda.
쎄 아 삔차도 우나 루에다.

차 키를 잃어버렸어요.
He perdido las llaves de mi coche.
에 뻬르디도 라쓰 야베쓰 데 미 꼬체.

차 키를 차 안에 넣고 잠가 버렸어요.
He cerrado con las llaves dentro.
에 쎄라도 꼰 라쓰 야베쓰 덴뜨로.

❷ 자동차 사고

사고가 났어요.
He tenido un accidente.
에 떼니도 운 악씨덴떼.

제 차가 도로에서 미끄러졌어요. 지금 바로 누구 보내 주실 수 있어요?
Mi coche ha derrapado. ¿Puede enviar a alguien?
미 꼬체 아 데라빠도. 뿌에데 엔비아르 아 알기엔?

돌핀 비치 근처에서 사고가 났어요.
He tenido un accidente cerca de Playa Delfín.
에 떼니도 운 악씨덴떼 쎄르까 데 쁠라야 델핀.

제 이름은 킴이고 전화번호는 010-1238-4567이에요.
Mi nombre es Kim, y mi teléfono 010-1238-4567.
미 놈브레 에스 김, 이 미 뗄레포노 쎄로, 우노, 쎄로-우노, 도쓰, 뜨레쓰, 꾸아뜨로, 씬꼬, 쎄이쓰, 씨에떼.

32번 고속도로 모텔 앞에서 멈췄어요.
Se ha parado en frente de un motel de la autopista número 32.
쎄 아 빠라도 엔 프렌떼 데 운 모뗄 데 라 아우또삐스따 누메로 뜨레인따 이 도쓰.

구급차를 빨리 불러 주세요!
¡Lláme a una ambulancia, por favor!
야메 아 우나 암불란씨아, 뽀르 파보르!

경찰서에 전화하고 싶어요.
Quiero llamar a la policía.
끼에로 야마르 아 라 뽈리씨아.

❸ 처리 요청하기

견인 차량을 보내 주시겠어요?
¿Puede enviarme una grúa, por favor?
뿌에데 엔비아르메 우나 그루아, 뽀르 파보르?

오늘 안에 고칠 수 있을까요?
¿Puede arreglarlo hoy?
뿌에데 아레글라를로 오이?

얼마나 걸릴까요?
¿Cuánto tardará?
꾸안또 따르다라?

차를 밀어주시겠어요?
¿Puede empujar el coche, por favor?
뿌에데 엠뿌하르 엘 꼬체, 뽀르 파보르?

제 차는 소나타 980KLS입니다.
Mi coche es un Sonata 980KLS.
미 꼬체 에쓰 운 쏘나따 노베씨엔또쓰 오첸따 까에레에쎄.

4 경찰에 상황 설명하기

제가 뭘 잘못했죠?
¿Qué he hecho algo mal?
께 에 에초 알고 말?

정지 신호를 못 봤어요.
No he visto que el semáforo estuviera rojo.
노 에 비스또 께 엘 쎄마포로 에스뚜비에라 로호.

신호가 바뀌는 것을 미처 보지 못했어요.
No he visto que se pusiera en rojo el semáforo.
노 에 비스또 께 쎄 뿌씨에라 엔 로호 엘 쎄마포로.

제한 속도를 몰랐어요.
No sabía cuál es el límite de velocidad.
노 싸비아 꾸알 에쓰 엘 리미떼 데 벨로씨닫.

어디에 주차해야 하는지 몰랐어요.
No sé dónde aparcar.
노 쎄 돈데 아빠르까르.

정말 죄송합니다.
Lo siento mucho.
로 씨엔또 무초.

죄송합니다. 여행객이에요.
Lo siento, soy un turista.
노 씨엔또, 쏘이 운 뚜리스따.

이건 내 잘못이 아니었어요.
No es culpa mía.
노 에쓰 꿀빠 미아.

운전면허증과 차량 등록증 좀 보여 주세요.

Muéstreme su permiso de conducir y la tarjeta de circulación del vehículo, por favor.

무에스뜨레메 수 뻬르미쏘 데 꼰두씨르 이 라 따르헤따 데 씨르꿀라씨온 델 베이꿀로, 뽀르 파보르.

신호(속도) 위반하셨습니다.

Ha superado el límite de velocidad.

아 쑤뻬라도 엘 리미떼 데 벨로씨닫.

TIP 무조건 안전 운행!

중남미 일부 대도시의 교통 체증은 악명이 높습니다. 특히 멕시코시티는 세계에서 가장 교통 체증이 심한 도시 중 하나죠. 국내뿐만 아니라 해외에서 운전할 때는 무조건 안전 운행 도심뿐만 아니라 시 외곽으로 빠질 때 단속이 꽤 많으니 속도 줄이기, 신호 지키기 명심하세요. 국경에서는 검문이 많으니 국제운전면허증도 잘 소지하시고요. 운이 나쁘면 렌터카를 모는 외국인 여행자를 노리는 부정 경찰을 만날 수도 있는데 경험자에 의하면 요구하는 대로 돈을 주지 말고 약간 흥정(?)할 필요가 있다고 하네요. 가능한 이런 일이 안 생기게 미리 조심하는 게 좋겠죠!

DIÁLOGO 3

주차장 묻기

나　실례합니다. 가까운 주차장이 어디 있죠?

Perdone. ¿Dónde hay un parking cerca de aquí?
뻬르도네. 돈데 아이 운 빠르낑 쎄르까 데 아끼?
▶남미: 주차장 estacionamiento

행인　여기서 쭉 직진하면 공터가 있어요. 거기 주차하면 돼요.

Si sigue recto verá una zona vacía en la que pueda aparcar.
씨 씨게 렉또 베라 우나 쏘나 바씨아 엔 라 께 뿌에다 아빠르까르.

나　거기 무료인가요?

¿Es gratis?
에쓰 그라띠쓰?

행인　네, 그런데 딱지 뗄 수도 있어요.

Sí, pero le pueden poner una multa.
씨, 뻬로 레 뿌에덴 뽀네르 우나 물따.

나　음, 안전하지 않네요. 혹시 다른 주차장은 없나요?

No es un sitio seguro. ¿Habría otro lugar?
노 에쓰 운 씨띠오 쎄구로. 아브리아 오뜨로 루가르?

행인　그럼 저기 건너편 백화점 지하 주차장을 이용하세요.

Entonces aparque en el parking del sótano del Centro Comercial de allí en frente.
엔똔쎄쓰 아빠르께 엔 엘 빠르낑 델 쏘타노 델 쎈드로 꼬메르씨알 데 아이 엔 쁘렌떼.

사고 발생

나　작은 추돌 사고가 났어요. 뒤에서 제 차를 박았어요.

Ha habido un pequeño accidente.
아 아비도 운 뻬께뇨 악씨덴떼.

경찰　지금 어디시죠?

¿Dónde se encuentra ahora?
돈데 쎄 엔꾸엔뜨라 아오라?

나　돌핀 비치 입구예요.

En la entrada de Playa Delfín.
엔 라 엔뜨라다 데 쁠라야 델핀.

경찰　다친 사람은 없나요?

¿Hay algún herido?
아이 알군 에리도?

CHECK IT OUT ③ | 스페인·중남미의 교통 표지판

외국에 나가서 운전할 때 대부분의 교통 표지판은 그 나라 언어를 몰라도 만국 공통 이미지로 이해하기 쉽게 표현되어 있습니다. 스페인어로 표시되어 있거나 한국에 없는 생소한 규정(표시)도 있으니 아래 표시 잘 익혀 두세요.

멈춤
Pare (Stop)
(빠레)

제한속도 지역 (30)
Prohibido circular a
más de 30 en esta zona
(쁘로히비도 씨르꿀라르 아
마쓰 데 뜨레인따 엔 에스
따 쏘나)

속도제한
Limite de velocidad 50
(리미떼 데 벨로씨닫 씬꾸
엔따)

통행 양보
Ceda el Paso
(쎄다 엘 빠쏘)

톨게이트 (통행료)
Peaje
(뻬아헤)

고속도로
Autovía
(아우또비아)

전방 신호등
Semáforo Adelante
(쎄마포로 아델란떼)

횡단 보도
Paso de Peatones
(빠쏘 데 뻬아또네쓰)

위험 (주의)
Peligro de
deslizamiento
(뻴리그로 데 데스리싸미엔또)

전조등 켜기
Luces obligatorias
(루쎄쓰 오블리가또리아쓰)

멈춤(경찰 검문)
Alto Policia
(알또 뽈리씨아)

주차 금지
Prohibido Aparcar
(쁘로히비도 아빠르까르)

우회전 금지
Prohibido girar a la
derecha
(쁘로히비도 히라르 아 라
데레차)

좌회전 금지
Prohibido girar a la
izquierda
(쁘로히비도 히라르 아 라
이쓰끼에르다)

일방통행
Dirección Única
(디렉씨온 우니까)

주차
Aparcamiento
(아빠르까미엔또)

여행 안심 패스
VOCA BOX 3

대중교통

기차 **tren**
뜨렌

기차역 **estación de tren**
에스따씨온 데 뜨렌

기차역 지도 **plano de la estación**
쁠라노 데 라 에쓰따씨온

도착 **llegadas**
예가다쓰

멈춤 **detenerse**
데떼네르세

버스역 **estación de autobuses**
에스따씨온 데 아우또부세쓰

버스 정류장 **parada de autobús**
빠라다 데 아우또부쓰

버스 터미널 **terminal de autobuses**
떼르미날 데 아우또부세쓰

버스비 **tarifa**
따리파

분실물 사무실 **oficina de objetos perdidos**
오피씨나 데 오브헤또쓰 뻬르디도쓰

승강장 **andén**
안덴

시간표 **horario**
오라리오

시티 버스 **autobus**
아우또부쓰

아동(학생) 할인 **descuentos para niños[estudiantes]**
데스꾸엔또쓰 빠라 니뇨쓰[에스뚜디안떼쓰]

예약 **reserve**
레쎄르베

왕복 티켓 **billete de ida y vuelta**
비예떼 데 이다 이 부엘따

이등석 **segunda clase**
쎄군다 끌라쎄

일등석 **primera clase**
쁘리메라 끌라쎄

자동차 **coche**
꼬체

장거리 버스 **autocar**
아우또까르

좌석 **plaza**
쁠라싸

지연(연착) **retraso**
레뜨라쏘

지하철 **metro**
메뜨로

지하철 노선 **línea de metro**
리네아 데 메뜨로

지하철 노선도(지도) **mapa de metro**
마빠 데 메뜨로

지하철역 **estación de metro**
에스따씨온 데 메뜨로

출발 **salidas**
쌀리다쓰

출발 시각 **hora de salida**
오라 데 쌀리다

취소 **cancelado**
깐쎌라도

택시 **taxi**
딱씨

트랙 **vía**
비아

편도 티켓 **billete de ida**
비예떼 데 이다

표 자판기 **máquinas expendedoras de billetes / venta automátic**
마끼나쓰 엑스뻰덴도라쓰 데 비예떼쓰 / 벤따 아우또마띠까

표 판매소 **mostrador de venta de billetes / oficina de venta**
모스뜨라도르 데 벤따 데 비예떼쓰 / 오피씨나 데 벤따

표(티켓) **billete**
비예떼

표준 요금 **tarifa normal**
따리파 노르말

할인 **descuento**
데스꾸엔또

할인 요금 **tarifa reducida**
따리파 레두씨다

자동차

(바람 빠진) 타이어 rueda (pinchada)
루에다 (삔차다)

경고등 pilotos de emergencia
삘로또쓰 데 에메르헨씨아

고장 avería
아베리아

방전 batería descargada
바떼리아 데스까르가다

방향등 intermitente
인떼르미뗀떼

배터리 batería
바떼리아

브레이크 frenos
프레노쓰

엔진 motor
모또르

연기 humo
우모

오일 aceite
아쎄이떼

와이퍼 limpia-parabrisas
림삐아-빠라브리싸쓰

자동변속기 transmisión / cambio
뜨란스미씨온 / 깜비오

정비소 taller
딸레르

퓨즈 fusible
푸씨블레

헤드라이트 faros
파로쓰

도로 방향·교통

거리 calle
까예

경찰관 policía
뽈리씨아

고속도로 autopista / autovía
아우또삐스따 / 아우또비아

교통(시)경찰 guardia urbano
구아르디아 우르바노

공사 obras
오브라쓰

과속 exceso de velocidad
엑쎄쏘 데 벨로씨닫

교차로 intersección
인떼르쎄씨온

교통(체증) tráfico
뜨라피꼬

**국제면허증
permiso de conducir international**
뻬르미쏘 데 꼰두씨르 인떼르나씨오날

길 carretera
까레떼라

남쪽 dirección sur
디렉씨온 쑤르

다리 puente
뿌엔떼

도로(Avenue) avenida
아베니다

동쪽 dirección este
디렉씨온 에스떼

러시아워 hora punta
오라 뿐따

북쪽 dirección norte
디렉씨엔 노르떼

블록 manzana
만싸나

사고 accidente
악씨덴떼

서쪽 dirección oeste
디렉씨온 오에스떼

시내 centro de la ciudad
쎈뜨로 데 라 씨우닫

신호등 semáforo
쎄마포로

열쇠(키) llave
야베

우측(으로) (a la) derecha
(아 라) 데레초

우회로 desvío
데스비오

운전면허증 carnet de conducer
까르넷 데 꼰두쎄로

좌측(으로) (a la) izquierda
(아 라) 이쓰끼에르다

주유소 gasolinera
가쏠리네라

주차(파킹)미터기 parquímetro
빠르끼메뜨로

주차장 aparcamiento
아빠르까미엔또

지름길 atajo
아따호

직진 recto / derecho
렉또 / 데레초

진입 램프(고속도로 입구) entrada de autopista
엔뜨라다 데 아우또삐스따

진출 램프(고속도로 출구) rampa de salida
람빠 데 쌀리다

커브 curva
끄루바

코너 esquina
에스끼나

터널 túnel
뚜넬

톨부스(톨게이트) peaje
뻬아헤

횡단보도 paso de peatones
빠쏘 데 뻬아또네쓰

4

여행지 숙소

편안한 여행을 위해 잘 자는 건 무엇보다 중요합니다. 잘 자려면 좋은 숙소를 잡아야겠죠? 예약을 확인하고 체크인·체크아웃, 숙소에서 생긴 문제 해결을 요청하기, 숙소에서 제공하는 다양한 서비스와 시설을 이용할 때 필요한 표현을 알아보세요.

Alojamiento

KEY **CHECK** 1

1. 숙소 예약

숙소를 예약하는 기본 표현

여행지 숙소는 홈페이지를 통해 예약하는 게 좋습니다. 숙소 사진과 평가도 볼 수 있고 요즘은 스마트폰 앱으로도 편하게 예약할 수 있죠. 상황이 여의치 않아 숙소에 직접 전화로 예약하거나 변경, 문의할 때 필요한 표현들을 모았습니다.

❶ 기본 질문하기

필요한 문장에 표시해보세요!

호텔[게스트하우스]이 어디 있죠?
¿Dónde hay un hotel[una pensión]?
돈데 아이 운 오뗄[우나 뻰씨온]?

싼[고급/가까운/괜찮은] 곳(숙소) 추천해 주시겠어요?
¿Puede recomendarme algún sitio barato[de lujo/cercano/agradable]?
뿌에데 레꼬멘다르메 알군 씨띠오 바라또[데 루호/쎄르까노/아그라다블레]?

거기 주소가 어디죠?
¿Cuál es la dirección?
꾸알 에쓰 라 디렉씨온?

빈방 있나요?
¿Tiene habitación libre?
띠에네 아비따씨온 리브레?

방을 예약하고 싶습니다.
Quisiera reservar una habitación.
끼씨에라 레쎄르바르 우나 아비따씨온.

더블룸으로 3일 머물고 싶어요.
Quiero una habitación doble para 3 noches.
끼에로 우나 아비따씨온 도블레 빠라 뜨레쓰 노체쓰.

▶ 싱글룸(싱글침대가 있는 1인실) **habitación individual** 아비따씨온 인디비두알 /
더블룸(더블침대가 있는 2인실) **habitación doble** 아비따씨온 도블레 /
트윈룸(싱글침대 대가 2개 있는 2인실) **habitación con dos camas individuales**
아비따씨온 꼰 도쓰 까마쓰 인디비두알레쓰

▶ 화장실 **baño**, **servicio** 바뇨, 쎄르비씨오

3일 머무를 방이 필요해요.
Necesito una habitación para 3 días.
네쎄씨또 우나 아비따씨온 빠라 뜨레쓰 디아쓰.

다음 주 월요일에 2인실 예약하고 싶어요.
Quiero reservar una habitación doble para el lunes que viene.
끼에로 레쎄르바르 우나 아비따씨온 도블레 빠라 엘 루네쓰 께 비에네.

3월 10일 예약 가능한가요?
¿Es posible hacer una reserva para el 10 de marzo?
에쓰 뽀씨블레 아쎄르 우나 레쎄르바 빠라 엘 디에쓰 데 마르쏘?

5월 10일부터 12일까지 예약하고 싶어요.
Necesito una habitación desde el 10 al 12 de mayo.
네쎄씨또 우나 아비따씨온 데스데 엘 디에쓰 알 도쎄 데 마요.

하룻밤 묵는데 얼마죠?
¿Cuánto cuesta la noche?
꾸안또 꾸에스따 라 노체?

예약했습니다.
Tengo una reserva.
뗑고 우나 레쎄르바.

제 예약을 확인[취소/변경]하고 싶습니다.
Me gustaría confirmar[cancelar/cambiar] la reserva.
메 구스따리아 꼰피르마르[깐쎌라르/깜비아르] 라 레쎄르바.

제 이름은 김진입니다.
Mi nombre es Kim Jin.
미 놈브레 에쓰 김진.

김진으로 예약했습니다.
La reserva está a nombre de Kim Jin.
라 레쎄르바 에스따 아 놈브레 데 김진.

성함이 어떻게 되시죠?
¿Cómo es su nombre?
꼬모 에쓰 쑤 놈브레?

여권 보여 주세요.
Su pasaporte, por favor.
쑤 빠싸뽀르떼, 뽀르 파보르.

신분증 갖고 계세요?
¿Tiene usted documento de identidad, por favor?
띠에네 우스뗃 도꾸멘또 데 이덴띠닫, 뽀르 파보르?

며칠 머무르시나요?
¿Cuántas noches desea alojarse?
꾸안따쓰 노체쓰 데세아 알로하르쎄?

네, 방 있습니다.
Sí, tenemos habitación.
씨, 떼네모쓰 아비따시온.

예약이 꽉 찼어요.
Está completo.
에스따 꼼쁠레또.

내일 이후에 빈방이 있습니다.
Hay una habitación libre desde mañana.
아이 우나 아비따씨온 리브레 데스데 마냐나.

호텔은 성당 옆에 있습니다.
El Hotel está al lado de la catedral.
엘 오뗄 에스따 알 라도 데 라 까떼드랄.

2 숙소 세부 옵션 물어보기

지금 특가로 제공하는 방이 있나요?
¿Hay alguna habitación con precio especial?
아이 알구나 아비따씨온 꼰 쁘레씨오 에스뻬씨알?

방에 TV가 있나요?
¿La habitación tiene televisor?
라 아비따씨온 띠에네 뗄레비쏘르?

방에서 와이파이 사용할 수 있나요?
¿Se puede utilizar el Wi-Fi en la habitación?
쎄 뿌에데 우띨리싸르 엘 위-피 엔 라 아비따씨온?

주차장[수영장]이 있나요?
¿Hay aparcamiento[piscina]?
아이 아빠르까미엔또[삐스씨나]?

방마다 욕실이 있나요, 혹은 공동으로 사용하나요?
¿Todas las habitaciones tienen baño o es un baño en común?
또다쓰 라쓰 아비따씨오네쓰 띠에넨 바뇨 오 에쓰 운 바뇨 엔 꼬문?

(다른) 방을 볼 수 있나요?
¿Puedo ver otra habitación?
뿌에도 베르 오뜨라 아비따씨온?

더 큰[작은/조용한] 방 없나요?
¿Tiene una habitación más grande[pequeña/tranquila]?
띠에네 우나 아비따씨온 마쓰 그란데[뻬께냐/뜨란낄라]?

좋네요, 이 방으로 할게요.
Muy bien, ésta habitación, por favor.
무이 비엔, 에스따 아비따씨온, 뽀르 파보르.

귀중품 보관소는 있나요?
¿Tiene consigna para objetos de valor?
띠에네 꼰씨그나 빠라 오브헤또쓰 데 발로르?

귀중품을 맡아줄 수 있나요?
¿Puedo dejarle los objetos de valor?
뿌에도 데하를레 로쓰 오브헤또쓰 데 발로르?

숙소 주변이 안전한가요? / 이 동네가 안전한가요?
¿Es seguro este sitio? / ¿Es seguro el barrio en donde estamos?
에쓰 쎄구로 에스떼 씨띠오? / 에쓰 쎄구로 엘 바리오 엔 돈데 에스따모쓰?

여기서 환전되나요?
¿Aquí se puede cambiar moneda extranjera?
아끼 쎄 뿌에데 깜비아르 모네다 엑쓰뜨란헤라?

여기서 투어 예약되나요?
¿Se pueden reservar excursiones aquí?
쎄 뿌에덴 레쎄르바르 엑쓰꿀씨오네쓰 아끼?

무료 공항 픽업 서비스 가능한가요?
¿Tiene servicio de recogida gratis en el aeropuerto?
띠에네 쎄르비씨오 데 레꼬히다 그라띠쓰 엔 엘 아에로뿌에르또?

부엌[전화/세탁실/인터넷]을 쓸 수 있나요?
¿Se puede utilizar la cocina[el teléfono/el lavadero/el internet]?
쎄 뿌에데 우띨리싸르 라 꼬씨나[엘 뗄레포노/엘 라바데로/엘 인떼르넷]?

조식이 포함되나요?
¿El precio incluye el desayuno?
엘 쁘레씨오 인끌루예 엘 데싸유노?

몇 시에[어디서] 조식이 제공되나요?
¿Cuándo[Dónde] se sirve el desayuno?
꾸안도[돈데] 쎄 씨르베 엘 데싸유노?

조식이 언제부터 언제까지죠?
¿Cuál es el horario del desayuno?
꾸알 에쓰 엘 오라리오 델 데싸유노?

③ 꼼꼼히 가격 비교하기

하룻밤[1인당/한 주] 숙박비가 얼마예요?
¿Cuánto cuesta una noche[persona/semana]?
꾸안또 꾸에스따 우나 노체[뻬르쏘나/쎄마나]?

조식 포함 1일 숙박비가 얼마예요?
¿Cuánto cuesta una noche con desayuno incluído?
꾸안또 꾸에스따 우나 노체 꼰 데싸유노 인끌루이도?

세금이 포함된 가격인가요?
¿Están incluídos los impuestos?
에스딴 인끌루이도쓰 로쓰 임뿌에스또쓰?

장기 숙박하면 가격이 더 저렴한가요?
¿Ofrecen descuentos por larga estancia?
오프레쎈 데스꾸엔또스 뽀르 라르가 에스딴씨아?

신용 카드로 계산해도 되나요?
¿Puedo pagar con tarjeta de crédito?
뿌에도 빠가르 꼰 따르헤따 데 끄레디또?

싱글룸은 하룻밤에 90유로입니다.
La habitación individual cuesta 90 euros.
라 아비따씨온 인디비두알 꾸에스따 노벤따 에우로쓰.

조식 포함되어 있습니다.
El desayuno está incluído.
엘 데싸유노 에스따 인끌루이도.

---

④ 예약 취소하기

예약을 취소하게 돼서 죄송합니다.
Siento cancelar la reserva.
씨엔또 깐쎌라르 라 레쎄르바.

위약금(페널티)이 있나요?
¿Hay una penalización?
아이 우나 뻬날리싸씨온?

하루(24시간) 전에 예약 취소가 가능합니다.
Puede cancelar la reserva con un día de antelación(24 horas).
뿌에데 깐쎌라르 라 레쎄르바 꼰 운 디아 데 안뗄라씨온(베인띠 꾸아뜨로 오라쓰).

24시간이 지나고 취소하거나 통보 없이 안 오시는 경우에는 약정 금액의 50%를 위약금으로 내셔야 합니다.
Si cancela dentro de las 24 horas anteriores o no viene sin avisar, tendrá que pagar el 50% del precio como indemnización.
씨 깐쎌라 덴뜨로 데 라쓰 베인띠 꾸아뜨로 오라쓰 안떼리오레쓰 오 노 비에네 씬 아비싸르, 뗀드라 께 빠가르 엘 씬꾸엔따 뽀르씨엔또 델 쁘레씨오 꼬모 인뎀니싸씨온.

취소하실 경우 5유로 수수료가 있습니다.
Si cancela tiene 5 euros de comisión.
씨 깐쎌라 띠에네 씬꼬 에우로쓰 데 꼬미씨온.

2. 체크인 · 체크아웃

체크인/체크아웃 이렇게 하세요

다양한 숙소 종류에 따라 체크인과 체크아웃 규정은 대체로 비슷하면서도 약간씩 차이가 있습니다. 온라인 숙소 정보를 통해 규정을 반드시 확인하시고요. 체크인(아웃) 시간 조정 여부, 숙박비 계산 방법, 예치금 정책 등 궁금한 사항이 있으면 아래 표현을 활용하세요.

❶ 체크인

체크인 할게요.
Quiero hacer el check-in.
끼에로 아쎄르 엘 체크인.

키 2개 주세요.
Necesito 2 llaves, por favor.
네쎄씨또 도쓰 야베쓰, 뽀르 파보르.

여권과 신용 카드 보여 주세요.
El pasaporte y la tarjeta de crédito, por favor.
엘 빠싸뽀르떼 이 라 따르헤따 데 끄레디또, 뽀르 파보르.

10호실 키 여기 있습니다.
Aquí está la llave de la habitación 10.
아끼 에스따 라 야베 데 라 아비따씨온 디에쓰.

❷ 체크아웃 · 계산

체크아웃 할게요.
Quiero hacer el check-out.
끼에로 아쎄르 엘 체크아웃.

체크아웃 시간이 몇 시죠?
¿A qué hora hay que dejar libre la habitación?
아 께 오라 아이 께 데하르 리브레 라 아비따씨온?

체크아웃 몇 시까지 가능하죠? (가장 늦은 체크아웃 시간이 몇 시죠?)
¿A qué hora tengo que dejar la habitación?
아 께 오라 뗑고 께 데하르 라 아비따씨온?

저 이제 떠납니다.
Ya me voy.
야 메 보이.

아주 잘 머물렀답니다. 감사합니다.
Ha sido una estancia muy agradable, gracias.
아 씨도 우나 에스딴씨아 무이 아그라다블레, 그라씨아쓰.

친구에게 추천할 거예요.
Se lo recomendaré a mis amigos.
쎄 로 레꼬멘다레 아 미쓰 아미고쓰.

신용 카드로 계산해도 되나요?
¿Puedo pagar con tarjeta de crédito?
뿌에도 빠가르 꼰 따르헤따 데 끄레디또?

영수증 주세요.
El recibo, por favor.
엘 레씨보, 뽀르 파보르.

❸ 체크아웃 시 추가 요청하기

하루 더 묵고 싶어요.
Quiero alojarme un día más.
끼에로 알로하르메 운 디아 마쓰.

하루 먼저 떠나고 싶어요.
Quiero marcharme un día antes.
끼에로 마르차르메 운 디아 안떼쓰.

죄송합니다만, 오늘 늦게 퇴실하려고 하는데요.
Perdone, me gustaría dejar la habitación por la tarde, por favor.
뻬르도네, 메 구스따리아 데하르 라 아비따씨온 뽀르 라 따르데, 뽀르 파보르.

여기 가방 맡겨 놔도 되나요?
¿Puedo dejar las maletas aquí?
뿌에도 데하르 라쓰 말레따쓰 아끼?

10시에 택시 불러 주시겠어요?
¿Me puede pedir un taxi para las 10?
메 뿌에데 뻬디르 운 딱씨 빠라 라쓰 디에쓰?

짐 찾으러 왔어요.
He venido a buscar mi maleta.
에 베니도 아 부스까르 미 말레따.

TIP 신용 카드와 여권

스페인에서 신용 카드로 결제할 경우 종종 신분증(여권)을 요구하는 경우가 있습니다. 물론 이는 복불복인지라 여행 중 여권 제시를 한 번도 하지 않거나 여권 사본으로도 가능한 경우도 있습니다. 카드 결제 시 낭패 보지 않도록 여권 소지에 신경 쓰세요.

DIÁLOGO 1

숙소 예약 관련

직원 안녕하세요. 플라자 호텔에 오신 것을 환영합니다. 어떻게 도와 드릴까요?	**Buenos días. Bienvenidos al hotel Plaza. ¿En qué le puedo ayudar?** 부에노쓰 디아쓰. 비엔베니도쓰 알 오뗄 쁠라싸. 엔 께 레 뿌에도 아유다르?
나 김진우 이름으로 더블룸을 예약했습니다.	**He reservado una habitación doble a nombre Kim-Jinu.** 에 레쎄르바도 우나 아비따씨온 도블레 아 놈브레 김진우
직원 네, 103호입니다. 여기 키 카드 있습니다.	**Sí, es la habitación 103. Aquí está su llave.** 씨, 에쓰 라 아비따씨온 씨엔또 뜨레쓰. 아끼 에스따 쑤 야베.
나 감사합니다. 제 방으로 짐을 옮겨 주시겠어요?	**Muchas gracias. ¿Pueden llevarme las maletas a la habitación?** 무차쓰 그라씨아쓰. 뿌에덴 예바르메 라쓰 말레따쓰 아 라 아비따씨온?

나 예약을 변경하고 싶습니다.	**Desearía cambiar la reserva, por favor.** 데쎄아리아 깜비아르 라 레쎄르바, 뽀르 파보르.
직원 어떻게 변경하시겠어요?	**¿Cómo lo quiere cambiar?** 꼬모 로 끼에레 깜비아르?
나 다음 주 월요일에서 화요일로 바꾸고 싶습니다.	**Quiero cambiar del lunes al martes.** 끼에로 깜비아르 델 루네쓰 알 마르떼쓰.
직원 알겠습니다.	**Muy bien.** 무이 비엔.

3

직원 안녕하십니까, 고객님. 무엇을 도와 드릴까요?

나 다니엘이라고 합니다. 체크인 하려는데요.

Buenos días, ¿en qué le puedo ayudar?
부에노쓰 디아쓰. 엔 께 레 뿌에도 아유다르?

Mi nombre es Daniel. Quiero hacer el check-in.
미 놈브레 에쓰 다니엘. 끼에로 아쎄르 엘 체크인.

직원 다니엘 씨, 예약하셨나요?

Sr. Daniel, ¿tiene reserva?
세뇰 다니엘, 띠에네 레쎄르바?

나 네, 예약 확인을 받았어요. 예약 확인 번호가 76539번이에요.

Sí, he recibido la confirmación de la reserva. El número de la reserva es el 76539.
씨, 에 레씨비도 라 꼰피르마씨온 데 라 레쎄르바. 엘 누메로 데 라 레쎄르바 에쓰 엘 씨에떼. 쎄이쓰, 씬꼬, 뜨레스, 누에베.

직원 죄송하지만, 예약이 취소되었네요.

나 뭐라고요? 뭔가 착오가 있는 것 같은데요.

Perdone, pero su reserva está cancelada.
뻬르도네, 뻬로 쑤 레쎄르바 에스따 깐쎌라다.

¿Cómo? Creo que hay una equivocación.
꼬모? 끄레오 께 아이 우나 에끼보까씨온.

직원 손님께서 정오에 도착 예정이라고 하셨는데, 연락 없이 많이 늦으셔서 취소되었네요.

Como usted ha dicho que llegaría al mediodía y no hemos tenido ninguna información hasta ahora, la reserva se ha cancelado.
꼬모 우스뗃 아 디초 께 예가리아 알 메디오디아 이 노 에모쓰 떼니도 닌구나 인포르마씨온 아스따 아오라, 라 레쎄르바 쎄 아 깐쎌라도.

나 죄송해요. 연락할 상황이 안됐어요. 다시 예약 가능한가요?

Lo siento, pero no podía informarle. ¿Es posible hacer la reserva de nuevo?
로 씨엔또, 뻬로 노 뽀디아 인포르마를레. 에쓰 뽀씨블레 아쎄르 라 레쎄르바 데 누에보?

직원 네, 확인해 보겠습니다.

Sí, voy a mirarlo.
씨, 보이 아 미라를로.

체크인 문의

나 일찍 체크인해도 되나요? 확인해 주시겠어요?

¿Se puede adelantar el check-in? ¿Podría confirmármelo?
쎄 뿌에데 아델란따르 엘 체크인? 뽀드리아 꼰피르마르멜로?

직원 일찍 체크인 가능한지 확인해 볼게요.

Voy a verificar si es posible.
보이 아 베리피까르 씨 에쓰 뽀씨블레.

CHAPTER 4 | Alojamiento

CHECK IT OUT ❶ | 숙박의 모든 것

스페인과 중남미의 다양한 숙소 종류와 숙소 이용 팁을 공유합니다. 나라(도시)와 숙박 형태에 따라 약간의 차이는 있겠지만 전세계 숙소 규정은 비슷하니 다음 정보를 잘 알아 두시기 바랍니다.

숙박 시설 종류

스페인과 중남미의 다양한 숙소/여행 종류와 그 명칭에 대해 알아봅시다. (ⓢ는 유럽 스페인)

Hotel (H)	호텔; 고급 숙박 시설로 숙소에 머무를 동안 시설과 도구 등이 모두 구비. 별등급에 따라 서비스와 시설 정도가 차이가 난다.
Hotel Residencia (HR)	레지던스 호텔; 호텔식 서비스가 제공되는 숙박(주거) 시설로 장기 체류에 적합하다. (레스토랑이 없을 수도 있음)
Paradores ⓢ	스페인에서 인기 있는 숙소로 고성을 개조한 호텔 형태. 국가에서 운영한다.
Pensión	펜션/여관; 소규모의 개인이 운영하는 여관, 하숙집
Villa ⓢ	빌라; 테라스, 정원, 풀장 등이 갖춰진 고급 가정집
Hostal (Hs)	장기 체류 여행자들이 머무는 하숙, 기숙사(보딩하우스)로 호텔보다 시설과 서비스가 간소화, 저렴하다.
Pensión (P) / Fonda (F) ⓢ Casa de Huéspedes (CH) ⓢ	게스트하우스; 민박, 개인 가정 일부를 여행자 숙소로 제공한다.
Albergue para jóvenes	유스호스텔; 배낭여행자에게 인기 있는 비교적 저렴한 형태의 도미토리 형태의 숙소, 청소년들의 수련회 장소로도 쓰인다.
Casas rurales ⓢ	도시 외곽이나 농장 등 풍광이 좋은 입지에 위치한 숙소이다. 조용하고 현지인, 현지 음식을 즐기고자 하는 여행객에게 인기 있다.
Viaje de mochilero / Mochilero	배낭여행(backpacking) / 배낭여행자(backpacker)

＊위의 숙소 외에도 개인 주거지를 여행자에게 빌려주는 '에어비앤비(airbnb)'도 인기 있습니다. 홈페이지나 스마트폰 앱에 자기 집 정보를 올리면 이용자는 호텔보다 비교적 저렴한 가격에 편히 이용할 수 있습니다.

KEY CHECK 2

1. 룸서비스 이용

방에서 편하게 식사하기, 룸서비스

호텔 방에서 편하고 여유 있게 식사하고 싶다면 룸서비스를 이용해 보세요. 호텔에서 제공하는 최고급 서비스 중 하나이죠. 호텔 내 레스토랑이 문을 닫은 늦은 시간에도 이용할 수 있지만 편한 만큼 가격이 높다는 게 함정!

❶ 룸서비스 이용

룸서비스가 있습니까?
¿Tiene servicio de habitación?
띠에네 쎄르비씨오 데 아비따씨온?

룸서비스는 몇 시에 끝납니까?
¿A qué hora termina el servicio de habitación?
아 께 오라 떼르미나 엘 쎄르비씨오 데 아비따씨온?

물과 얼음을 갖다 주세요.
Necesito agua con hielo, por favor.
네쎄씨또 아구아 꼰 이엘로, 뽀르 파보르.

음료가 무료인가요?
¿La bebida es gratis?
라 베비다 에쓰 그라띠쓰?

비용은 제 방으로 달아 주세요.
Quiero la cuenta a mi habitación, por favor.
끼에로 라 꾸엔따 아 미 아비따씨온, 뽀르 파보르.

제 방은 205호입니다.
Mi habitación es la 205.
미 아비따씨온 에쓰 엘 도스씨엔또쓰 씬꼬.

② 룸서비스가 왔을 때

누구세요?
¿Quién es?
끼엔 에쓰?

잠시만요.
Un momento.
운 모멘또.

들어 오세요.
Adelante.
아델란떼.

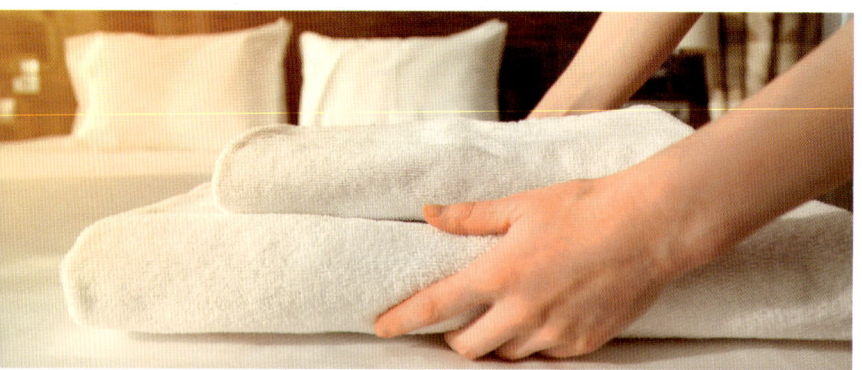

2. 서비스 요청

숙소 서비스 요청하기

호텔이나 게스트하우스 같은 숙소에는 다양한 서비스가 제공됩니다. 수건 등의 객실 물품 요청부터 모닝콜, 와이파이 등의 서비스가 있죠. 필요한 서비스가 있을 때는 당당하게 요청하고 최대한의 편의를 누리시길 바랍니다.

❶ 물품·정보 요청

담요[수건] 한 장 더 주시겠어요?
Por favor, ¿puede darme otra manta[una toalla]?
뽀르 파보르, 뿌에데 다르메 오뜨라 만따[우나 또아야]?

비누[베개/컵] 더 주시겠어요?
Por favor, ¿puede darme otro jabón[otra almohada/un vaso]?
뽀르 파보르, 뿌에데 다르메 오뜨로 하본[오뜨라 알모아다/운 바쏘]?

옷 세탁 장소는 어디예요? / 세탁소는 어디에 있나요?
¿Dónde puedo lavar la ropa? / ¿Dónde está la lavandería[el tinte]?
돈데 뿌에도 라바르 라 로빠? / 돈데 에스따 라 라반데리아[엘 띤떼]?

화장실[식당]이 어디예요?
¿Dónde está el baño[restaurante]?
돈데 에스따 엘 바뇨[레스따우란떼]?

❷ 모닝콜·콜택시 요청

7시에 모닝콜 해 주세요.
Por favor, despiérteme a las 7.
뽀르 파보르, 데스삐에르떼메 아 라쓰 씨에떼.

택시 타는 곳이 어디에 있죠?
¿Dónde está la parada de taxis?
돈데 에스따 라 빠라다 데 딱씨쓰?

9시에 택시를 불러 주시겠어요?
¿Podría pedirme un taxi para las 9?
뽀드리아 뻬디르메 운 딱씨 빠라 라쓰 누에베?

공항 리무진 버스 시간표 알려 주시겠어요?
¿Me puede informar sobre el horario de autobús del aeropuerto?
메 뿌에데 인포르마르 쏘브레 엘 오라리오 데 아우또부쓰 델 아에로뿌에르또?

---

③ 무선 인터넷 • 전화 문의

프런트 데스크죠? 컨시어지로 연결해 주시겠어요?
¿Es la recepción? Podría hablar con el concerge, por favor?
에쓰 라 레쎕씨온? 뽀드리아 아블라르 꼰 엘 꼰쎄르헤, 뽀르 파보르?

로비에서 무선 인터넷을 쓸 수 있나요?
¿Se puede utilizar el Wi-Fi en el lobby?
쎄 뿌에데 우띨리싸르 엘 위-피 엔 엘 로비?

와이파이 비밀번호가 뭔가요?
¿Cuál es el número secreto del Wi-Fi?
꾸엘 에쓰 엘 누메로 쎄끄레또 델 위-피?

외부와 통화하려면 몇 번을 눌러야 하죠?
¿Qué número debo marcar para llamar fuera del hotel?
께 누메로 데보 마르까르 빠라 야마르 푸에라 델 오뗄?

외부통화[국제통화] 요금이 발생하나요?
¿Cuál es el precio para llamadas externas[internacionales]?
꾸알 에쓰 엘 쁘레씨오 빠라 야마다쓰 엑쓰떼르나쓰[인떼르나씨오날레쓰]?

DIÁLOGO 2

룸서비스 이용하기

룸서비스 룸서비스입니다. 뭘 도와 드릴까요?

Servicio de habitación, ¿en qué puedo ayudarle?
쎄르비씨오 데 아비따씨온, 엔 께 뿌에도 아유다를레?

나 네, 302호인데요. 지금 아침 식사를 주문해도 되는지 궁금해서요.

Sí, es la habitación 302. ¿Puedo pedir ahora el desayuno?
씨, 에쓰 라 아비따씨온 뜨레스씨엔또쓰 도쓰. 뿌에도 뻬디르 아오라 엘 데싸유노?

룸서비스 네, 물론이죠. 어떤 걸 드시겠어요?

Sí, por supuesto. ¿Qué desea pedir?
씨, 뽀르 수뿌에스또. 께 데쎄아 뻬디르?

나 아침 식사를 하고 싶어요. 오렌지 주스, 베이컨을 곁들인 달걀 두 개, 토스트와 커피요.

Quiero un desayuno. Zumo de naranja, bacon con 2 huevos, tostada y café, por favor.
끼에로 운 데싸유노. 쑤모(후고) 데 나란하, 베이꼰 꼰 도쓰 우에보쓰, 또스따다 이 까페, 뽀르 파보르.

▶ 주스는 스페인에서는 **zumo**, 중남미에서는 **jugo**로 표현

룸서비스 달걀은 어떻게 해 드릴까요?

¿Cómo quiere los huevos?
꼬모 끼에레 로쓰 우에보쓰?

나 달걀 프라이[스크램블]로 해 주세요.

Huevos fritos, por favor.
우에보쓰 프리또쓰. 뽀르 파보르.

룸서비스 그게 다인가요?

¿Eso es todo?
에소 에쓰 또도?

나 네, 다입니다. 얼마나 걸리나요?

Sí, es todo. ¿Cuánto tarda?
씨, 에쓰 또도. 꾸안또 따르다?

룸서비스 15분 정도입니다. 주문하신 걸 최대한 빨리 올려 드리겠습니다.

Unos 15 minutos. Tardaremos lo menos posible.
우노쓰 낀쎄 미누또쓰. 따르다레모쓰 로쓰 메노쓰 뽀씨블레.

KEY **CHECK** 3

숙소 관련 요청·문의

해결 못하면 신경 쓰이는 문제들

숙소를 이용하다 보면 크고 작은 문제를 겪을 수 있습니다. 예를 들면 머무르는 방의 청결, 기기 고장 문제 등이 있겠죠. 비싼 돈을 지불하고 불편함을 감수할 것인가, 불편함을 명확하게 표현하고 합당한 서비스를 받을지는 여러분의 선택입니다.

❶ 숙소에서 발생할 수 있는 각종 일들

직원 좀 보내 주시겠어요? 215호실입니다.
¿Puede enviar a alguien, por favor? Es la habitación 215.
뿌에데 엔비아르 아 알기엔, 뽀르 파보르? 에쓰 라 아비따씨온 도스씨엔또쓰 이 낀쎄.

방 청소를 하지 않은 것 같아요. 언제 오시나요?
Creo que no han limpiado la habitación. ¿Cuándo vienen?
끄레오 께 노 안 림삐아도 아 아비따씨온. 꾸안도 비에넨?

이것을 사용하는 방법을 모르겠어요. 알려 주세요.
No sé cómo se utiliza ésto. Explíquemelo, por favor.
노 쎄 꼬모 쎄 우띨리싸 에스또. 엑스쁠리께메로, 뽀르 파보르.

에어컨[히터/키/전등]이 작동이 안 돼요.
No funciona el aire acondicionado [la estufa/la llave/la luz].
노 푼씨오나 엘 아이레 아꼰디씨오나도[라 에스뚜파/라 야베/라 루쓰].

창문이 안 열려요.
La ventana no se abre.
라 벤따나 노 쎄 아브레.

너무 추워요[더워요].
Hace mucho frío[calor].
아쎄 무초 프리오[깔로르].

너무 밝아요. / 너무 어두워요.
Hay demasiada luz. / Es demasiado oscuro.
아이 데마씨아다 루쓰. / 에스 데마씨아도 오스꾸로.

너무 시끄러워요.
Hay mucho ruído.
아이 무초 루이도.

너무 비싸요.
Es demasiado caro.
에쓰 데마씨아도 까로.

열쇠를 방안에 두고 문을 닫았어요.
He cerrado la puerta con las llaves dentro.
에 쎄라도 라 뿌에르따 꼰 라쓰 야베쓰 덴뜨로.

방에서 열쇠를 잃어버렸어요.
He perdido la llave dentro de la habitación.
에 뻬르디도 라 야베 덴뜨로 데 라 아비따씨온.

② 욕실 문제

수도꼭지에서 물이 새요.
El grifo gotea.
엘 그리포 고떼아.

온수가 안 나와요.
No hay agua caliente.
노 아이 아구아 깔리엔떼.

CHAPTER 4 | Alojamiento **193**

배수구가 막혔어요.
El desagüe está atascado.
엘 데싸구에 에스따 아따스까도.

변기 물이 내려가지 않아요.
La cisterna no funciona.
라 씨스떼르나 노 푼씨오나.

변기가 더러워요.
El wáter está sucio.
엘 와떼르 에스따 쑤씨오.

DIÁLOGO 3

숙소 문제

나   실례합니다. 여기 407호인데요. 문제가 있어요.

Perdone. Llamo de la habitación 407. Tengo un problema.
뻬르도네. 야모 데 라 아비따씨온 꾸아뜨로씨엔또쓰 씨에떼. 뗑고 운 쁘로블레마.

직원   어떤 문제인가요?

Dígame, ¿cuál es el problema?
디가메, 꾸알 에쓰 엘 쁘로블레마?

나   여기 에어컨이 작동을 안 해요. 너무 덥고요. 거기에다 창문은 열리지도 않네요.

El aire acondicionado no funciona. Hace mucho calor y la ventana no se abre.
엘 아이레 아꼰디씨오나도 노 푼씨오나. 아쎄 무초 깔로르 이 라 벤따나 노 쎄 아브레.

직원   죄송합니다. 직원을 바로 보내겠습니다. *(잠시 후)*

Lo siento mucho, ahora mismo enviaremos a un técnico.
로 씨엔또 무초, 아오라 미쓰모 엔비아레모쓰 아 운 떼끄니꼬.

나   흠, 이 방에 문제가 많네요.

Hm, esta habitación tiene muchos problemas.
흠, 에스따 아비따씨온 띠에네 무초쓰 쁘로블레마쓰.

직원   불편하게 해서 죄송합니다.

Perdone las molestias.
뻬르도네 라쓰 몰레스띠아쓰.

나   아무래도 방을 바꿔야 할 것 같네요.

Me gustaría cambiar de habitación.
메 구스따리아 깜비아르 데 아비따씨온.

직원   프런트에 확인해서 알려 드리겠습니다. 잠시만 기다려 주세요.

Preguntaré en la recepción y se lo confirmo. Espere un momento, por favor.
쁘레군따레 엔 라 레쎕씨온 이 쎄 로 꼰피르모. 에스뻬레 운 모멘또, 뽀르 파보르.

체크아웃 계산서 문제

나	체크아웃 할게요. 키 여기 있어요.	**Quiero hacer el check-out. Aquí están las llaves.** 끼에로 아쎄르 엘 체크아웃. 아끼 에스딴 라쓰 야베쓰.
직원	감사합니다. 어떻게 계산하시겠어요?	**Muchas gracias. ¿Cómo quiere pagar?** 무차쓰 그라씨아쓰. 꼬모 끼에레 빠가르?
나	비자 카드로 계산할게요.	**Con tarjeta visa, por favor.** 꼰 따르헤따 비싸, 뽀르 파보르.
직원	네, 여기 서명해 주세요. 계산서 여기 있습니다.	**Sí, firme aquí, por favor. Aquí está la factura.** 씨, 피르메 아끼, 뽀르 파보르. 아끼 에스따 라 팍뚜라.
나	잠시만요, 그런데 이 요금은 뭔가요?	**Un momento, ¿me podría decir qué es ésto, por favor?** 운 모멘또, 메 뽀드리아 데씨르 께 에쓰 에스또, 뽀르 파보르?
직원	잠시만요, 미니바의 맥주 값입니다.	**A ver, es la cerveza del minibar.** 아 베르, 에쓰 라 쎄르베싸 델 미니바.
나	저는 맥주 마시지 않았어요.	**No he bebido la cerveza.** 노 에 베비도 라 쎄르베싸.
직원	다시 확인해 보겠습니다. 정말 죄송합니다. 실수했네요. 다시 계산해 드리죠. *(잠시 후)*	**Se lo confirmo ahora mismo. Lo siento mucho. Ha sido una equivocación. Le doy una nueva factura.** 쎄 로 꼰피르모 아오라 미쓰모. 로 씨엔또 무초. 아 씨도 우나 에끼보까씨온. 레 도이 우나 누에바 팍뚜라.
나	이제 맞네요. 감사합니다.	**Creo que está bien. Muchas gracias.** 끄레오 께 에스따 비엔. 무차쓰 그라씨아쓰.
직원	다시 죄송한 말씀 드립니다.	**Lo siento mucho por la equivocación.** 로 씨엔또 무초 뽀르 라 에끼보까씨온.

CHECK IT OUT ③ | 체크인·체크아웃 팁

체크인할 때
- 숙소마다 다르지만 보통 14시 이후에 체크인이 가능
- 체크인 시 바우처를 보여 주고, 신분증(여권)을 제시
- 거의 모든 숙소에서는 체크인 시 현금이나 신용 카드로 보증금(garantía; deposit)을 결제해야 하는데, 이는 체크아웃 시 환불이 가능
- 조식이 포함된 경우 쿠폰을 받게 되고 무료 지도나 무선 인터넷 정보는 요청 시 받을 수 있음
- 주변의 식당이나 관광지 정보 등도 같이 확인하면 좋음
- 숙소 이용에 대한 간단한 설명을 듣고 방 배정을 받는데 방에 이상이 있을 때 변경을 요청할 수 있음

숙박하면서
- 메이드(maid)들이 주로 오전에 청소를 하는데, 방해받지 않고 쉬고 싶다면 방에 비치된 'No Moleste (Do Not Disturb; 방해하지 마세요)' 팻말을 방문 손잡이에 걸어 두면 됨
- 방 청소에 대한 팁은 매일 외출 시 침대 옆에 한화 1~2천 원 정도의 소액을 현지 화폐로 올려 두는 것이 좋음

체크아웃할 때
- 12시 전후로 체크아웃해야 하며, 늦게 체크아웃을 하는 경우 추가 요금이 발생할 수 있음
- 미니바나 룸서비스, 유료 채널(보통은 성인 방송) 이용 부분을 확인하고, 체크아웃 시에 정산해야 함. 보증금에서 제하고 돌려받는 것이 일반적임
- 집기가 파손되었거나 옷걸이, 수건 등을 가지고 나가는 경우에도 체크아웃 시 정산해야 함
- 체크아웃 후에 호텔에 짐을 맡기고 나중에(당일) 찾아갈 수 있음

여행 안심 패스
VOCA BOX 4

숙소 관련 어휘

숙소

TV televisión
뗄레비씨온

계단 escalera
에스깔레라

계산서 cuenta
꾸엔따

다리미 plancha
쁠란차

담요 manta
만따

더블룸 habitación doble
아비따씨온 도블레

더블베드
cama de matrimonio / cama doble
까마 데 마뜨리모니오 / 까마 도블레

두루마리 화장지 papel higiénico
빠뻴 이히에니꼬

라운지 lobby
로비

레스토랑 restaurante
레스따우란떼

룸서비스 servicio de habitación
쎄르비씨오 데 아비따씨온

리셉션 recepción
레쎕씨온

매니저 gerente
헤렌떼

매트리스 colchón
꼴촌

바 bar
바

발코니 terraza
떼라싸

방번호 número de la habitación
누메로 데 라 아비따씨온

베개 almohada
알모아다

변기 váter
바떼르 (wáter 와떼르)

부엌 cocina
꼬씨나

불만 reclamación
레끌라마씨온

비누 jabón
하본

비상계단 escalera de emergencia
에스깔레라 데 에메르헨씨아

비상구(화재 대피구) salida de incendios
쌀리다 데 인쎈디오쓰

샤워 ducha
두차

샤워캡 gorro de ducha
고로 데 두차

샴푸 champú
참뿌

선풍기 ventilador
벤띨라도르

세면기 lavabo
라바보

세탁 서비스 servicio de lavandería /
servicio de tintorería
쎄르비씨오 데 라반데리아 / 쎄르비씨오 데 띤또레리아

수도꼭지 grifo
그리포
수영장 piscina
삐스씨나
숙박 alojamiento
알로하미엔또
슬리퍼 zapatillas
싸빠띠야쓰
싱글룸 habitación individual
아비따씨온 인디비두알
싱글베드 cama individual
까마 인디비두알

온수(뜨거운 물) agua caliente
아구아 깔리엔떼
욕실(화장실) baño
바뇨
욕조 bañera
바녜라
웨이터, 웨이트리스 camarero / camarera
까마레로 / 까마레라
조식(아침 식사) desayuno
데싸유노
저녁 식사 cena
쎄나

씻다 lavar
라바르
안전 seguridad
쎄구리닫
금고 caja fuerte
까하 푸에르떼
에어컨 aire acondicionado
아이레 아꼰디씨오나도
엘리베이터 ascensor
아스쎈쏘르
영수증 recibo
레씨보
예약 reserva
레쎄르바
오션뷰 vista al mar
비스따 알 마르

점심 almuerzo
알무에르쏘
짐 equipaje / maleta
에끼빠헤 / 말레따
창문 ventana
벤따나
치약 pasta dentrífica / pasta dental
빠스따 덴뜨리피까 / 빠스따 덴딸
침대 시트 sábana
싸바나
이불 edredón
에드레돈
칫솔 el cepillo de dientes
엘 쎕삘요 데 디엔떼쓰
카드 키 tarjeta / llave
따르헤따 / 야베

키(열쇠) llave
야베

타월 toalla
또아야

트윈룸
habitación con cama de matrimonio
아비따씨온 꼰 까마 데 마뜨리모니오

팁 propina
쁘로삐나

헤어드라이어 secador de pelo
쎄까도르 데 뻴로

호텔 접수원 recepcionista
레쎕씨오니스따

히터 calefacción
깔레팍씨온

5

여행지에서 밥 먹기

여행 중에 이국적인 분위기의 카페에서 마시는 커피 한 잔, 떠난 자만이 누릴 수 있는 특권이죠. 여행이 주는 또 다른 선물은 이국적인 맛의 음식입니다. 보기에도 먹음직스럽게 선홍색이 돌 정도로 익힌 스테이크는 어떻게 주문하는지, 한국인들이 좋아하는 스페인, 중남미 음식 모두 섭렵해보세요. 동네에서 즐기듯 현지 맛집에서의 점심 한 끼, 여행의 또 다른 즐거움을 채워 주는 표현들을 알아봅시다.

Saliendo a comer

KEY **CHECK** 1

식당 예약

잘 먹는 것도 여행의 일부

잘 먹은 한 끼가 여행을 더욱 만족스럽게 만들어주는 법. 여행 루트를 따라 유명한 맛집을 찾아가 보는 것도 좋은 추억이 될 거예요. 단, 소문난 잔치에 먹을 것 없다고 유명하긴 한데 비싸고 사람 많고 불친절한 식당들도 많으니 반드시 리뷰를 찾아 읽고 가세요.

① 식당 찾기

필요한 문장에
표시해보세요!

레스토랑[카페/바]을 추천해 주시겠어요?
¿Puede recomendarme un restaurante[un café/un bar]?
뿌에데 레꼬멘다르메 운 레스따우란떼[운 까페/운 바]?

간단한(저렴한) 식사를 하려면 어디를 가나요?
¿En dónde podría comer a buen precio?
에쓰 돈데 뽀드리아 꼬메르 아 부엔 쁘레씨오?

근처에 채식주의 식당이 있나요?
¿Hay algún restaurante vegetariano por aquí?
아이 알군 레스따우란떼 베헤따리아노 뽀르 아끼?

② 예약하기

오늘 저녁 식사를 예약하려고요.
Quiero hacer una reserva para cenar.
끼에로 아쎄르 우나 레쎄르바 빠라 쎄나르.

5명 자리 주세요.
Quisiera una mesa para 5, por favor.
끼씨에라 우나 메싸 빠라 씬꼬, 뽀르 파보르.

내일 저녁 8시에 3명 자리를 예약하려고요.
Quiero hacer una reserva para cenar mañana a las 8, para 3 personas.
끼에로 아쎄르 우나 레쎄르바 빠라 쎄나르 마냐나 아 라쓰 오초, 빠라 뜨레스 뻬르쏘나쓰.

킴이라는 이름으로 예약하고 싶어요.
Quiero hacer la reserva a nombre de Kim.
끼에로 아쎄르 라 레쎄르바 아 놈브레 데 킴.

7시 예약을 8시로 바꿔 주세요.
Quiero cambiar la reserva de las 8 a las 7.
끼에로 깜비아르 라 레쎄르바 데 라쓰 오초 아 라쓰 씨에떼.

대기자 명단에 올려 주실래요?
¿Puede apuntarme en la lista de espera, por favor?
뿌에데 아뿐따르메 엔 라 리스따 데 에스뻬라, 뽀르 파보르?

죄송하지만 오늘은 예약이 다 찼습니다.
Lo siento, pero está lleno.
로 씨엔또, 뻬로 에스따 예노.

몇 시 예약 원하시죠?
¿Para qué hora quiere la reserva?
빠라 께 오라 끼에레 라 레쎄르바?

성함이 어떻게 되시죠?
¿Cuál es su nombre?
꾸알 에쓰 쑤 놈브레?

몇 분 예약이세요?
¿Cuántas personas son?
꾸안따쓰 뻬르쏘나쓰 쏜?

③ 식당에서 자리 안내 받기

킴이라는 이름으로 2명 예약했어요.
He reservado a nombre de Kim para 2 personas.
에 레쎄르바도 아 놈브레 데 킴 빠라 도쓰 뻬르쏘나쓰.

자리가 있나요? 예약을 안 했어요.
¿Hay sitio? No he hecho reserva.
아이 씨띠오? 노 에 에초 레쎄르바.

2명 자리 부탁합니다.
Una mesa para 2, por favor.
우나 메싸 빠라 도쓰, 뽀르 파보르.

창가 자리 있나요?
¿Tiene una mesa junto a la ventana?
띠에네 우나 메싸 훈또 아 라 벤따나?

금연석[흡연석]으로 주세요.
Quisiera zona de no fumadores[fumadores], por favor.
끼씨에라 쏘나 데 노 푸마도레쓰[푸마도레쓰], 뽀르 파보르.

세 사람이 더 올 건데 5인 자리로 옮기면 좋겠어요.
Me gustaría cambiar a una mesa de 5, porque llegarán 3 personas más.
메 구스따리아 깜비아르 아 우나 메싸 데 씬꼬, 뽀르께 예가란 뜨레스 뻬르쏘나쓰 마쓰.

죄송합니다. 영업 끝났습니다.
Lo siento, está cerrado.
로 씨엔또, 에스따 쎄라도.

자리가 없습니다.
No tenemos mesa.
노 떼네모쓰 메싸.

20분 정도 대기하셔야 합니다.
Tiene que esperar unos 20 minutos.
띠에네 께 에스뻬라르 우노쓰 베인떼 미누또쓰.

자리가 날 때까지 기다리시겠어요?
¿Quiere esperar hasta que tengamos una mesa libre?
끼에레 에스뻬라르 아스따 께 뗑가모쓰 우나 메싸 리브레?

DIÁLOGO 1

식당 예약하기

나	오늘 저녁 7시에 4명 식사 예약 가능한가요?

¿Puedo hacer una reserva para esta noche a las 7, para 4 personas?
뿌에도 아쎄르 우나 레쎄르바 빠라 에스따 노체 아 라쓰 씨에떼, 빠라 꾸아뜨로 뻬르쏘나쓰?

종업원	네, 가능합니다. 성함이 어떻게 되시죠?
나	김미나예요.

Sí, es posible. ¿A nombre de quién?
씨, 에쓰 뽀씨블레. 아 놈브레 데 끼엔?

Mi nombre es Kim Mina.
미 놈브레 에쓰 김미나.

나	안녕하세요. 내일 저녁 8시에 2명 자리를 예약하고 싶어요.

Hola, quiero hacer una reserva para mañana a las 8, para 2 personas.
올라. 끼에로 아쎄르 우나 레쎄르바 빠라 마냐나 아 라쓰 오초. 빠라 도쓰 뻬르쏘나쓰.

종업원	죄송합니다. 내일 저녁에는 자리가 없습니다.
나	음, 그럼 대기자 명단에 올려 주실래요?
종업원	알겠습니다. 성함이 어떻게 되시죠?
나	제 이름은 미나이고요. 제 전화번호는 010-3322-5566입니다.

Lo siento, mañana por la noche no tenemos mesa libre.
로 씨엔또, 마냐나 뽀르 라 노체 노 떼네모쓰 메싸 리브레.

¿Me puede poner en lista de espera?
메 뿌에데 뽀네르 엔 리스따 데 에스뻬라?

Sí. ¿Cuál es su nombre?
씨, 꾸알 에쓰 쑤 놈브레?

Mi nombre es Mina. Mi número es 010-3322-5566.
미 놈브레 에쓰 미나. 미 누메로 에쓰 쎄로, 우노, 쎄로- 뜨레쓰, 뜨레쓰, 도쓰, 도쓰- 씬꼬, 씬꼬, 쎄이쓰, 쎄이쓰.

식당에서

종업원 안녕하세요. 저희 레스토랑을 찾아 주셔서 감사합니다. 예약하셨어요?

Buenas tardes. Bienvenidos a nuestro restaurante. ¿Tiene reserva?
부에나쓰 따르데쓰. 비엔베니도쓰 아 누에스뜨로 레스따우란떼. 띠에네 레쎄르바?
▶ 점심에는 **Buenas tardes**, 저녁에는 **Buenas noches**.

나 아니요.

No, no tengo.
노, 노 뗑고

종업원 몇 분이세요?

¿Cuántos son?
꾸안또쓰 쏜?

나 2명이요. 가능하면 창가 자리 부탁합니다.

Somos 2. Si es posible me gustaría una mesa al lado de la ventana, por favor.
쏘모쓰 도쓰. 씨 에쓰 뽀씨블레 메 구스따리아 우나 메싸 알 라도 데 라 벤따나, 뽀르 파보르.

종업원 네, 저를 따라오세요. 이 자리 괜찮으세요?

Sí, sígame por favor. ¿Le parece bien esta mesa?
씨, 씨가메 뽀르 파보르. 레 빠레쎄 비엔 에스따 메싸?

나 네, 좋아요.

Sí, muy bien.
씨, 무이 비엔.

CHECK IT OUT ❶ | 스페인과 중남미의 식당

간단하게 먹을 수 있는 간이 식당에서부터 분위기 있게 격식 있게 요리를 서비스 받는 고급 레스토랑까지 다양한 식당 종류와 스페인과 중남미 식당 이용 팁을 소개합니다.

식당의 종류

Restaurante	레스토랑
Café	고급 카페
Mesón, bar	주점, 바
Parador Posada Hostería	식당과 숙박을 겸하는 작은 호텔, 여인숙
Fonda	선술집, 싸구려 음식점, 주점 (주로 남미 국가)
Merendero, cafetería	관광지 등의 휴식처, 카페, 간식 먹는 곳
Casa de comidas	일반적인 스페인 가정식을 파는 대중식당

스페인과 중남미의 식당 이용

- 스페인에서는 어디든 팁이 포함되어 있지 않고(계산서에 팁이 포함되는 경우가 없음), 미국처럼 팁을 따로 주는 것이 보통입니다.
- 일부 남미 국가에서는 요리나 커피 같은 음료를 주문할 때 서비스 비용(tip)까지 포함되어 따로 주지 않아도 됩니다. 팁이 포함되지 않는 경우에는 음식값에 10%를 주면 됩니다.
- 아르헨티나, 칠레, 에콰도르, 콜롬비아 등의 중남미 국가에서도 팁을 줘야 합니다. 10~15% 팁을 주면 되고 마찬가지로 계산서에 팁이 포함될 수도 있으니 그 경우 따로 안 주셔도 됩니다.
- 메뉴는 식당 밖이나 창가에 전시되어 있으니 요리가 궁금하면 전시된 요리를 살펴보세요.
- 스페인에서는 식당 문을 여는 시간이 (식당마다 차이는 있으나) 일반적으로 점심은 오후 2시부터 4시 반, 저녁은 9시부터 11시 반 정도까지 입니다. 그래서 점심 전 출출할 때는 가볍게 타파스(tapas)를 먹을 수 있습니다. 외국인 관광객들이 많은 곳의 식당이나 바는 온종일 오픈합니다.
- 중남미, 특히 아르헨티나의 식당이나 카페에서 웨이터/웨이트리스를 재촉하지 마세요. 한국에서처럼 손을 높이 드는 것도 이곳에서는 좋은 매너가 아닙니다. 메뉴를 고른 후 메뉴판을 덮어놓으면 기다리던 웨이터가 다가옵니다. 다소 답답하더라도 천천히 식사를 기다리며 최대한 예의를 갖춰 그들을 대한다면 좋은 서비스를 받을 수 있습니다.
- 스페인에서는 종업원을 부를 때 중남미처럼 '웨이터'라고 하지 않습니다. 보통 'please' 즉 'por favor'이라고 말합니다.

KEY CHECK 2

음식 주문하기

음식 주문하기

식당에 자리 잡고 앉아서 메뉴판을 손가락으로 가리키며 "이거, 저거요" 하고 주문할 수도 있어요. 물론 그걸로도 충분합니다! 하지만 스페인어 한마디 하고 싶다면, 다음과 같이 말해 보는 게 어떨까요?

1 메뉴 고르기

뭘 추천해 주시겠어요?
¿Qué me recomienda?
께 메 레꼬미엔다?

배고파 죽겠어요!
¡Tengo mucha hambre!
뗑고 무차 암브레!

이 식당의 특선 요리가 있나요?
¿Cuál es la especialidad de la casa?
꾸알 에쓰 라 에스뻬씨알리닫 데 라 까싸?

이 지방 명물 음식을 먹고 싶어요.
Quisiera un plato típico de este sitio.
끼씨에라 운 쁠라또 띠삐꼬 데 에스떼 씨띠오.

메뉴판 부탁합니다.
El menú, por favor. / La carta, por favor.
엘 메누, 뽀르 파보르. / 라 까르따, 뽀르 파보르.

영어로 된 메뉴판 있나요?
¿Tiene menú en inglés? / ¿Tiene la carta en inglés, por favor?
띠에네 메누 엔 인글레쓰? / 띠에네 라 까르따 엔 인글레쓰, 뽀르 파보르?

(메뉴를 가리키며) 여기서 뭐가 더 낫나요? (뭐가 더 맛있나요?)
¿Cuál es mejor?
꾸알 에쓰 메호르?

그것은 준비하는 데 오래 걸리나요?
¿Tardan mucho en prepararlo?
따르단 무초 엔 쁘레빠라를로?

잠시만요. (조금만 기다려 주세요.)
Un momento, por favor.
운 모멘또, 뽀르 파보르.

우리는 결정하는데 시간이 더 필요해요.
Necesitamos más tiempo para decidirlo.
네쎄씨따모쓰 마쓰 띠엠뽀 빠라 데씨디를로.

주문할게요. / 주문할 준비됐어요.
Quisiera pedir. / Estamos listos para pedir.
끼씨에라 뻬디르. / 에스따모쓰 리스또쓰 빠라 뻬디르.

무엇을 드시겠어요?
¿Qué desea comer?
께 데세아 꼬메르?

무슨 음료 드시겠어요?
¿Qué desea tomar[beber]?
께 데세아 또마르[베베르]?

주문하시겠어요?
¿Qué desea pedir?
께 데세아 뻬디르?

식사 맛있게 하세요.
¡Buen provecho!
부엔 쁘로베초!

❷ 이것저것 요청하기

죄송한데, 주문을 지금 바꿀 수 있나요?
Perdone, ¿puedo cambiar lo que he pedido?
뻬르도네, 뿌에도 깜비아르 로 께 에 뻬디도?

미안해요. 제가 급해서요. 식사가 얼마나 걸리죠?
Lo siento. Tengo prisa. ¿Cuánto puede tardar?
로 씨엔또. 뗑고 쁘리싸. 꾸안또 뿌에데 따르다르?

우리는 서둘러야 해요
Tenemos prisa.
떼네모쓰 쁘리싸.

어린이 메뉴 있나요?
¿Tiene menú para niños?
띠에네 메누 빠라 니뇨쓰?

셀프서비스인가요?
¿Esto es autoservicio?
에스또 에쓰 아우또쎄르비씨오?

음료만 주문할게요.
Sólo voy a pedir bebida.
쏠로 보이 아 뻬디르 베비다.

이것은 주문하지 않았어요.
Esto no lo he pedido.
에스또 노 로 에 뻬디도.

컵[접시] 가져다주세요.
Nos puede traer un vaso[un plato], por favor.
노쓰 뿌에데 뜨라에르 운 바쏘[운 쁠라또], 뽀르 파보르.

빵 좀 더 주시겠어요?
¿Me puede traer más pan, por favor?
메 뿌에데 뜨라에르 마쓰 빤, 뽀르 파보르?

여기요, 토마토소스 좀 더 주실래요?
Por favor, ¿me puede traer más salsa de tomate?
뽀르 파보르, 메 뿌에데 뜨라에르 마쓰 쌀싸 데 또마떼?

음식이 식었어요. 이거 데워 주시겠어요?
Se ha quedado frío. ¿Me lo puede calentar un poco, por favor?
쎄 아 께다도 프리오. 메 로 뿌에데 깔렌따르 운 뽀꼬, 뽀르 파보르?

후추 있나요?
¿Tiene pimienta?
띠에네 삐미엔따?

▶ 소금 **sal** 쌀 / 케첩(토마토소스) **salsa de tomate** (**ketchup**) 쌀싸 데 또마떼(께춥) / 칠리소스 **salsa de guindilla** 쌀싸 데 긴디야

맛있게 드세요!
¡Buen provecho!
부엔 쁘로베초!

식사 어떠세요? / 괜찮으세요?
¿Cómo está todo? / ¿Todo bien?
꼬모 에스따 또도? / 또도 비엔?

음료 더 드릴까요?
¿Quiere alguna bebida más?
끼에레 알구나 베비다 마쓰?

3 음식에 대해 묻기

어떤 재료가 들어가요?
¿Qué ingredietes lleva?
께 인그레디엔떼쓰 예바?

이 요리는 어떻게 만들어요?
¿Cómo se hace esta comida?
꼬모 쎄 아쎄 에스따 꼬미다?

기름에 튀긴 건가요?
¿Está frito?
에스따 프리또?

이 요리는 어떻게 먹죠?
¿Cómo se come esta comida?
꼬모 쎄 꼬메 에스따 꼬미다?

이 요리와 가장 잘 어울리는 와인은 어떤 거예요?
¿Qué vino me recomienda para este plato?
께 비노 메 레꼬미엔다 빠라 에스떼 쁠라또?

이것은 돼지고기와 채소를 다져서 튀긴 거예요.
Esta comida es una fritura de cerdo y verduras.
에스따 꼬미다 에쓰 우나 프리뚜라 데 쎄르도 이 베르두라쓰.

이 소스에 찍어 드세요.
Tómelo con esta salsa.
또메로 꼰 에스따 쌀싸.

4 맛 평가하기

이 요리 정말 맛있네요.
¡Está buenísimo! / Estuvo delicioso. / ¡Que rico! / ¡Delicioso! / ¡Muy sabroso!
에스따 부에니씨모! / 에스뚜보 델리씨오쏘. / 께 리꼬! / 델리씨오쏘! / 무이 싸브로쏘!

최고예요.
Esto está exquisito.
에스또 에스따 엑쓰끼씨또.

배 부르네요.
Estoy lleno(a).
에스또이 예노(나).

그냥 그랬어요.
Así así.
아씨 아씨.

5. 타파스(Tapas) 먹을 때

(가리키며) 이것은 얼마죠?
¿Cuánto cuesta ésto?
꾸안또 꾸에스따 에스또?

(가리키며) 저것 주세요.
Déme eso, por favor.
데메 에쏘. 뽀르 파보르.

미니 샌드위치 한 접시 주세요.
Déme una plato de canapés variados, por favor.
데메 우나 쁠라또 데 까나뻬쓰 바리아도쓰. 뽀르 파보르.

먹은 게 모두 얼마죠?
¿Cuánto le debo? (스페인) / **¿Cuánto es todo?** (중남미)
꾸안또 레 데보? / 꾸안또 에쓰 또도?

영수증 주세요.
La cuenta, por favor.
라 꾸엔따. 뽀르 파보르.

DIÁLOGO 2

음식 주문하기

종업원 주문하시겠어요?

¿Qué quiere pedir?
께 끼에레 뻬디르?

나 네, 스테이크 주세요. 웰던으로요. 그리고 구운 감자와 샐러드 주문할게요.

Sí, un filete, por favor. Bien hecho. También quiero patata asada y una ensalada.
씨, 운 필레떼, 뽀르 파보르. 비엔 에초. 땀비엔 끼에로 빠따따 아싸다 이 우나 엔쌀라다.

종업원 다 되셨나요? 음료는 뭐로 하시겠어요?

¿Algo más? ¿Qué quiere beber?
알고 마쓰? 께 끼에레 베베르?

나 하우스 와인 한 잔 주세요.

Una copa de vino de la casa, por favor.
우나 꼬빠 데 비노 데 라 까사, 뽀르 파보르.

종업원 식사 어떠세요?

¿Qué tal la comida?
께 딸 라 꼬미다?

나 정말 맛있네요 소문대로예요.

Muy bueno todo. Como me habían dicho.
무이 부에노 또도. 꼬모 메 아비안 디초.

종업원 감사합니다. 더 필요한 것 없으세요?

Muchas gracias. ¿Necesita algo más?
무차쓰 그라씨아쓰. 네쎄씨따 알고 마쓰?

나 빵 더 주시겠어요?

¿Me puede dar más pan, por favor?
메 뿌에데 다르 마쓰 빤, 뽀르 파보르?

CHECK IT OUT ❷ | 스페인과 중남미의 인기 요리

스페인의 인기 요리

스페인은 농축산물과 수산 자원이 풍부해 축복받은 나라라고들 하죠. 한국에도 스페인 음식점이 많이 생겨서 사람들이 즐겨 먹고 관심도 높아졌는데요. 스페인의 대표 음식과 간식을 소개합니다.

- 타파스(Tapas): 가볍게 식욕을 돋우어 주는 애피타이저로 빵 위에 고기, 생선, 다양한 채소를 얹어 작은 접시에 소량으로 제공됩니다. 스페인의 식사 시간은 한국과는 다르게 점심은 1, 2시부터, 저녁은 밤 9시나 돼서 시작하는 식당이 많아서 약간 출출한 오후, 간단한 간식 혹은 한 끼로 즐길 수 있습니다.
- 가스파초(Gazpacho): 무더운 더위를 식힐 수 있는 스페인의 대표 여름 수프입니다. 토마토, 오이, 파프리카, 양파, 마늘 등을 갈고 핫소스 등을 가미하여 시원, 매콤하게 즐길 수 있습니다.
- 빠에야(Paella): 고기, 해산물, 채소 등을 넣은 스페인의 대표 쌀요리로 고가의 향신료(샤프란)를 넣어 독특한 향과 노란색을 띕니다.

- 꼬치닐료(Chochinillo): 갓 태어난 새끼돼지구이 요리로 스페인 전역에서 즐길 수 있지만, 특히 세고비아에 구이 요리사(전문가)들이 모여 있어 세고비아 꼬치닐료의 명성은 아주 높습니다.
- 하몽(Jamón): 돼지 뒷다리를 소금에 절여 오래 숙성(건조)시킨 햄으로 술과 함께 안주로 슬라이스 해서 먹거나 타파스(샌드위치)에 곁들여 먹기도 합니다.
- 추로스(Churros): 밀가루 반죽을 막대 모양으로 길게 만들어 기름에 튀긴 인기 간식입니다. 설탕(시나몬 가루)을 뿌리거나 초콜릿에 찍어 먹을 수 있습니다.

중남미의 인기 요리

스페인과 마찬가지로 중남미 또한 넓은 대륙과 그것을 둘러싼 바다, 기후 등 최적의 조건으로 육류, 해산물, 신선한 채소를 재료로 한국인 입맛에 맞는 다양한 요리가 많습니다. 우리에게 익숙한 멕시코의 타코를 비롯해 이색 중남미 요리를 소개합니다.

- 타코(Taco): 옥수수 가루를 반죽하여 만든 또르띠야(tortilla)에 고기, 채소, 치즈 등을 넣고 튀기거나 전병처럼 싸서 먹는 멕시코 음식으로 퀘사딜라(quesadilla), 파히타(pajita) 등 종류가 다양합니다.
- 아사도(Asado): 질 좋고 가격까지 착한 아르헨티나 쇠고기 바비큐 요리로 쇠고기의 각종 부위와 소시지, 채소 등을 곁들여 천천히 구워 먹습니다.
- 꾸란또(Curanto): 생선, 조개 등의 다양한 해산물과 닭고기, 양고기, 쇠고기 그리고 채소를 넣어 푹 삶은 (한국으로 치면) 칠레식 해물찜(해물탕) 요리입니다. 육류와 해산물의 독특한 조합으로 맛과 영양이 풍부한 요리입니다.

- 꾸이(Cuy): 맛도 맛이지만 꽤 충격적인 비주얼로 유명한 요리로 페루를 비롯해 중남미(에콰도르, 콜롬비아 등) 전반에서 인기가 높습니다. 모르모트라고 하는 기니피그의 내장을 빼고 굽거나 튀기는데 통닭 맛과 비슷합니다.
- 안띠꾸초(Anticucho): 소염통(심장)을 꼬챙이에 끼워 숯불에 구워 먹는 페루와 볼리비아의 인기 요리로 고소한 감자를 곁들여 먹습니다. 소염통 외에도 닭과 생선, 알파카도 사용합니다.
- 세비체(Cebiche): 신선한 생선을 작게 썰어 레몬, 라임즙에 절이고 다양한 채소와 함께 먹는 페루 요리입니다. 볼리비아, 멕시코 등에서도 다양하게 세비체를 즐겨 먹습니다. 생선회를 즐겨 먹는 한국인들 입맛에도 딱 맞는 요리랍니다.
- 엠빠나다(Empanada): 남미식 만두로 밀가루(감자, 옥수수 전분) 반죽에 고기, 치즈, 채소 등을 속으로 넣어 튀겨 먹습니다. 칠레뿐 아니라 콜롬비아, 파라과이 등 남미 전반에서 아침 식사 대용, 인기 있는 간식입니다. 이와 비슷한 음식으로 볼리비아에서 인기 있는 살떼냐(Salteña)는 오븐에 넣어 빵처럼 구워냅니다.

KEY CHECK 3

취향에 따라 음식 주문하기

취향 따라 입맛 따라 주문하기

개인 취향이나 건강, 종교 등의 이유로 특정 음식을 빼거나 재료를 확인해야 할 때가 있죠. 일부 식당은 다양한 인종과 종교, 개인의 취향을 존중하기 위해 많은 옵션을 가지고 요리를 제공하는 경우가 있어요. 체질이나 입맛에 안 맞는 건 빼달라고 하고 맛있는 건 더 달라고 하세요.

❶ 먹기 싫은 재료 빼기

이걸로 주시되 양파는 빼 주세요.

Quiero este plato sin cebolla, por favor.
끼에로 에스떼 쁠라또 씬 쎄보야, 뽀르 파보르.

▶ 할라피뇨 **jalapeño** 할라뻬뇨 / 마늘 **ajo** 아호 / 고수 **cilantro** 씰란뜨로

달걀 빼고 주시겠어요?

¿Me puede preparar una comida sin huevo, por favor?
메 뿌에데 쁘레빠라르 우나 꼬미다 씬 우에보, 뽀르 파보르?

▶ 생선 **pescado** 뻬스까도 / 소고기 **carne de vaca** 까르네 데 바까 / 돼지고기 **carne de cerdo** 까르네 데 쎄르도 / 가금류(닭) **aves** (**pollo**) 아베쓰 (뽀요)

전 소고기를 안 먹어요.

No como carne de ternera.
노 꼬모 까르네 데 떼르네라.

▶ 남미에서는 **carne de ternera** 대신 **carne vacuno** 또는 **carne de vaca**를 더 사용

단 것을 별로 안 좋아해요.

No me gusta el dulce.
노 메 구스따 엘 둘쎄.

❷ 체질/취향에 맞춰 확인하기

이건 어떻게 먹는 거죠?
¿Esto cómo se come?
에스또 꼬모 쎄 꼬메?

조금 덜 맵게 해 주시겠어요?
¿Me lo trae menos picante, por favor?
메 로 뜨라에 메노쓰 삐깐떼, 뽀르 파보르?

▶ 덜 짜게 **menos picante** 메노쓰 삐깐떼 / 싱겁게 **con poca sal** 꼰 보까 쌀

채식주의 음식 있나요?
¿Tienen platos para vegetarianos?
띠에넨 쁠라또쓰 빠라 베헤따리아노쓰?

▶ **vagan** 동물성(우유, 달걀)이 전혀 들어가지 않는 엄격한 채식주의 / **halal** 이슬람 율법에 허용된 음식(제품)과 식단 / **kosher** 유대교 율법에 따라 만든 식단

저는 채식주의자예요.
Soy vegetariano(a).
쏘이 베헤따리아노(나).

글루텐이 들어 있나요?
¿Esto es sin gluten?
에스또 에쓰 씬 글루뗀?

▶ 달걀 **huevos** 우에보쓰 / 견과류 **nueces** 누에쎄쓰 /
유제품 **productos lácteos** 쁘로둑또쓰 락떼오쓰 /
저당 **bajo en azúcar** 바호 엔 아쑤까르 /
저지방 **bajo en grasas** 바호 엔 그라싸쓰 /
유기농 **orgánico** 오르가니꼬 / 무염 **sin sal** 씬 쌀

저는 견과류에 알레르기가 있어요.
Soy alérgico(a) a los frutos secos.
쏘이 알레르히꼬(까) 아 로쓰 프루또쓰 쎄꼬쓰.

▶ 유제품 **productos lácteos** 쁘로둑또쓰 락떼오쓰 / 꿀 **miel** 미엘 /
MSG **glutamato** 에메 쎄 헤 글루따마또 / 해산물 **mariscos** 마리스꼬쓰 /
어패류 **crustáceos** 끄루스따쎄오쓰 / 해산물 **mariscos** 마리스꼬쓰 /
땅콩 **cacahuetes** 까까우에떼쓰

③ 스테이크 주문하기

미디엄레어로 해 주세요.
La carne poco hecha, por favor.
라 까르네 뽀꼬 에차, 뽀르 파보르.

▶ 웰던 **muy hecha** 무이 에차 /
미디엄 **al punto** 알 뿐또 /
레어 **poco hecha** 뽀꼬 에차

너무 바싹 구운 것 같아요. / 좀 탄 것 같아요.
Creo que está demasiado hecha. / Está quemada.
끄레오 께 에스따 데마씨아도 에차. / 에스따 께마다.

좀 더 익혀 주세요.
Me la trae más hecha, por favor.
메 라 뜨라에 마쓰 에차, 뽀르 파보르.

스테이크는 어떻게 구워 드릴까요?
¿Cómo quiere de hecho su filete?
꼬모 끼에레 데 에초 쑤 필레떼?

다시 가져다 드리겠습니다.
Enseguida se lo traigo.
엔쎄기다 쎄 로 뜨라이고.

DIÁLOGO 3

입맛대로 주문하기

종업원 주문하시겠어요?

¿Qué quiere pedir?
께 끼에레 뻬디르?

나 비프 또르띠야 하나하고 치즈 나초 주세요.

Una tortilla de carne y un taco de queso, por favor.
우나 또르띠야 데 까르네 이 운 따꼬 데 께쏘, 뽀르 파보르.

종업원 비프 또르띠야하고 치즈 나초 하나요. 음료는 뭐로 드시겠어요?

Una tortilla de carne y un taco de queso. ¿Qué quiere de bebida?
우나 또르띠야 데 까르네 이 운 따꼬 데 께쏘. 께 끼에레 데 베비다?

나 맥주 한 병 주시고요. 아, 또르띠야에 고수는 빼 주세요. *(잠시 후)*

Una botella de cerveza. Ah, sin cilantro en la tortilla, por favor.
우나 보떼야 데 쎄르베싸. 아, 씬 씰란뜨로 엔 라 또르띠야, 뽀르 파보르.

종업원 여기 있습니다. 맛있게 드세요.

Aquí está. Que aproveche.
아끼 에스따. 께 아쁘로베체.

나 여기요, 할라피뇨 더 주시겠어요?

Perdone, ¿me trae más jalapeños, por favor?
뻬르도네, 메 뜨라에 마쓰 할라뻬뇨쓰, 뽀르 파보르?

종업원 네, 바로 갖다 드릴게요.

Sí, ahora mismo se los traigo.
씨, 아오라 미쓰모 쎄 로쓰 뜨라이고.

스테이크 주문하기

종업원 오늘의 특별 요리는 굴소스 안심 스테이크와 감자와 채소 샐러드입니다.

El plato especial del día es filete de lomo con salsa de ostras y ensalada de patatas y verduras.
엘 쁠라또 에스뻬씨알 델 디아 에쓰 삘레떼 데 로모 꼰 쌀싸 데 오스뜨라쓰 이 엔쌀라다 데 빠따따쓰 이 베르두라쓰.

나 네, 그것으로 주세요.

Tráigame eso, por favor.
뜨라이가메 에쏘, 뽀르 파보르.

종업원 스테이크는 어떻게 구워 드릴까요?

¿Cómo quiere el filete?
꼬모 끼에레 엘 필레떼?

나 미디엄으로 해 주시고 채소에서 양파는 빼 주세요.

La carne en su punto y la ensalada sin cebolla, por favor.
라 까르네 엔 수 뿐또 이 라 엔쌀라다 씬 쎄보야, 뽀르 파보르.

종업원 음료는 무엇으로 하시겠어요?

¿Qué quiere de beber?
께 끼에레 데 베베르?

나 와인 리스트 보여 주시겠어요?
(잠시 후)

¿Me puede decir que vinos tiene?
메 뿌에데 데씨르 께 비노쓰 띠에네?

Quiero el San Pedro, por favor.
끼에로 엘 싼 뻬드로, 뽀르 파보르.

나 산 페드로 와인을 가져다주세요.

¿Necesita algo más?
네쎄씨따 알고 마쓰?

종업원 더 필요한 것은 없으세요?

Pues, me gustaría que la salsa no fuera muy dulce por favor.
뿌에쓰, 메 구스따리아 께 라 쌀싸 노 푸에라 무이 둘쎄 뽀르 파보르.

나 음, 소스는 너무 달지 않게 해 주세요

TIP 와인

스페인이나 칠레의 와인은 세계 최고이기 때문에 어느 식당을 가던 하우스 와인을 시키면 맛도 좋고 가격도 저렴합니다.
(하우스 와인: vino de la casa 비노 데 라 까싸)

CHECK IT OUT ③ | 스테이크 굽기 정도

스테이크 굽기는 각자 입맛에 따라 다릅니다. 바싹 익혀 먹는 것을 좋아하는 사람도 있고 반대로 붉은 살이 보이는 데 겉만 익혀서 먹는 사람도 있고요. 스페인과 중남미에서 쓰는 스테이크 굽기 정도 표현을 소개합니다.

스테이크 굽기 정도 스페인어로 표현하기
미식의 천국, 스페인과 더불어 중남미 음식 또한 전 세계 여행자들에게 사랑을 듬뿍 받고 있죠. 특히 아르헨티나의 소고기는 단연코 최고라고 할 수 있답니다. 넓은 면적의 초원에서 방목된 소 떼들로 최고급 소고기를 저렴한 가격에 먹을 수 있죠. 유럽의 스페인과 중남미 국가에서는 같은 스페인어를 쓰지만 같은 단어라도 다르게 표현하는 경우가 많습니다. 같은 한국에 살지만, 제주도나 지역마다 쓰는 용어가 약간 차이 나는 것과 비슷한 맥락이죠. 다음은 스테이크 굽기를 나타내는 용어입니다. 잘 익혀서 스테이크 드실 때 써먹으세요.

	스페인	멕시코	아르헨티나
레어(rare)	Poco hecho 뽀꼬 에초	Casi cruda 까씨 끄루다	Muy jugosa 무이 후고싸
미디엄 레어 (medium rare)		Medio cruda 메디오 끄루다	Jugosa 후고싸
미디엄(medium)	En su punto 엔 쑤 뿐또	Término medio 떼르미노 메디오	En su punto 엔 쑤 뿐또
미디엄웰 (medium well)		Tres cuartos 뜨레스 꾸아르또쓰	Cocinada 꼬씨나다
웰던(well-done)	Muy hecho 무이 에초		Bien cocinada 비엔 꼬씨나다

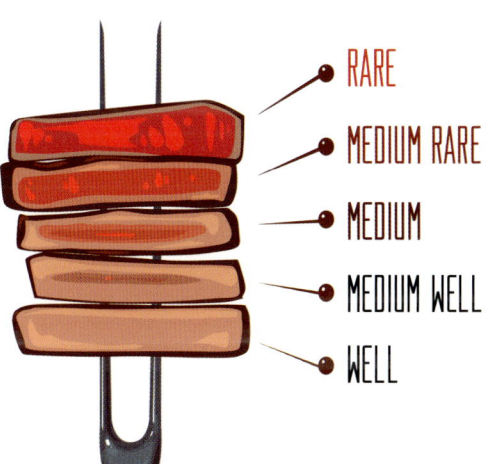

KEY **CHECK** 4

식당에서 문제가 생겼을 때

문제가 생겼어요

남미와 스페인에서 오래 거주했던 필자의 경험에 따르면 식당에서 요리에 대한 불만을 표한 적은 극히 드물었습니다. 실제 현지인들에게도 요리 컴플레인은 생소한 편이죠. 그래도 음식이 입에 안 맞거나 문제가 생길 경우, 다음 표현을 알아 두는 게 좋겠죠.

① 음식에 불만 있어요

감자가 거의 안 익었어요.
Las patatas (papas) están poco hechas.
라쓰 빠따따쓰 (빠빠쓰) 에스딴 뽀꼬 에차쓰.

고기가 덜 익었어요.
La carne no está bien hecha.
라 까르네 노 에스따 비엔 에차.

▶ 너무 질겨요 **está dura** 에스따 두라 /
  신선하지 않아요 **no está fresca** 노 에스따 프레스까 /
  너무 딱딱해요 **está dura** 에스따 두라

채소가 너무 익어서 물컹거려요.
Las verduras están muy blandas.
라쓰 베르두라쓰 에스딴 무이 블란다쓰.

수프에서 머리카락이 나왔어요.
Hay un pelo en la sopa.
아이 운 뻴로 엔 라 쏘빠.

주문한 음식이 아니네요. 전 스테이크를 주문했어요.
Esto no es lo que he pedido. Yo he pedido un filete.
에스또 노 에쓰 로 께 에 뻬디도. 요 에 뻬디도 운 필레떼.

스테이크를 웰던으로 주문했는데, 레어로 나왔어요.
He pedido el filete bien hecho pero está poco hecho.
에 뻬디도 엘 필레떼 비엔 에초 뻬로 에스따 뽀꼬 에초.

이것은 짜요.
Esto está salado.
에스또 에스따 쌀라도.

▶ 느끼해요(기름져요) **grasiento** 그라씨엔또 / 덜 익었어요 **crudo** 끄루도 /
너무 익혔어요 **demasiado hecho** 데마씨아도 에초 / 차가워요 **frío** 프리오

음식이 식었어요. 다시 데워 주실래요?
La comida está fría. ¿Puede volver a calentarlo, por favor?
라 꼬미다 에스따 프리아. 뿌에데 볼베르 아 깔렌따를로, 뽀르 파보르?

2 바꿔 주세요

새로 가져다 주실래요?
¿Me puede traer de nuevo, por favor?
메 뿌에데 뜨라에르 데 누에보, 뽀르 파보르?

잘 익은 것으로 바꿔 주시면 고맙겠어요.
¿Podría cambiármelo por otro más hecho, por favor?
뽀드리아 깜비아르메로 뽀르 오뜨로 마쓰 에초, 뽀르 파보르?

정말 죄송합니다. 다시 가져다 드릴게요.
Lo siento mucho. Se lo vuelvo a traer.
로 씨엔또 무초. 쎄 로 부엘보 아 뜨라에르.

DIÁLOGO 4

음식 주문에 문제가 있을 때

나　제가 주문한 지 꽤 됐는데 디저트가 안 나왔어요.

종업원　죄송합니다. 바로 알아보겠습니다.

나　아니에요, 괜찮아요. 식사가 거의 끝났거든요. 그거 취소해 주시겠어요?

He pedido hace mucho, pero todavía no ha llegado el postre.
에 뻬디도 아쎄 무초, 뻬로 또다비아 노 아 예가도 엘 뽀스뜨레.

Lo siento, ahora lo miro.
로 씨엔또, 아오라 로 미로.

No se preocupe, ya he acabado. ¿Me lo puede cancelar, por favor?
노 쎄 쁘레오꾸뻬, 야 에 아까바도. 메 로 뿌에데 깐쎌라르, 뽀르 파보르?

나　스파게티에 머리카락이 있어요.

종업원　죄송합니다. 새로 바꿔 드릴까요?

나　아니오, 거의 다 먹어서 그럴 필요 없어요.

종업원　사과의 의미로 치즈케이크 무료로 제공해 드릴게요. 괜찮으세요?

나　네, 그렇게 해 주세요. 감사합니다.

Hay un pelo en los espaguettis.
아이 운 뻴로 엔 로쓰 에스빠게띠스.

Lo siento mucho, ¿le traigo otro plato?
로 씨엔또 무초, 레 뜨라이고 오뜨로 쁠라또?

No hace falta, he comido casi todo.
노 아쎄 팔따, 에 꼬미도 까씨 또도.

Lo siento mucho. Le traigo una tarta de queso gratis(regalo de la casa), ¿le parece?
로 씨엔또 무초. 레 뜨라이고 우나 따르따 데 께쏘 그라띠쓰(레갈로 데 라 까싸), 레 빠레쎄?

Muy bien. Muchas gracias.
무이 비엔. 무차쓰 그라씨아쓰.

3

나　　실례합니다!

종업원　네, 손님. 어떻게 도와드릴까요?

나　　스프라이트를 주문했는데 콜라가 나왔어요.

종업원　죄송합니다. 바로 바꿔 드리겠습니다. *(잠시 후)*

종업원　여기 있습니다.

나　　감사합니다.

¡Perdone!
뻬르도네!

Dígame, ¿en qué le puedo ayudar?
디가메, 엔 께 레 뿌에도 아유다르?

He pedido Sprite pero me han traído Coca-cola.
에 뻬디도 스프라잍 뻬로 메 안 뜨라이도 꼬까-꼴라.

Lo siento. Ahora se lo cambiamos.
로 씨엔또. 아오라 쎄 로 깜비아모쓰.

Aquí tiene.
아끼 띠에네.

Muchas gracias.
무차쓰 그라씨아쓰.

CHECK IT OUT ④ | 스페인과 중남미의 레스토랑 팁

레스토랑에서 음식을 주문할 때 뭐가 그리 복잡한지 메뉴 고르는데 시간이 한참 걸리죠. 오래전 중세 유럽에서는 무려 15단계의 정식 메뉴가 있었다고 해요. 요즘은 적게는 3단계에서 8단계 코스로 구성이 줄었지만요. 정식 코스가 어떻게 구성됐는지 살펴볼까요?

정식 코스

애피타이저 Entrada/Aperitivos (엔뜨라다/아뻬리띠보쓰) → 수프 Sopa/Caldos (쏘빠/깔도쓰) → 샐러드 Ensaladas (엔쌀라다쓰) → 메인요리 Plato Principal/Segundos (쁠라또 쁘린씨빨/쎄군도쓰) → 디저트 Postres (뽀스뜨레쓰)

* 전채요리(Primer plato 쁘리메르 쁠라또) - 메인요리(Segundo plato 쎄군도 쁠라또) - 후식(Postre 뽀스뜨레)으로 크게 나누기도 합니다.

영수증

– 부가가치세, 세금: IVA (Impuesto al Valor Agregado; 이바/임뿌에스또 알 발로르 아그레가도)

– 세금 포함 IVA Incluido (이바 인끌루이도) ↔ 세금 불포함 IVA Excluido (이바 엑쓰끌루이도)

– 팁: Propina (쁘로삐나)

스페인과 중남미의 레스토랑 서비스

– 우리나라에서는 무조건 손님을 배려하는 서비스 정신의 압박이 낳은 고객 갑질 논란이 있지만, 스페인을 포함한 유럽과 중남미에서는 서비스 문화가 한국과 약간 다릅니다. 무엇이든 빨리빨리, 한국 식당에서는 주문하면 음식이 금방 나오지만, 외국에서는 미리 음식을 만들어 놓고 판매하는 음식점이 거의 없어 음식을 기다리는 데 인내심이 필요합니다. 고급스럽고 맛있는 음식이라면 더욱 그렇습니다.

– 종업원을 부를 때는 소리쳐 부르지 말고 종업원과 눈이 마주치면 살짝 손을 올리고 조용히 불러 주세요. 동네의 작은 레스토랑도 자기가 일하는 곳과 직업, 음식에 대한 자부심이 강하므로 반드시 예의와 인내심을 갖고 종업원을 대해 주세요.

– 메뉴판을 꼼꼼히 보고, 필요하면 웨이터에게 어떤 식으로 음식이 나오는지 자세히 물어보고 주문하시길 바랍니다.

– 스페인과 중남미에서 컴플레인하는 경우는 주문한 음식이나 음료가 다르게 나오는 정도이고 이때도 웃으며 요청하고 교체될 때까지 여유 있게 기다립니다. 음식 맛이 없어도 컴플레인하는 경우는 많지 않습니다. 음식과 서비스 만족도가 높아서일 수도 있지만 자기가 주문(선택)한 요리에 대해 책임(감수)지려는 손님의 심리도 반영됩니다.

KEY **CHECK** 5

1. 계산하기

계산할 때는 정신 바짝!

스페인(중남미)에서 식사 후 계산할 때는 약간의 여유를 가지세요. 직원과 눈을 마주치면 살짝 손을 들고 테이블에서 계산하면 됩니다. 계산서를 받으면 제대로 계산이 됐는지 꼼꼼히 살피고 팁 포함 여부도 확인하세요. 간혹 작은 로컬 식당에서는 안 먹은 것을 먹었다고 영수증 표기 실수(혹은 고의로)를 하는 경우도 있으니 계산서는 잘 살펴야 합니다.

❶ 계산서 및 정리 요청하기

계산서 주세요.
La cuenta, por favor.
라 꾸엔따, 뽀르 파보르.

남은 음식 싸주시겠어요?
¿Me podría envolver la comida para llevar?
메 뽀드리아 엔볼베르 라 꼬미다 빠라 예바르?

테이블 좀 정리해 주실래요?
¿Puede retirarme los platos?
뿌에데 레띠라르메 로쓰 쁠라또쓰?

한꺼번에 계산해 주세요.
Queremos la cuenta, todo junto por favor.
께레모쓰 라 꾸엔따, 또도 훈또 뽀르 파보르.

따로 계산할게요.
Nos gustaría pagar por separado.
노쓰 구스따리아 빠가르 뽀르 쎄빠라도.

화장실이 어디 있죠?
¿Dónde está el baño, por favor?
돈데 에스따 엘 바뇨, 뽀르 파보르?

▶ 화장실 **el servicio** 엘 쎄르비씨오

2 계산서 관련 문의하기

계산서가 잘못된 것 같아요.
Creo que esto está equivocado.
끄레오 께 에스또 에스따 에끼보까도.

여기 팁이 포함되나요?
¿La propina está incluida?
라 쁘로삐나 에스따 인끌루이다?

영수증 주시겠어요?
¿Me podría dar el recibo?
메 뽀드리아 다르 엘 레씨보?

잔돈을 잘못 받았는데요.
Creo que el cambio está equivocado.
끄레오 께 엘 깜비오 에스따 에끼보까도.

2유로를 받아야 하는데 5유로를 주셨네요.
Me tenía que dar 2 euros y me ha dado 5 euros.
메 떼니아 께 다르 도쓰 에우로쓰 이 메 아 다도 씬꼬 에우로쓰.

이것은 무슨 금액이죠?
¿Este cargo de qué es, por favor?
에스떼 까르고 데 께 에쓰, 뽀르 파보르?

이건 먹지 않았어요.
Esto no lo he pedido.
에스또 노 로 에 뻬디도.

2. 맛 · 분위기 · 서비스 · 가격

이 식당은 몇 점!

맛집을 찾을 때 많은 사람이 블로그 검색을 하거나 그 식당을 경험한 사람들의 리뷰를 보고 판단하는데요. 외국에 나가서도 마찬가지죠. 현지인들과 세계 여행객들의 맛집 리뷰를 살펴보고 식당에 가면 후회할 일 없을 겁니다. 아래 표현을 익혀서 여러분도 스페인어로 리뷰 남겨 보세요.

❶ 여기 음식이 맛있어요

이 집은 모든 게 맛있어.
En esta casa todo es bueno.
엔 에스따 까싸 또도 에쓰 부에노.

스테이크는 이 집이 최고야!
¡Los mejores filetes se comen en esta casa!
로쓰 메호레쓰 필레떼쓰 쎄 꼬멘 엔 에스따 까싸!

예전에 여기서 한번 먹어 봤는데, 그중에 가장 맛있는 식사였어.
Estuve una vez en este restaurante, y fue la mejor comida de mi vida.
에스뚜베 우나 베쓰 엔 에스떼 레스따우란떼, 이 푸에 라 메호르 꼬미다 데 미 비다.

샐러드도 훌륭하고 생선구이도 맛있네.
La ensalada es espectacular y el pescado a la parrilla también está muy bueno.
라 엔쌀라다 에쓰 에스뻭따꿀라르 이 엘 뻬스까도 아 라 빠리야 땀비엔 에스따 무이 부에노.

거기다 디저트 종류도 굉장해!
¡Tiene postres muy variados!
띠에네 뽀스뜨레쓰 무이 바리아도쓰!

2 음식 추천하기

그곳은 네가 그 지역에 간다면 꼭 가봐야 하는 맛집이야.
Ese sitio es un restaurante muy recomendado de la zona.
에쎄 씨띠오 에쓰 운 레스따우란떼 무이 레꼬멘다도 데 라 쏘나.

여기서 먹기를 잘했어.
Fue un acierto comer aquí.
푸에 운 아씨에르또 꼬메르 아끼.

주인이 친절하고 서비스가 좋아요.
El dueño es amable y el servicio muy bueno.
엘 두에뇨 에쓰 아마블레 이 엘 쎄르비씨오 무이 부에노.

강력 추천이에요!
¡Lo recomiendo!
로 레꼬미엔도!

DIÁLOGO 5

계산하기

종업원 식사는 어떠셨어요? 맛있게 드셨나요?

나 좋았어요. 감사합니다.

종업원 디저트 드시겠어요?

나 아니요, 괜찮습니다. 계산서 주세요. *(잠시 후)*

종업원 여기 있습니다.

나 팁이 포함됐나요?

종업원 네, 그렇습니다. *(잠시 후)* 여기 카드와 영수증 있습니다. 다음에 또 오세요.

나 네, 감사합니다!

¿Qué tal la comida? ¿Le ha gustado?
께 딸 라 꼬미다? 레 아 구스따도?

Muy bueno. Muchas gracias.
무이 부에노. 무차쓰 그라씨아쓰.

¿Desea postre?
데세아 뽀스뜨레?

No, gracias. La cuenta, por favor.
노 그라씨아쓰. 라 꾸엔따, 뽀르 파보르.

Aquí tiene.
아끼 띠에네.

¿La propina está incluída?
라 쁘로삐나 에스따 인끌루이다?

Así es. Aquí tiene su tarjeta y el recibo. Esperamos volver a verles.
아씨 에쓰. 아끼 띠에네 쑤 따르헤따 이 엘 레씨보. 에스뻬라모쓰 볼베르 아 베르레쓰.

Hasta luego. ¡Muchas gracias!
아스따 루에고. 무차쓰 그라씨아쓰!

종업원 무슨 문제가 있나요?

나 계산서에 실수가 있는 것 같아요. 콜라가 계산서에 있는데 주문한 적이 없어요. 그리고 제 아내가 먹은 초콜릿 아이스크림은 웨이터가 비용 청구 안 되는 거라고 했거든요.

종업원 죄송합니다. 계산서를 다시 가져다 드리겠습니다.

¿Hay algún problema?
아이 알군 쁘로블레마?

Creo que hay una equivocación en la cuenta. No había pedido la Coca-cola. Y el camarero me ha dicho que el helado de chocolate es gratis.
끄레오 께 아이 우나 에끼보까씨온 엔 라 꾸엔따. 노 아비아 뻬디도 라 꼬까-꼴라. 이 엘 까마레로 메 아 디초 께 엘 엘라도 데 초꼴라떼 에쓰 그라띠쓰.

Lo siento mucho. Le vuelvo a traer la cuenta.
로 씨엔또 무초. 레 부엘보 아 뜨라에르 라 꾸안따.

❸

나 잔돈을 덜 받은 것 같아요. 식사가 140유로 나와서 제가 200유로 냈어요. 그런데 30유로만 거슬러 받았네요.

종업원 죄송합니다. 잔돈을 덜 드렸네요. 60유로를 받으셔야 하는데요. 30유로 여기 있습니다. 다시 한번 죄송합니다.

Creo que me ha dado de menos. La cuenta eran 140 euros y he pagado 200 euros. Pero me ha devuelto 30 euros nada más.

끄레오 께 메 아 다도 데 메노쓰. 라 꾸엔따 에란 씨엔또쓰 꾸아렌따 에우로쓰 이 에 빠가도 도쓰씨엔또쓰 에우로쓰. 뻬로 메 아 데부엘또 뜨레인따 에우로쓰 나다 마쓰.

Lo siento mucho. Tendría que devolverle 60 euros. Aquí están los 30 euros. Perdone la equivocación.

로 씨엔또 무초. 뗀드리아 께 데볼베를레 쎄쎈따 에우로쓰. 아끼 에스딴 로쓰 뜨레인따 에우로쓰. 뻬르도네 라 에끼보까씨온.

CHECK IT OUT 5
식당 이용 시뮬레이션

식당 이용 시뮬레이션
: 식당에서 듣는 말, 하는 말

앞에서 배운 표현들을 모두 모아 식당 이용 시뮬레이션을 정리했습니다. 아래처럼만 연습하면 식당에서 주문하기 문제 없겠죠.

MP3_063

¿Quiere pedir?
끼에레 뻬디르?
주문하시겠어요?

No he decidido todavía. ¿Me puede dar unos minutos?
노 에 데씨디도 또다비아. 메 뿌에데 다르 우노쓰 미누또쓰?
아직 결정하지 못했어요. 몇 분 더 시간을 주시겠어요?

¿Me puede dar más agua, por favor?
메 뿌에데 다르 마쓰 아구아, 뽀르 파보르?
물 좀 더 주시겠어요?

Una copa de vino tinto, por favor.
메 뿌에데 다르 마쓰 아구아 뽀르 파보르?
레드와인으로 한 잔 부탁드려요.

¿Qué quiere de beber?
께 끼에레 데 베베르?
음료는 무엇으로 하시겠습니까?

마드리드에 가면 꼭 맛보세요! (스페인 현지인이 추천하는 인기 식당)

Rodilla (로디야)
가격대비 맛이 일품인 샌드위치 전문점으로 스페인식 다양한 샌드위치를 맛볼 수 있습니다. 샌드위치 종류는 Chorizo(초리소), huevo(달걀), jamón(하몬), verduras(채소), ensaladilla rusa(러시아 샐러드: 감자, 완두, 당근, 달걀, 마요네즈) 등으로 가격은 1, 2유로(음료 포함 3유로)선입니다.

Bocadillo de Calamares (오징어 튀김 샌드위치)
스페인에서는 핀초스와 타파스가 매우 다양하고 유명합니다. 핀초스는 꼬챙이라는 뜻으로 작은 빵이나 바게트 위에 맛있는 식재료를 토핑하여 꽂아 놓은 음식입니다. 타파스 역시 한입 거리 간식(애피타이저)으로 스페인 사람들이 식사 전 술과 곁들여 먹기 위해 자주 찾는 음식입니다.

Más Q Menos (마쓰 께 메노스)
하몬 이베리코(Jamón ibérico; 도토리를 먹고 자란 이베리코 흑돼지)로 만든 일품 핀초스를 맛볼 수 있는 곳입니다.

Chocolatería VALOR (쵸콜라떼리아 발로르)
스페인 전통 추로스를 맛보고 싶다면 강력 추천!

Mallorca (마요르카)
커피와 함께 다양한 빵과 과자류를 판매하는 카페로 토르텔과 크루아상이 유명합니다.

Vait (바잇)
감자가 들어있는 달걀프라이(tortilla de patatas) 또는 구운 닭요리(pollo asado)가 인기 있습니다.

La Sureña (라 쑤레냐)
음료를 주문하면 새우튀김이 공짜! 핀초를 시키면 핀초 하나 더! 저렴한 가격에 맛있는 요리까지. 주머니 가벼운 여행자들이 좋아하는 식당입니다.

KEY CHECK 6

1. 패스트푸드점

어딜 가나 만만한 패스트푸드

오래 여행을 다니다 보면 끼니마다 식당 찾아 들어가는 것도 귀찮아지는 때가 있어요. 그럴 땐 익숙한 패스트푸드점으로 고고! 패스트푸드점에서도 좋아하는 건 추가하고 싫은 건 빼달라고 할 수 있어요. 그때 쓰는 표현을 알아보세요.

① 패스트푸드 주문하기

1번 세트로 주세요.
El menú 1, por favor.
엘 메누 우노, 뽀르 파보르.

음료는 <u>스프라이트</u>로 주세요.
De beber Sprite, por favor.
데 베베르 스프라이트, 뽀르 파보르.

빅맥이랑 콜라 라지 하나 주세요.
Un Big Mac y Coca-cola grande, por favor.
운 빅맥 이 꼬까—꼴라 그란데, 뽀르 파보르.
▶ 탄산음료 **gaseosa** 가쎄오싸 / 물 **agua** 아구아 / 주스 **zumo** (**jugo**) 쑤모 (후고)

양파[마요네즈]는 빼고 주시겠어요?
Sin cebolla[mayonesa], por favor.
씬 쎄보야[마요네싸], 뽀르 파보르.

포장해 주세요.
¿Puede envolverme la comida para llevar, por favor?
뿌에데 엔볼베르메 라 꼬미다 빠라 예바르, 뽀르 파보르?

CHAPTER 5 | Saliendo a comer 243

여기서 먹을게요.
Voy a comer aquí.
보이 아 꼬메르 아끼.

TIP 리필되나요?
▶ 스페인 패스트푸드점에서는 리필 제도가 거의 없습니다. 굳이 표현한다면 '¿Puede rellenar la bebida sin coste? (뿌에데 레예나르 라 베비다 씬 꼬스떼? / 무료로 채우다)'라고 풀어 쓸 수 있지만, 추가로 사 드시는 게 좋겠습니다.

❷ 가볍게 요기하기

에그 샌드위치 하나 주실래요?
Déme un sandwich de huevo, por favor.
데메 운 싼드위치 데 우에보, 뽀르 파보르.

샌드위치에 상추는 빼 주세요.
Sin lechuga, por favor.
씬 레추가, 뽀르 파보르.

(가리키며) 이것, 저것, 그리고 저 도넛이요. 하나씩 주세요. 그리고 블랙 커피 한잔도요.
Éste, ése, y aquel bollo por favor. Uno de cada y un café americano también.
에스떼, 에쎄, 이 아껠 보요 뽀르 파보르. 우노 데 까다 이 운 까페 아메리까노 땀비엔.

TIP 스페인의 유명 패스트푸드
- Viena Capellanes: 스페인의 유명 샌드위치 전문점으로 20가지 이상 종류가 다양하고 낱개로 포장되어 1, 2유로 선으로 가성비 좋은 간식입니다.
- Museo del jamón: 스페인에서 가장 유명한 훈제 하몽 체인점으로 관광지에서 쉽게 찾아볼 수 있습니다. 다양한 종류의 훈제햄(jamón, lomo)을 맛볼 수 있어서 관광객들에게 인기가 많습니다.

2. 커피 주문하기

커피 한 잔, 여행의 여유

짧은 기간에 많은 곳을 둘러보려는 욕심에 무리하게 움직이다 보면 피곤이 몰려옵니다. 이럴 때 단 몇 시간이라도 여유를 부려 보세요. 여행의 쉼표가 되어 줄 이국적인 카페에서의 커피 한 잔 어떨까요?

❶ 커피 주문하기

아메리카노 작은 것으로 한 잔 주세요.
Déme un café americano de tamaño pequeño, por favor.
데메 운 까페 아메리까노 데 따마뇨 뻬께뇨, 뽀르 파보르.

▶ 사이즈: 소(스몰) **pequeño** 뻬께뇨 (스페인) / **chico** 치꼬 (남미) → 중(톨, 미디엄) **mediano** 메디아노 → 대 **grande** 그란데

커피에 우유 조금만 더 넣어 주시겠어요?
¿Puede echar un poco más de leche en el café, por favor?
뿌에데 에차르 운 뽀꼬 마쓰 데 레체 엔 엘 까페, 뽀르 파보르?

샷 하나만 더 추가(진하게)해 주세요.
Largo de café, por favor.
라르고 데 까페, 뽀르 파보르.

▶ 약하게 **corto de café** 꼬르또 데 까페 / 진하게 **largo de café** 라르고 데 까페

시럽은 적게 넣어 주세요.
Poca cantidad de sirope, por favor.
뽀까 깐띠닫 데 씨로뻬, 뽀르 파보르.

아무것도 넣지 말고 주세요.
No añada nada al café, por favor.
노 아냐다 나다 알 까페, 뽀르 파보르.

휘핑크림 빼고 카페 모카 한 잔 주세요.
Déme un café mocha sin nata, por favor.
데메 운 까페 모차 씬 나따, 뽀르 파보르.

냅킨과 설탕은 어디 있어요?
¿Dónde están las servilletas y el azúcar?
돈데 에스딴 라쓰 쎄르비예따쓰 이 엘 아수까르?

▶ 빨대 **paja, pajita, popote** 빠하, 빠히따, 뽀뽀떼 / 크림 **crema** 끄레마

머그[종이컵]에 주세요.
Démelo en una taza[un vaso de papel], por favor.
데메로 엔 우나 따싸[운 바쏘 데 빠뻴], 뽀르 파보르.

뭘 주문하시겠어요? / 뭘 드릴까요?
¿Qué quiere pedir? / ¿En qué le puedo ayudar?
께 끼에레 뻬디르? / 엔 께 레 뿌에도 아유다르?

따뜻한 것으로 드릴까요, 차가운 것으로 드릴까요?
¿Lo quiere caliente o frío?
로 끼에레 깔리엔떼 오 프리오?

사이즈는요?
¿De qué tamaño lo quiere?
데 께 따마뇨 로 끼에레?

머그잔에 드릴까요, 종이컵에 드릴까요?
¿Lo quiere en taza o vaso para llevar?
로 끼에레 엔 따싸 오 바쏘 빠라 예바르?

뜨거우니 조심하세요.
Está muy caliente, tenga cuidado.
에스따 무이 깔리엔떼, 뗑가 꾸이다도.

DIÁLOGO 6

패스트푸드 주문하기

나 1번 세트하고 음료는 오렌지 주스로 주세요.

El menú uno y de beber zumo de naranja, por favor.
엘 메누 우노 이 데 베베르 쑤모 데 나랑하, 뽀르 파보르.

종업원 사이즈는요?

¿De qué tamaño?
데 께 따마뇨?

나 큰 것으로 주세요.

Grande, por favor.
그란데, 뽀르 파보르.

종업원 여기서 드세요, 가져가세요?

¿Lo va a tomar aquí o es para llevar?
로 바 아 또마르 아끼 오 에쓰 빠라 예빠르?

나 여기서 먹을 거예요. 반으로 좀 잘라 주시겠어요? 아, 그리고 양파는 빼 주세요.

Aquí. ¿Puede cortarlo por la mitad? Ah, sin cebolla, por favor.
아끼, 뿌에데 꼬르따를로 뽀르 라 미땃? 아, 씬 쎄보야, 뽀르 파보르.

종업원 네, 알겠습니다.

Muy bien.
무이 비엔.

커피 주문하기

종업원 안녕하세요. 무엇을 드릴까요?

Buenos días, ¿en qué le puedo servir?
부에노쓰 디아쓰, 엔 께 레 뿌에도 쎄르비르?

나 안녕하세요. 카페라테, 그란데 사이즈로 주세요.

Buenos días. Un café con leche, grande, por favor.
부에노쓰 디아쓰. 운 까페 꼰 레체, 그란데, 뽀르 파보르.

종업원 따뜻한 라테 드릴까요?

¿Lo quiere caliente?
로 끼에레 깔리엔떼?

나 네, 테이크아웃으로 할게요. 그리고 샷 하나 추가해 주세요.

Sí, para llevar. Y largo de café, por favor.
씨, 빠라 예바르. 이 라르고 데 까페, 뽀르 파보르.

종업원 네, 샷 하나 추가한 따뜻한 카페라테, 그란데 사이즈 주문하셨고요. 4유로입니다.

Ha pedido un café con leche grande, largo de café. Son 4 euros.
아 뻬디도 운 까페 꼰 레체 그란데, 라르고 데 까페. 쏜 꾸아뜨로 에우로쓰.

CHECK IT OUT ⑥ 내 취향대로 커피 주문하기

아프리카에 이어 중남미는 유명한 커피 생산지입니다. 콜롬비아의 수프리모, 과테말라의 스모크향 가득한 커피까지 중남미 여행에서 진한 커피 한 잔의 여유, 놓치지 마세요.

커피 종류
에스프레소 Espresso / Sólo (에스쁘레쏘 / 쏠로)
아메리카노 Americano (아메리까노)
라테 Café con leche (까페 꼰 레체)
라테 Café con leche corto de café (커피+우유 많이)
(까페 꼰 레체 꼬르또 데 까페)
라테 Café con leche largo de café (커피 많아+우유)
(까페 꼰 레체 라르고 데 까페)
디카페인 커피 Descafeinado (데스까페이나도)
아이스 아메리카노 Café con hielo (까페 꼰 이엘로)
카푸치노 Capuchino (까푸치노)

신이 내린 차, 마테차
중남미에는 커피 외에도 유명한 전통차가 있는데요. '신의 음료'라고 불리는 '마테차(yerba mate)'가 그것입니다. 아르헨티나, 파라과이, 우루과이, 브라질 등 중남미 아열대 고원지대가 원산지고요. 우리나라에도 날씬해지는 음료로 알려져 많은 여성의 사랑을 받고 있죠. 아르헨티나와 파라과이에서는 물보다 마테차를 더 많이 마실 정도로 일상화된 차입니다. 그곳에서는 우정을 나누는 의미로 마테차 한 잔을 여럿이 돌려 마시는 문화가 있기도 합니다.

KEY CHECK 7

숙소에서 요리하기

해외에서 먹는 꿀맛 라면

게스트하우스나 호스텔에는 여행자들이 직접 요리해서 먹을 수 있는 공용 부엌이 있습니다. 배낭여행자들에게 한국에서 챙겨간 라면과 인스턴트 밥은 최고의 만찬이죠. 우리나라의 간단한 음식을 직접 요리하고, 다른 나라 친구들과 나눠 먹으면 문화도 알리고, 친구도 쉽게 사귈 수 있는 기회를 얻을 수 있습니다.

① 요리하기

이 냄비 제가 사용해도 될까요?
¿Puedo utilizar esta olla[cazo]?
뿌에도 우띨리싸르 에스따 오야[까쏘]?

접시가 어디 있죠?
¿Dónde hay un plato?
돈데 아이 운 쁠라또?

▶ 프라이팬 **sartén** 싸르뗀 / 도마 **tabla para cortar** 따블라 빠라 꼬르따르 / 포크 **tenedor** 떼네도르 / 스푼 **cuchara** 꾸차라

물이 끓으면 면을 넣으세요.
Cuando hierva el agua eche los fideos.
꾸안도 이에르바 엘 아구아 에체 로쓰 피데오쓰.

오일에 3분 정도 볶아 주세요.
Fríalo en aceite durante 3 minutos.
프리아로 엔 아쎄이떼 두란떼 뜨레쓰 미누또쓰.

전자레인지에 2분간 돌려서 데워 드세요.
Caliéntelo en el microondas durante 2 minutos.
깔리엔떼로 엔 엘 미끄론다쓰 두란떼 도쓰 미누또쓰.

맛보실래요?
¿Quiere probarlo?
끼에레 쁘로바를로?

이 요리가 뭐예요? / 요리 이름이 뭐예요?
¿Qué es este plato? / ¿Cuál es el nombre de este plato?
께 에쓰 에스떼 쁠라또? / 꾸알 에쓰 엘 놈브레 데 에스떼 쁠라또?

재료가 뭐예요?
¿Qué ingredientes lleva?
께 인그레디엔떼쓰 예바?

많이 맵나요?
¿Es muy picante?
에쓰 무이 삐깐떼?

한 입 먹어 봐도 될까요?
¿Puedo probarlo(a)?
뿌에도 쁘로바를로(라)?

DIÁLOGO 7

숙소에서 요리하기

여행자 안녕. 오, 맛있는 냄새가 나네요. 뭐 만들어요?

¡Hola! Oh, huele muy bien. ¿Qué preparas?
올라! 오, 우엘레 무이 비엔. 께 쁘레빠라쓰?

나 안녕하세요. 라면을 끓이고 있어요.

¡Hola! Estoy preparando un ramen(fideos instantáneos).
올라! 에스또이 쁘레빠란도 운 라멘(피데오쓰 인스딴따네오쓰).

여행자 저는 일본 라면 먹어 본 적 있어요. 만들기 쉽나요?

He probado el ramen japonés. ¿Es fácil prepararlo?
에 쁘로바도 엘 라멘 하뽀네쓰. 에쓰 파씰 쁘레빠라를로?

나 한국 라면도 정말 맛있어요. 굉장히 간단해요. 물을 끓이고 면과 스프를 넣으면 돼요.

El ramen coreano es muy bueno también. Es bastante fácil. Cuando hierva el agua echa los fideos y la salsa.
엘 라멘 꼬레아노 에쓰 무이 부에노 땀비엔. 에쓰 바스딴떼 파씰. 꾸안도 이에르바 엘 아구아 에차 로스 피데오쓰 이 라 쌀싸.

여행자 실례가 안 된다면 조금 맛봐도 될까요?

¿Si no le importa, puedo probarlo un poquito?
씨 노 레 임뽀르따, 뿌에도 쁘로바를로 운 뽀끼또?

나 물론요. 약간 매울 수도 있는데, 좋아할 거예요. 여기 밥도 같이 드세요.

Por supuesto. Puede picar un poco, pero le gustará. Pruebe con el arroz.
뽀르 쑤뿌에스또. 뿌에데 삐까르 운 뽀꼬, 뻬로 레 구스따라. 쁘루에베 꼰 엘 아로쓰.

여행자 오, 고마워요. 군침 도네요.

Oh, muchas gracias. Tiene muy buena pinta.
오 무차쓰 그라씨아쓰. 띠에네 무이 부에나 삔따.

CHECK IT OUT 7 | 요리 관련 표현

식당에서 음식 재료와 요리법 설명을 들을 때, 직접 요리하면서 스페인어로 조리법을 설명해야 할 때 아래 표현을 알아 두세요.

이 요리 재료가 뭐죠?
(무엇이 들어갔죠?)
¿Qué ingredientes lleva?
께 인그레디엔떼쓰 예바?

요리 방법이 뭐죠?
(어떻게 만드나요?)
¿Cómo se prepara?
꼬모 쎄 쁘레빠라?

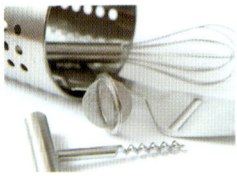

요리법

(그릴에) 굽다 asar a la parrilla
아싸르 아 라 빠리야

(오븐에서) 굽다 preparar al horno
쁘레빠라르 알 오르노

가열하다 calentar 깔렌따르

계량하다 medir 메디르

굽다(토스트하다) tostar 또스따르

껍질을 까다 pelar 뻴라르

끓이다 hervir 에르비르

녹인다 fundir 푼디르

맛보다 degustar, probar
데스구스따르, 쁘로바르

먹다 comer 꼬메르

붓다 verter 베르떼르

섞다 mezclar 메스끌라

슬라이스하다 cortar en lonchas
꼬르따르 엔 론차쓰

양념하다 sazonar 싸쏘나르

얼리다 congelar 꽁헬라르

요리하다 cocinar 꼬씨나르

자르다 cortar 꼬르따르

찌다 cocer al vapor 꼬쎄르 알 바뽀르

첨가하다 agregar 아그레가르

튀기다 freír 프레이르

펴 바르다 untar 운따르

휘젓다 batir 바띠르

분량

많이(여러 개) muchos(as) 무초쓰(차쓰)

더 많이 más 마쓰

약간 algunos(as) 알구노쓰(나쓰)

더 적게 menos 메노쓰

여행 안심 패스
VOCA BOX 5

세상의 모든 음식,
식도락 관련 어휘

식당, 코스 요리

가격 **precio** 쁘레씨오
계산서 **cuenta** 꾸엔따
고객, 손님 **cliente** 끌리엔떼
금연 구역 **zona de no fumadores** 쏘나 데 노 푸마도레쓰
냅킨 **servilleta** 쎄르비예따
디저트 **postre** 뽀스뜨레
메뉴 **carta / menú** 까르따 / 메누
메인 코스 **segundo plato** 쎄군도 쁠라또
바 **bar** 바
부엌, 주방 **cocina** 꼬씨나
뷔페 **buffet / bufé** 부페
사이드(곁들임) 메뉴 **acompañamiento** 아꼼빠냐미엔또
서비스(팁) (불)포함 **propina (no) incluída** 쁘로삐나 (노) 인끌루이다
오늘의 (세트) 메뉴 **menú del día** 메누 델 디아
수프 **sopa** 쏘빠
식전주, 반주 **aperitivo** 아뻬리띠보
신용카드 **tarjeta de crédito** 따르헤따 데 끄레디또
아침 **desayuno** 데싸유노
애피타이저(전채요리) **entrante (entrada)** 엔뜨라다 (엔뜨란떼)
영수증 **recibo** 레씨보
오늘의 특선 **plato del día** 쁠라또 델 디아

와인 리스트 **carta de vinos** 까르따 데 비노쓰
요리사 **chef** 체프
웨이터 **camarero** 까마레로
웨이트리스 **camarera** 까마레라
음료 **bebida** 베비다
음식, 식사 **comida** 꼬미다
저녁 **cena** 쎄나
저녁 메뉴 **menú de la cena** 메누 데 라 쎄나
점심 **almuerzo** 알무에르쏘
점심 메뉴 **menú de almuerzo / menú de comida** 메누 데 알무에르쏘 / 메누 데 꼬미다
주문 **ordenar / pedir** 오르데나르 / 뻬디르
지불, 결제 **pagar** 빠가르
테이블 **mesa** 메싸
팁 **propina** 쁘로삐나

음료수

과일 주스 **zumo(jugo) de fruta** 쑤모(후고) 데 프루따
▶ 사과 **manzana** 만싸나
  오렌지 **naranja** 나란하
  토마토 **tomate** 또마떼
녹차 **té verde** 떼 베르데
레모네이드 **limonada** 리모나다
물 **agua** 아구아

민트티 té de menta
떼 데 멘따

밀크쉐이크 batido de leche
바띠도 데 레체

수돗물 agua del grifo
아구아 델 그리포

스무디 licuado
리꾸아도

얼음 hielo
이엘로

에너지 음료 bebida energética
베비다 에네르헤띠까

우유 leche
레체

차 té
떼

청량음료 refresco
레프레스꼬

카모마일 manzanilla
만싸니야

커피 café
까페

핫초코 chocolate caliente
초꼴라떼 깔리엔떼

허브티(마테차) yerba mate
예르바 마떼

알코올 음료

데킬라 tequila
떼낄라

럼주 ron
론

맥주 cerveza
쎄르베싸
▶ 드라우트 de barril 데 바릴
  흑맥주 negra 네그라
  라이트 rubia 루비아

무알코올 sin alcohol
씬 알꼬올

보드카 vodka
보드까

브랜디(꼬냑) coñac
꼬냑

상그리아 sangría
쌍그리아

샴페인 champán
참빤

셰리주 jerez
헤레쓰

스파클링 와인 vinos espumosos
비노쓰 에스뿌모쏘쓰

와인 vino
비노
▶ 화이트와인 vinos blanco
  비노쓰 블랑꼬
  레드와인 vinos tinto
  비노쓰 띤또

위스키 whisky
위스끼

칵테일 cóctel
꼭뗄

조식아침

우유 leche
레체

과일 주스
zumo/jugo de fruta
쑤모후고 데 프루따

꿀 miel
미엘

달걀 huevos
우에보쓰
▶ 완숙 duro 두로
  반숙 pasado por agua
  빠싸도 뽀르 아구아
  스크램블 revueltos
  레부엘또쓰
  프라이 frito 프리또
  달걀노른자 yema 예마

버터 mantequilla
만떼끼야

베이컨 bacón
베이꼰

빵 pan
빤

요거트 yogur
요구르

잼 mermelada
메르멜라다

차 té
떼

치즈 queso
께쏘

커피 café
까페

콘플레이크 copos de maíz
꼬뽀스 데 마이쓰

토스트 pan tostado
빤 또스따도

햄(하몬) jamón
하몬

디저트

도넛 dónut
도눗

머핀 magdalena
막달레나

아이스크림 helado
엘라도

젤라틴 gelatina
헤라띠나

초콜릿 chocolate
초꼴라떼

치즈케이크 tarta de queso
따르따 데 께쏘

커스터드 flan
플란

컵케이크 cupcake
껍께익

케이크 pastel / queque / torta
빠스뗄 / 께께 / 또르따

쿠키 galletas
가예따쓰

크루통 cuscurro
꾸스꾸로

크림 crema
끄레마

생크림 nata
나따

타르트 tarta
따르따

튀김 frito
프리또

파이 pastel
빠스뗄

팬케이크 crep(e)
끄렙

푸딩 pudín
뿌딘

과일

건포도 uvas pasas
우바쓰 빠싸쓰

구아바 guayaba
구아야바

귤 mandarina
만다리나

대추 dátiles
다띨레쓰

라임 lima
리마

라즈베리 frambuesa
프람부에싸

레몬 limón
리몬

말린 자두 ciruela seca
씨루에라 쎄까

망고 mango
망고

멜론 melon
멜론

모과(마르멜로) membrillo
멤브릴요

무화과 higo
이고

바나나 plátano / banana
쁠라따노 / 바나나

배 pera
뻬라

복숭아 melocotón / durazno
멜로꼬똔 / 두라쓰노

블랙베리 mora
모라

블루베리 arándano
아란다노

사과 manzana
만싸나

살구 albaricoque / chabacano / damasco
알바리꼬께 / 차바까노 / 다마스꼬

석류 granada
그라나다

수박 sandía
싼디야

야자 coco
꼬꼬

오렌지 naranja
나란하

자두 ciruela
씨루에라

자몽 toronja
또론하

체리 cereza
쎄레싸

파인애플 piña / ananá
삐냐 / 아나나

파파야 papaya
빠빠야

포도 uva
우바

딸기 fresa / frutilla
프레싸 / 프루띠야

채소

가지 berenjena
베렌헤나

감자 patata / papa
빠따따 / 빠빠

강낭콩 frijoles / judías
프리호레쓰 / 후디아쓰

고구마 batata
바따따

빨간고추 chile
칠레

초록고추 guindilla
긴디야

옥수수 maíz
마이쓰

당근 zanahoria
싸나오리아

땅콩 cacahuete / maní
까까우에떼 / 마니

렌즈콩(렌틸) lentejas
렌떼하쓰

마늘 ajo
아호

무 nabo
나보

버섯 champiñones
참삐뇨네쓰 (setas 세타스)

병아리콩 garbanzos
가르반쏘쓰

브로콜리 broccoli
브로꼴리

비트 remolacha
레모라차

빨강 피망 pimiento rojo
삐미엔또 로호

상추 lechuga
레추가

샐러리 apio
아삐오

시금치 espinacas
에스삐나까쓰

쌀 arroz
아로쓰

아보카도 aguacate
아구아까떼

아티쵸크 alcachofas
알까초파쓰

양파 cebolla
쎄보야

오이 pepino
뻬삐노

올리브 aceitunas / olivas
아쎄이뚜나쓰 / 올리바쓰

유카(고구마, 감자류) yucca
유까

샬롯(작은 양파) chalota / cebolleta
찰로따 / 세보예따

잠두(파마빈) habas
아바쓰

줄기콩 ejotes
에호떼쓰

차요떼라(멕시코 호박) chayote / güisquil
차요떼 / 구이스낄

초록 피망 **pimiento verde**
삐미엔또 베르데

케이퍼 **alcaparras**
알까빠라쓰

케일 **cale / berza**
깔레 / 베르싸

콜리플라워 **coliflor**
꼴리플로르

콩 **alverjas / judías**
알베르하쓰 / 후디아쓰

토마토 **tomate**
또마떼

파 **puerro**
뿌에로

피망 **pimiento**
삐미엔또

피클(절임) **pepinillos**
뻬뻬닐로쓰

호박 **calabaza / zapallo**
깔라바싸 / 싸빠요

육류

간 **hígado**
이가도

간(갈은) 고기 **carne picada[molida]**
까르네 삐까다[몰리다]

갈비 **chuleta**
출레따

대창(창자) **tripas**
뜨리빠쓰

돼지 안심 **lomo de cerdo**
로모 데 쎄르도

돼지고기 **cerdo**
쎄르도

로스트비프 **carne asada**
까르네 아싸다

롱가니사(소시지) **longaniza**
롱가니사

립 **costillas**
꼬스띠야쓰

미트볼 **albóndiga**
알본디가

베이컨 **tocino / bacón**
또씨노 / 베이꼰

비프스테이크 **bistec / filete**
비스떼뜨 / 필레떼

새끼 통구이 **cochinillo**
꼬치닐요

소꼬리 **cola de buey**
꼴라 데 부에이

소시지 **salchichas**
쌀치차쓰

순대(돼지고기) **morcilla**
모르씨야

송아지 고기 **ternera**
떼르네라

쇠고기 **carne de res**
까르네 데 레쓰

스테이크 **lomo**
로모

양고기 **cordero**
꼬르데로

족발 **patas de cerdo**
빠따쓰 데 쎄르도

토끼고기 **conejo**
꼬네호

핫도그 **perrito caliente / pancho**
뻬리또 깔리엔떼 / 빤초

햄(하몬) **jamón**
하몬

혀 **lengua**
렝구아

가금류

거위 **ganso**
간쏘

꿩 **faisán**
파이싼

닭가슴살 **pechuga de pollo**
뻬추가 데 뽀요

닭고기 **pollo**
뽀요

닭날개 **ala de pollo**
알라 데 뽀요

닭다리 **muslo de pollo**
무슬로 데 뽀요

메추라기 **cordoniz**
꼬로도니쓰

오리 **pato**
빠또

칠면조터키 **pavo**
빠보

생선, 해산물

가재 **langostino**
랑고스띠노

게 **cangrejo**
깐그레호

고등어 **caballa**
까바야

굴 **ostra**
오스뜨라

농어 **perca**
뻬르까

대구 **bacalao**
바깔라오

랍스터 **langosta**
랑고스따

멸치 **anchoas**
안초아쓰

문어 **pulpo**
뿔뽀

뱀장어 **anguila**
앙길라

작은 새우 **camarón**
까마론

새우 **gamba**
감바

송어 **trucha**
뜨루차

연어 **salmon**
쌀몬

오징어 **calamares**
깔라마레쓰

정어리 **sardina**
싸르디나

조개 **almejas**
알메하쓰

참치 **atún**
아뚠

청어 **arenque**
아렌께

맛

단, 달콤한 **dulce**
둘쎄

달콤새콤한 **agridulce**
아그리둘쎄

맛, 풍미 **sabor**
싸보르

맛있는 **delicioso**
델리씨오쏘

매운 **picante**
삐깐떼

목마른 **sed**
쎋

따뜻한 **templado**
뗌쁠라도

부드러운 **suave**
쑤아베

말랑말랑 **blando**
블란도

딱딱한 **duro**
두로

신 **agrio**
아그리오

신선한 **fresco**
프레스꼬

쓴 **amargo**
아마르고

짠 **salado**
쌀라도

파삭파삭한 **crujiente**
끄루히엔떼

허기, 배고픔 **hambre**
암브레

요리 방법

갈은, 빻은 **molido / pulverizado**
몰리도 / 뿔베리싸도

강판에 간 **rallado**
라야도

(그릴에) 굽기 **a la parrilla / asado**
아 라 빠리야 / 아싸도

기름에 튀긴 **frito**
프리또

기름진 **graso**
그라쏘

깍둑썰기 **cortar en cubos**
꼬르따르 엔 꾸보쓰

껍질을 깐 **pelado**
뻴라도

끓이는 **hervido**
에르비도

냉동된 **congelado**
꽁헬라도

녹은 **derretido**
데레띠도

다지기 **trocear**
뜨로쎄아르

시럽 절임 **almíbar**
알미바르

덜 구운(레어) **poco hecho**
뽀꼬 에초

데친 **escalfado**
에스깔파도

드레싱(양념한) **sazonado / aliñado**
싸쏘나도 / 알리냐도

미디엄 **en su punto**
엔 쑤 뿐또

미지근한 **tibio**
띠비오

바비큐 **barbacoa**
바르바꼬아

베이크(굽기) **horno / horneado**
오느로 / 오르네아도

생(날)것 **crudo**
끄루도

소금에 절인 **salado**
쌀라도

숙성한(숙성 햄) **curado**
꾸라도

스튜(약한 불로 찐, 삶은) **estofado**
에스또파도

슬라이스 (얇게 썬) **en trozos[rodajas]**
엔 뜨로쏘쓰[로다하스]

연한 **tierno**
띠에르노

영양이 풍부한 **nutritivo**
누뜨리띠보

웰던(바싹 구운) **bien hecho / bien cocido**
비엔 에초 / 비엔 꼬씨도

으깬 **machacar**
마차까르

저미는 **en escabeche**
엔 에스까베체

절인 **adobado**
아보다도

즙이 있는 **jugoso**
후고쏘

찜 **vapor**
바뽀르

토스트, 구운 **tostado**
또스따도

통(캔)조림 **en lata**
엔 라따

통째, 덩어리 **entero**
엔떼로

튀기는 **frito**
프리또

피클(절임)
pepinillo en vinagre
뻬삐닐로 엔 비나그레

훈제 **ahumado**
아우마도

휘젓다 **batir**
바띠르

요리 이름

가니쉬(요리 장식, 곁들임 음식)
guarnición
구아르니씨온

또르띠야, 오믈렛 **tortilla**
또르띠야

샌드위치 **bocadillo**
보까딜요

스파게티 **espaguetis**
에스빠게띠쓰

스페니쉬 오믈렛
**tortilla de patatas /
tortilla española**
또르띠야 데 빠따따쓰 /
또르띠야 에스빠뇰라

찬 토마토 수프 **gazpacho**
가스빠초

타말레멕시코 요리 **tamal**
따말

파스타 **pasta**
빠스따

퓨레(진한 수프) **puré**
뿌레

피자 **pizza**
삗싸

향신료, 양념, 소스 류

간장 **salsa de soja**
쌀싸 데 쏘하

검은 후추 **pimienta negra**
삐미엔따 네그라

계피 **canela**
까넬라

고수풀 **cilantro**
씰란뜨로

고추 **chile**
칠레

로즈마리 **romero**
로메로

마늘 **ajo**
아호

마늘 마요네즈 **alioli**
알리올리

마요네즈 **mayonesa**
마요네싸

머스터드 **mostaza**
모스따싸

민트
hierba buena / menta
이에르바 부에나 / 멘따

바닐라 **vainilla**
바이닐라

바질 **albahaca**
알바아까

사워크림
nata agria / crema agria
나따 아그리아 / 끄레마 아그리아

샤프란 **azafrán**
아싸프란

설탕 **azúcar**
아쑤까르

소금 **sal**
쌀

소스 **salsa**
쌀싸

시럽 **almíbar / sirope**
알미바르 / 시롭뻬

식초 **vinagre**
비나그레

울금(심황) **curcuma**
꾸르꾸마

아니스(회향) **anís**
아니쓰

양하 **cardamomo**
까르다모모

오레가노 **orégano**
오레가노

육두구 열매
nuez moscada
누에쓰 모스까다

정향 **clavo**
끌라보

칠리소스 **salsa de guindilla**
쌀싸 데 긴디야

커민 열매 **comino**
꼬미노

타르타르 소스 (생선 요리 소스)
salsa tártara
쌀싸 따르따라

타임(백리향) **tomillo**
또밀로

파슬리 **perejil**
뻬레힐

후추 **pimiento**
삐미엔또

요리 재료 외

달팽이 **caracol**
까라꼴

두부 **tofu**
또푸

면(국수) **tallarines / fideos**
따야리네쓰 / 피데오쓰

밀가루 **harina**
아리나

밀가루 반죽 **masa**
마싸

오일 **aceite**
아쎄이떼

해바라기씨 오일
aceite de girasol
아쎄이떼 데 히라쏠

포도 오일 **aceite de uva**
아쎄이떼 데 우바

올리브 오일 aceite de oliva
아쎄이떼 데 올리바

음식 속 relleno
레예노

식기, 주방용품

계량스푼
cuchara medidora
꾸차라 메디도라

계량컵 taza medidora
따싸 메디도라

국자 cucharón
꾸차론

그릴 parrilla
빠리야

나이프 cuchillo
꾸치요

냄비 olla
오야

냉장고 nevera / frigorífico
네베라 / 프리고리피꼬

뚜껑 tapadera
따빠데라

볼, 대접
tazón / cuenco / bol
따쏜 / 꾸엔꼬 / 볼

믹서기 licuadora
리꾸아도라

소스팬 cazo
까쏘

스푼 cuchara
꾸차라

오븐 horno
오르노

작은 접시 platillo
쁠라띠요

전자레인지 microondas
미끄로온다쓰

접시 plato
쁠라또

종이 papel
빠뻴

종이타월 toallas de papel
또아야쓰 데 빠뻴

캔오프너 abrelatas
아브레라따쓰

컵 vaso / taza
바쏘 / 따싸

컵 받침대 posavasos
뽀싸바쏘쓰

키친 타월 papel de cocina
빠뻴 데 꼬씨나

포크 tenedor
떼네도르

프라이팬 sartén
싸르뗀

필러
pelapatatas / pelapapas
뻴라빠따쓰 / 뻴라빠빠쓰

패스트푸드

(피자) 토핑
ingredientes pizza
인그레디엔떼쓰 삣싸

메뉴 menú
메누

번 bollo
보요

빨대 paja
빠하

접시 plato
쁠라또

주문배달
entrega a domicilio
엔뜨레가 아 도미씰리오

청량음료 refresco
레프레스꼬

치킨너겟 nuggets de pollo
너겟츠 데 뽀요

치킨버거
hamburguesa de pollo
암부르게싸 데 뽀요

캔음료 refresco en lata
레프레스꼬 엔 라따

케첩 ketchup
께쵭

패스트푸드점 comida rápida
꼬미다 라뻬다

프라이드치킨 pollo frito
뽀요 프리또

프렌치후라이
patatas[papas] fritas
빠따따쓰[빠빠쓰] 프리따쓰

피쉬앤칩스
pescado con patatas[papas]
뻬쓰까도 꼰 빠따따쓰[빠빠쓰]

피자 pizza
삣싸

햄버거 hamburguesa
암브루게싸

햄버거 세트
hamburguesa con patatas fritas (papas fritas)
암브루게싸 꼰 빠따따쓰 프리따쓰 (빠빠쓰 프리따쓰)

6

**여행지에서
보고, 듣고, 놀기**

스페인과 중남미는 전 세계 여행객들에게 인기 있는 여행지 중 하나입니다. 스페인은 다양한 세계문화 유산을 갖고 있을 뿐만 아니라 기독교, 이슬람 문화 융합으로 독특한 분위기를 자랑하죠. 중남미는 고대 문명의 경이로움과 열정적인 라틴 문화, 이색적인 음식 등으로 또한 사랑을 많이 받는 여행지랍니다. 그곳의 문화와 역사를 살펴보는데 도움이 될 유용한 표현들을 알아봅시다.

Turismo

KEY **CHECK** 1

관광 안내소

관광 안내소에서 알짜 정보 얻어요

전 세계인이 모이는 유명 관광지에는 여행자들을 위한 관광 안내소가 늘 존재합니다. 그 도시의 관광 계획 준비를 제대로 못했다면 걱정하지 마세요. 안내소에 방문하면 다양한 관광 정보와 지도를 무료로 얻고 예약도 가능합니다.

❶ 관광지 정보 얻기

필요한 문장에 표시해보세요!

이 근처에 관광 안내소가 어디 있어요?
¿Dónde hay una oficina de turismo por aquí?
돈데 아이 우나 오피씨나 데 뚜리스모 뽀르 아끼?   ☐

관광이나 가이드 투어로 뭘 추천하시겠어요?
¿Qué excursiones me recomienda?
께 엑스꿀씨오네쓰 메 레꼬미엔다?   ☐

꼭 가봐야 할 곳은 어디예요?
¿Cuáles son los sitios a los que debería ir sin falta?
꾸알레쓰 쏜 로쓰 씨띠오쓰 아 로쓰 께 데베리아 이르 씬 팔따?   ☐

역사 유적지에 대한 정보 있나요?
¿Tiene infomación sobre los lugares de interés histórico?
띠에네 인포르마씨온 쏘브레 로쓰 루가레쓰 데 인떼레쓰 이스또리꼬?   ☐

▶ 문화적인 **cultural** 꿀뚜랄 / 종교적인 **religioso** 렐리히오쏘 / 특이한 **único** 우니꼬 / 자연 **natural** 나뚜랄

길 좀 알려주실래요?
¿Me puede indicar el camino, por favor?
메 뿌에데 인디까르 엘 까미노, 뽀르 파보르?   ☐

입장료가 얼마예요?
¿Cuánto es el pasaje?
꾸안또 에쓰 엘 빠사헤?

현지인 가이드를 고용하고 싶어요.
Me gustaría contratar un guía local.
메 구스따리아 꼰뜨라따르 운 기아 로깔.

도시 걷기 투어 있나요?
¿Hay alguna excursión a pie por la ciudad?
아이 알구나 엑스꿀씨온 아 삐에 뽀르 라 씨우닫?

❷ 관광지 지도와 안내 책자 얻기

이 지역 지도 있어요?
Por favor, ¿tiene un plano de la ciudad?
뽀르 파보르, 띠에네 운 쁠라노 데 라 씨우닫?

▶ 호텔 리스트 **una lista de hoteles** 우나 리스따 데 오뗄레쓰
레스토랑 리스트 **una lista de restaurantes** 우나 리스따 데 레스따우란떼쓰
지역 브로우셔 **un folleto de la región** 운 포예또 데 라 레히온
기차 시간표 **un horario de trenes** 운 오라리오 데 뜨레네쓰
버스 시간표 **un horario de autobuses** 운 오라리오 데 아우또부세쓰

도심[박물관] 가이드북 있어요?
¿Hay una guía de la ciudad[del museo]?
아이 우나 기아 데 라 씨우닫[델 무세오]?

한국어로 된 책자가 있어요?
¿Tiene guías en coreano, por favor?
띠에네 기아쓰 엔 꼬레아노, 뽀르 파보르?

칸쿤 전역에 대한 여행 정보가 있나요?
¿Tiene información sobre toda la región de Cancún?
띠에네 인포르마씨온 쏘브레 또다 라 레히온 데 깐꾼?

무료인가요?
¿Es gratis?
에쓰 그라띠쓰?

그것은 무료입니다.
Es gratis.
에쓰 그라띠쓰.

③ 길 묻기

공중 화장실이 어디 있죠?
¿Dónde están los baños[servicios] públicos?
돈데 에스딴 로쓰 바뇨쓰[쎄르비씨오쓰] 뿌블리꼬쓰?

환전소가 어디 있죠?
¿Dónde hay una casa de cambio?
돈데 아이 우나 까싸 데 깜비오?

은행이 어디 있죠?
¿Dónde está el banco?
돈데 에스따 엘 방꼬?

호텔을 찾고 있어요.
Busco un hotel.
부스꼬 운 오뗄.

길을 잃었어요.
Estoy perdido.
에스또이 뻬르디도.

오른쪽으로.
A la derecha.
아 라 데레차.

왼쪽으로.
A la izquierda.
아 라 이쓰끼에르다.

직진.
Derecho. / Recto.
데레초. / 렉또.

DIÁLOGO 1

길 안내하기

직원 안녕하세요. 무엇을 도와드릴까요?

Buenos días, ¿en qué le puedo ayudar?
부에노쓰 디아쓰, 엔 께 레 뿌에도 아유다르?

나 네, 도시 지도 있어요?

Sí, ¿tiene el mapa de la ciudad?
씨, 띠에네 엘 마빠 데 라 씨우닫?

직원 네, 여기 있습니다.

Sí, aquí lo tiene.
씨, 아끼 로 띠에네.

나 프라도 미술관에 가고 싶은데 여기서 먼가요?

Quiero ir al Museo del Prado. ¿Queda lejos de aquí?
끼에로 이르 알 무세오 델 쁘라도. 께다 레호쓰 데 아끼?

직원 아니요, 걸어서 10분밖에 안 걸려요.

No, está a 10 minutos andando.
노, 에스따 아 디에쓰 미누또쓰 안단도.

나 길 좀 알려 주시겠어요?

¿Me puede indicar cómo se llega?
메 뿌에데 인디까르 꼬모 쎄 예가?

직원 네, 호텔을 나와서 오른쪽으로 도세요. 광장이 보일 때까지 100미터 직진하고, 거기서 횡단보도를 건너세요. 프라도 거리를 따라 죽 직진하면 오른쪽에 미술관이 있어요. 찾기 쉽답니다.

Claro. Nada más al salir del hotel gire a la derecha. Siga recto 100 metros hasta que vea la plaza y cruce el paso de peatones. Si sigue todo recto la calle Prado, verá a mano derecha el Museo. Es fácil de encontrarlo.
끌라로. 나다 마쓰 알 쌀리르 델 오뗄 히레 아 라 데레차. 씨가 렉또 씨엔 메뜨로쓰 아스따 께 베아 라 쁠라싸 이 끄루쎄 엘 빠쏘 데 뻬아또네쓰. 씨 씨게 또도 렉또 라 까예 쁘라도, 베라 아 마노 데레차 엘 무세오. 에쓰 파씰 데 엔꼰뜨라를로.

나 미술관 입장료가 얼마죠?

¿Cuánto cuesta la entrada al museo?
꾸안또 꾸에스따 라 엔뜨라다 알 무세오?

직원 성인은 8유로예요. 그 옆에 왕립식물원에도 관심 있으시면 가 보세요.

8 euros. Si le interesa el Real Jardín Botánico está a lado del Museo.
오초 에우로쓰. 씨 레 인떼레싸 엘 레알 하르딘 보따니꼬 에스따 아 라도 델 무세오.

나 고맙습니다.

Muchas gracias.
무차쓰 그라씨아쓰.

교통편 묻기

나 성가족성당에 어떻게 가야 하죠?

¿Cómo se va a la Sagrada Familia?
꼬모 쎄 바 아 라 싸그라다 파밀리아?

직원 14번 버스를 타세요. 호텔 앞 정류장에서 10분 간격으로 다녀요. 성가족성당으로 바로 갑니다. 15분 정도 걸려요.

Suba al autobús número 14. Llega cada 10 minutos a la parada de delante del hotel. Va directo a la Sagrada Familia. Tardará unos 15 minutos.
쑤바 알 아우또부쓰 누메로 까또르쎄. 예가 까다 디에쓰 미누또쓰 아 라 빠라다 데 델란떼 델 오뗄. 바 디렉또 아 라 싸그라다 파밀리아. 따르다라 우노쓰 낀쎄 미누또쓰.

나 버스 요금은 얼마예요?

¿Cuánto cuesta el pasaje?
꾸안또 꾸에스따 엘 빠사헤?

직원 2유로입니다.

2 euros.
도쓰 에우로쓰.

나 좋네요. 그리고 오늘 저녁에 가볼 괜찮은 식당 좀 추천해 주시겠어요? 너무 비싸지 않으면서 맛있는 곳으로요.

Muy bien. ¿Y me podría recomendar algún buen restaurante para esta noche? De buena calidad pero que no sea muy caro.
무이 비엔. 이 메 뽀드리아 레꼬멘다르 알군 부엔 레스따우란떼 빠라 에스따 노체? 데 부에나 깔리닫 뻬로 께 노 쎄아 무이 까로.

직원 박물관 거리에 있는 블랑코 레스토랑을 추천합니다. 주요리가 20유로 정도 하는데 분위기가 정말 좋아요.

Le recomiento el restaurante Blanco que está en la calle del Museo. El menú de la casa cuesta alrededor de 20 euros y el ambiente es muy bueno.
레 꼬미엔또 엘 레스따우란떼 블랑꼬 께 에스따 엔 라 까예 델 무세오. 엘 메누 데 라 까싸 꾸에스따 알레데도르 데 베인떼 에우로쓰 이 엘 암비엔떼 에쓰 무이 부에노.

나 도와주셔서 고맙습니다.

Muchas gracias por su ayuda.
무차쓰 그라씨아쓰 뽀르 쑤 아유다.

직원 천만에요. 좋은 하루 보내세요.

De nada. ¡Que tenga un buen día!
데 나다. 께 뗑가 운 부엔 디아!

CHECK IT OUT ① | 표지판 읽기

매너 있는 여행자가 되기 위해 알아두어야 할 다양한 표현을 모았습니다.

금지 및 경고 문구

출구	Salida	쌀리다
응급 시 출구	Salida de Emergencia	쌀리다 데 에메르헨씨아
입장 금지	Prohibido Entrar	쁘로이비도 엔뜨라르
출입 금지	Prohibido Pasar	쁘로이비도 빠싸르
주차 금지	Prohibido Aparcar	쁘로이비도 아빠르까르
금연	Prohibido Fumar	쁘로이비도 푸마르
식음 불가	Agua No Potable	아구아 노 뽀따블레
수화기	Extintor	엔스띤또르
여성(화장실)	Damas	다마쓰
남성(화장실)	Caballeros	까바예로쓰
만지지 마시오	No Tocar	노 또까르
음식섭취 불가	Prohibido Comer	쁘로이비도 꼬메르

KEY CHECK 2

현지 투어 문의

현지 투어를 해볼까요?

현지 투어는 짧은 시간 그 도시의 주요 명소만 돌아볼 수 있는 장점이 있습니다. 거기에다 요점만 쏙쏙 뽑아서 명쾌하게 설명하는 가이드와 편한 교통이 제공되죠. 투어는 종류와 옵션도 다양하니 꼼꼼히 잘 살펴보고 도전해 보세요.

① 가격, 결제 방법 및 투어 포함 사항 문의

투어 가격이 얼마예요?
¿Cuánto cuesta la excursión?
꾸안또 꾸에스따 라 엑스꿀씨온?

세금이 포함된 가격이에요?
¿Están incluídos los impuestos?
에스딴 인끌루이도쓰 로쓰 임뿌에스또쓰?

투어에 뭐가 포함되죠?
¿Qué incluye la excursión?
께 인끌루예 라 엑스꿀씨온?

식사[장비/교통]가 포함되나요?
¿Incluye comida[equipo/transporte]?
인끌루예 꼬미다[에끼뽀/뜨란스뽀르떼]?

도착하기 전에 온라인 결제해도 돼요?
¿Puedo pagar vía online antes de llegar?
뿌에도 빠가르 비아 온라인 안떼쓰 데 예가르?

만약 취소하게 될 경우, 투어 비용을 환불받을 수 있어요?
En caso de cancelación, ¿es posible el reembolso en caso de cancelación?
엔 까쏘 데 깐쎌라씨온, 에쓰 뽀씨블레 엘 렘볼쏘 엔 까쏘 데 깐쎌라씨온?

추가 요금이 있나요?
¿Tiene algún coste adicional?
띠에네 알군 꼬스떼 아디씨오날?

날씨가 안 좋아도 투어를 진행하나요?
¿Las excursiones tendrán lugar aunque el tiempo sea malo?
라쓰 엑스꿀씨오네쓰 뗀드란 루가르 아운께 엘 띠엠뽀 쎄아 말로?

▶ 비가 와도 **aunque llueva** 아운께 유에바
　눈이 와도 **aunque nieve** 아운께 니에바

---

② 관광 투어 상품 문의

투어는 얼마나 걸리죠?
¿Cuánto dura el recorrido?
꾸안또 두라 엘 레꼬리도?

투어가 영어로 진행되나요?
¿Hay alguna excursión guiada en inglés?
아이 알구나 엑스꿀씨온 기아다 엔 인글레쓰?

투어 중에 많이 걷나요?
¿Es necesario andar mucho durante el recorrido?
에쓰 네쎄싸리오 안다르 무초 두란떼 엘 레꼬리도?

가져가야 할 것이 있어요?
¿Hay algo que tenga que llevar?
아이 알고 께 뗑가 께 예바르?

호텔에서 픽업하나요?
¿La recogida es en el hotel?
라 레꼬히다 에쓰 엔 엘 오뗄?

만나는 장소가 어디예요?
¿Dónde es el punto de encuentro?
돈데 에쓰 엘 뿐또 데 엔꾸엔뜨로?

그곳에 몇 시에 가면 되죠?
¿A qué hora tengo que estar allí?
아 께 오라 뗑고 께 에스따르 아이?

투어가 몇 시에 시작해요[끝나요]?
¿A qué hora empieza la excursión[termina]?
아 께 오라 엠삐에싸 라 엑스꿀씨온[떼르미나]?

③ 투어 중에

2시까지 식당 앞에 가면 되나요?
¿Debo estar a las 2 en frente del restaurante?
데보 에스따르 아 라쓰 도쓰 엔 프렌떼 델 레스따우란떼?

천천히 말해 주세요.
Dígamelo más despacio, por favor.
디가멜로 마쓰 데스빠씨오, 뽀르 파보르.

크게 말해 주세요.
Dígamelo más alto, por favor.
디가멜로 마쓰 알또, 뽀르 파보르.

다시 한 번 말해 주세요.
Repítamelo, por favor.
레삐따멜로, 뽀르 파보르.

무리(그룹)를 잃었어요.
He perdido a mi grupo.
에 뻬르디도 아 미 그루뽀.

길을 잃으시면 이 깃발을 찾으세요.
Si se pierde, busque esta bandera.
씨 쎄 삐에르데, 부스께 에스따 반데라.

관람을 하시고 2시까지 여기 모여주세요.
Después de la visita, nos encontramos aquí a las 2.
데스뿌에쓰 데 라 비씨따, 노쓰 엔꼰뜨라모쓰 아끼 아 라쓰 도쓰.

DIÁLOGO 2

관광 투어

가이드 안녕하세요. 저는 가이드 루카스입니다. 자 이제 출발하겠습니다. 투어 중 궁금하신 점 언제든지 물어보세요.

Buenos días. Soy el guía y mi nombre es Lucas. Ahora empezamos la excursión. Cualquier pregunta no dude en hacérmela(o).
부에노쓰 디아쓰. 쏘이 엘 기아 이 미 놈브레 에쓰 루까스. 아오라 엠뻬싸모쓰 라 엑쓰꿀씨온. 꾸알끼에르 쁘레군따 노 두데 엔 아쎄르메라(로).

나 질문이 있는데요. 투어 중에 많이 걷나요?

Tengo una pregunta. ¿Tenemos que andar mucho?
뗑고 우나 쁘레군따. 떼네모쓰 께 안다르 무초?

가이드 그리 많이 걷지는 않습니다. 공원에서 틈틈이 앉았다가 가실 수 있어요.

No mucho. En el parque puede descansar cuando quiera.
노 무초. 엔 엘 빠르께 뿌에데 데스깐싸르 꾸안도 끼에라.

나 네, 다행이네요. 감사합니다.

Qué bien. Gracias.
께 비엔. 그라씨아쓰.

여행객 점심은 언제 먹나요?

¿A qué hora comemos?
아 께 오라 꼬메모쓰?

가이드 공원 투어를 마치고 그 근처 식당에서 1시쯤 먹을 거예요.

Después del paseo en el parque comeremos en un restaurante cercano alrededor de la una.
데스뿌에쓰 델 빠쎄오 엔 엘 빠르께 꼬메레모쓰 엔 운 레스따우란떼 쎄르까노 알레데도르 데 라 우나.

가이드 모두 관람 잘하셨나요? 알찬 시간 되셨기 바랍니다.

¿Han disfrutado de la visita? Espero que les haya gustado.
안 디스프루따도 데 라 비씨따? 에스뻬로 께 레쓰 아야 구스따도.

나 덕분에 좋은 작품 잘 봤습니다. 친절한 설명 감사합니다.

Gracias a usted. Le agradecemos por su amable explicación.
그라씨아쓰 아 우스뗃. 레 아그라데쎄모쓰 뽀르 수 아마블레 엑스쁠리까씨온.

가이드 감사합니다. 그럼 선물 가게에서 필요하신 물건 살펴보시고 미술관 입구에서 3시에 뵙겠습니다.

Gracias. Mire la tienda de regalos y nos vemos en la entrada del Museo a las 3.
그라씨아쓰. 미레 라 띠엔다 데 레갈로쓰 이 노쓰 베모쓰 엔 라 엔뜨라다 델 무세오 아 라쓰 뜨레쓰.

나 밖에서 쉬어도 되나요?

¿Puedo descansar fuera?
뿌에도 데스깐싸르 푸에라?

가이드 물론입니다.

Por supuesto.
뽀르 쑤뿌에스또.

CHAPTER 6 | Turismo   277

CHECK IT OUT ❷ | 추천 관광 투어

스페인과 중남미 국가에는 전 세계 여행객들에게 사랑받는 명소가 많습니다. 여유 있게 자유 여행을 하며 관광지를 둘러 볼 수도 있지만, 시간 절약과 교통 편의 그리고 특정 분야에 대한 관심 등의 이유로 투어를 이용할 수 있습니다. 스페인과 중남미 국가에서 인기 높고 이색적인 관광 투어를 소개합니다.

스페인
- 바르셀로나, 가우디 투어: 바르셀로나 여행자들의 필수 코스, 스페인 건축가 '가우디'의 건축물; 성가족성당, 구엘 공원, 까사 밀라 등을 둘러 볼 수 있습니다.
- 바르셀로나, 몬세라트 와이너리 투어: 바르셀로나 근교의 아름다운 자연과 대성당, 수도원 투어와 전통 있는 와인 제조 과정을 보고 시음도 즐길 수 있습니다.

*바르셀로나 전기 롤러 투어도 요즘 유행입니다. 가이드 안내로 10명 정도 2시간 시티 투어 진행하는데 가족, 연인들에게 인기가 높습니다.

페루
- 마추픽추 투어: 유네스코 세계문화유산이자 세계 7대 불가사의로 선정된 '마추픽추'는 여행자들의 로망이 담긴 대표 여행지입니다. 현지 가이드를 통해 역사 유적에 대한 상세한 설명을 들을 수 있습니다.
- 와카치나, 버기카 투어: 몇 년 전 TV 여행 프로그램에서도 방영되어 인기를 끈 투어입니다. 모래사막을 버기카를 타고 신나게 달리고 샌드보딩 또한 스릴 넘치는 체험입니다.

멕시코

- 멕시코시티, 무료 워킹 투어(Estación México): 멕시코시티 도심을 분홍색 티셔츠를 입은 가이드를 따라 약 3시간 걸어 다니며 주요 명소를 둘러 볼 수 있습니다. 영어와 스페인어로 진행되며 무료이지만 50~100페소 팁을 주는 것이 좋습니다.
- 멕시코시티, 부패 투어(Corruptour): 멕시코의 공무원과 경찰들의 부패는 상당히 심각한 수준입니다. 이것을 일종의 풍자와 동시에 투명한 정치 사회를 바라는 마음을 담아 투어로 진행하며 멕시코 영부인의 저택, 부패 경찰에 의해 희생된 학생들 조각상 등을 둘러 봅니다.
- 과나후아토(Guanajuato), 테킬라 투어(Circuito del Tequila): 테킬라 생산 공장, 박물관과 아가베 농장을 둘러보는 투어로 제조 과정과 공장이 유네스코 세계문화유산으로 지정되었을 만큼 가치 있는 코스입니다.

파라과이

이과수 폭포 투어: 이과수 폭포는 브라질, 아르헨티나, 파라과이 세 나라 국경에 걸쳐 있어 여행 루트에 따라 적절한 코스를 선택할 수 있습니다. 보트 투어, 래프팅, 정글(사파리) 투어, 헬리콥터 투어 등 다양한 옵션이 있습니다.

아르헨티나

- 부에노스아이레스 투어: 부에노스아이레스를 즐길 방법도 많습니다. 자전거 시티 투어, 아사도 파티, 탱고 레슨, 축구장 관람 등 취향에 맞는 투어를 선택할 수 있습니다.
- 파타고니아 모레노 빙하 투어: 남극과 그린란드에 이어 세계에서 세 번째로 큰 빙하로 아르헨티나 남쪽에 위치한 공원입니다. 5, 6시간 트레킹, 미니 트레킹, 전망대 투어 등의 옵션이 있습니다.

볼리비아

우유니 소금사막 투어: 남미 여행의 백미 중 하나인 '우유니 소금사막'은 선라이즈-선셋 투어를 포함, 사방이 하얀 소금으로 환상적인 전경을 자랑합니다. 여행객들은 저마다 멋지고 재미있는 포즈를 취하며 사진 찍는 재미도 쏠쏠합니다.

KEY **CHECK** 3

공연 정보

현지 공연 놓치지 마세요

해외여행을 하면서 현지의 유명한 공연을 보는 것도 색다른 경험이 될 거예요. 스페인에 가면 플라멩코, 아르헨티나에서는 탱고, 페루, 에콰도르 등에서는 전통 음악 공연 놓치지 마세요.

❶ 공연 정보 묻기

오늘 밤에 갈 만한 좋은 곳 좀 추천해 주실래요?
¿Puede recomendarme algún buen sitio para ir esta noche?
뿌에데 레꼬멘다르메 알군 부엔 씨띠오 빠라 이르 에스따 노체?

춤 공연을 보고 싶어요.
Quiero ver un espectáculo de baile.
끼에로 베르 운 에스뻭따꿀로 데 바일레.

이번[다음] 주에 어떤 행사가 있어요?
¿Qué eventos hay esta[la próxima] semana?
께 에벤또쓰 아이 에스따[라 쁘록씨마] 쎄마나?

요즘 가장 인기 있는 연극[뮤지컬]이 뭐예요?
¿Cuál es la obra de teatro[musical] actual más popular en estos momentos?
꾸알 에쓰 라 오브라 데 떼아뜨로[무씨깔] 악뚜알 마쓰 뽀뿔라르 엔 에스또 모멘또쓰?

오늘 밤에 아르떼 극장에서 하는 플라멩코 공연 표가 있나요?
¿Tiene billetes para el espectáculo de flamenco en el teatro Arte?
띠에네 비예떼쓰 빠라 엘 에스뻭따꿀로 데 플라멩꼬 엔 엘 떼아뜨로 아르떼?

라 보까에서 탱고를 꼭 보셔야죠.
Tiene que ver el tango en La Boca.
띠에네 께 베르 엘 땅고 엔 라 보까.

마르코 극장에서 오페라 카르멘을 하고 있어요.
La Opera Carmen está en función en el teatro Marco.
라 오뻬라 까르멘 에스따 엔 푼씨온 엔 엘 떼아뜨로 마르꼬.

2 공연 내용 자세히 묻기

이 호텔에서 유명한 재즈 밴드 연주가 있다고 들었어요.
Me han dicho que hay una buena banda de jazz en este hotel.
메 안 디초 께 아이 우나 부에나 반다 데 쨔스 엔 에스떼 오뗄.

누가 출연하죠?
¿Quiénes son los músicos?
끼에네쓰 쏜 로쓰 무씨꼬쓰?

어디서 상연하죠?
¿En dónde es la función?
엔 돈데 에쓰 라 푼씨온?

무슨 내용이에요?
¿Qué tema es?
께 떼마 에쓰?

누가 연주(지휘)해요?
¿Quiénes interpretan?
끼에네쓰 인떼르쁘레딴?

축제 기간 그 공원은 무료 개방합니다.
Durante la fiesta la entrada del parque es gratis.
두란떼 라 피에스따 라 엔뜨라다 델 빠르께 에쓰 그라띠쓰.

왕립극장에서 공연합니다. 메트로 5호선 오페라 역에서 바로예요.
La función es en el Teatro Real. Es la estación Opera de la línea 5.
라 푼씨온 에쓰 엔 엘 떼아뜨로 레알. 에쓰 라 에스따씨온 오뻬라 데 라 리네아 씬꼬.

DIÁLOGO 3

공연 정보 얻기

나 오후에 할 만한 재미난 것 좀 추천해 주세요.

Recomiéndeme algo interesante para hacer por la tarde.
레꼬미엔데메 알고 인떼레싼떼 빠라 아쎄르 뽀르 라 따르데.

호텔 직원 호텔 건너편 극장에서 돈키호테 인형극을 하는데, 관심 있으세요? 매일 오후 그리고 밤에 공연이 있어요.

En el teatro que queda en frente al hotel hay espectáculos de marionetas de 'Don Quijote'. ¿Le interesa? Hay funciones todos los días por la tarde y noche.
엔 엘 떼아뜨로 께 께다 엔 프렌떼 알 오뗄 아이 에스뻭따꿀로쓰 데 마리오네따쓰 데 돈 끼호떼. 레 인떼레싸? 아이 푼씨오네쓰 또도쓰 로쓰 디아쓰 뽀르 라 따르데 이 뽀르 라 노체.

나 어린이도 볼 수 있나요?

¿Los niños pueden verlo?
로쓰 니뇨쓰 뿌에덴 베르로?

호텔 직원 네, 그럼요. 가족들이 즐길 수 있는 공연이에요.

Sí claro, es para toda la familia.
씨 끌라로, 에쓰 빠라 또다 라 파밀리아.

CHECK IT OUT ③ | 스페인과 중남미의 축제

해외여행을 하며 그 나라의 축제를 마주하는 것만큼 신나고 설레는 일이 없겠죠. 축제를 통해 단기간에 그 나라의 문화와 역사, 종교 등을 압축해서 보고 체험할 수 있고요. 스페인과 중남미의 유명한 축제 몇 가지 소개해 드릴게요. 가고 싶은 축제를 잘 봐두셨다가 여행 일정에 넣어 보세요. (*축제에 따라 일정 변수가 생길 수 있으니 홈페이지에서 꼭 확인하세요.)

스페인의 축제

매년 뉴스에서도 접할 수 있는 스페인의 산 페르민 축제, 토마토 축제 등은 단순히 스페인 축제 이상의 의미를 지닙니다. 전 세계 여행객들을 축제 기간 끌어모을 만큼 규모도 크고 관광 사업 발전에도 일조하고 있죠. 스페인에는 연간 약 200개가 넘는 크고 작은 축제가 있습니다. 그중 주요 몇 가지 축제를 소개합니다.

월	도시	축제
4월	세비야	Feria de Abril (세비야 봄 축제) : 화려한 플라멩코 의상을 입고 춤을 추는 봄 축제
6월	카스트리요 데 무르시아	El Colacho (엘 꼴라초) : 악마로부터 아기를 지킨다는 전통, 아기 뛰어넘기 축제
7월	팜플로나	Fiesta de San Fermín (산 페르민 축제) : 산 페르민(수호성인)을 기리는 축제로 유명한 소몰이, 투우, 폭죽놀이 등이 진행
8월	부뇰	La Tomatina (라 토마티나; 토마토 축제) : 1시간 동안 잘 익은 토마토를 던지며 즐기는 축제
9월	바르셀로나	La Mercè (라 마르세) : 성모마리아를 기리는 종교 축제로 가장행렬, 인간 탑 쌓기 등의 행사가 진행
10월	카탈루냐	Castellers (인간 탑 쌓기 축제) : 남녀노소 팀이 10단 높이의 인간 탑을 쌓는 행사

중남미의 축제

중남미에는 종교와 관련된 축제가 많습니다. 원주민 축제부터 가톨릭 축제 등 다양하죠. 그 외에도 문화 예술 관련 축제도 있으니 취향에 따라 여행 일정에 맞춰 보세요.

월	나라	축제
1월	파나마	Panama Jazz Festival (파나마 재즈 축제)
	칠레	Santiago a Mil (연극·무용 축제)
	아르헨티나	Festival Nacional de Folklore de Cosquín (민속음악 축제)
2월	멕시코	Carnaval (사순절 고행 전 거리 축제)
	페루	Fiesta de la Virgen de la Candelaria (칸델라리아 성모 축제)
3월	페루	Semana Santa (부활절 축제)
	볼리비아	Pujillay Festival (승전 기념 축제)
	아르헨티나	Fiesta Nacional de la Vendimia (포도 수확 축제)
5월	페루	Q'Oyoriti (성체 축일)
6월	페루	Inti Raymi (태양제)
	브라질	Bumba Meu Boi (원주민 전통 축제)
7월	볼리비아	Fiesta del Santo Patrono de Moxos (수호 성인 축제)
8월	아르헨티나	Campeonato Mundial de Baile de Tango (탱고 축제)
10월	브라질	Círio de Nazaré (나자레 촛불 축제)
11월	멕시코	Día de Muertos (망자의 날)
	페루	Puno Day (푸노 데이)
	아르헨티나	Mar del Plata International Film Festival (마르 델 플라타 국제영화제)
12월	아르헨티나	Buenos Aires Jazz Festival (부에노스아이레스 재즈 축제)

KEY CHECK 4

공연장에서

공연장에서 필요한 스페인어

인터넷으로 예약하면 일부 공연은 할인 혜택이 주어지기도 합니다. 미리 인터넷 예약을 못 했을 경우 현장 구매를 해야 하는데, 이때 필요한 표현; 좌석 선택, 인원수, 계산하기 등을 익혀 보세요.

❶ 공연표 사기

표를 어디서 사죠?
¿Dónde se compran las entradas?
돈데 쎄 꼼쁘란 라쓰 엔뜨라다쓰?

김민 이름으로 표를 예약했어요.
He reservado a nombre de Kim Min.
에 레쎄르바도 아 놈브레 데 김민.

5시 공연으로 두 장 주세요.
Déme 2 entradas de la función de las 5.
데메 도쓰 엔뜨라다쓰 데 라 푼씨온 데 라쓰 씬꼬.

어린이 할인이 있나요?
¿Hay descuento para niños?
아이 데스꾸엔또 빠라 니뇨쓰?

▶ 노인 **mayores** 마요레쓰 / 학생 **estudiantes** 에스뚜디안떼쓰
청소년 **jóvenes** 호베네쓰 / 단체 **grupos** 그루뽀쓰

오늘 밤 공연 두 장 주세요.
Quisiera 2 entradas para la función de esta noche.
끼씨에라 도쓰 엔뜨라다쓰 빠라 라 푼씨온 데 에스따 노체.

가장 싼[비싼] 표는 얼마예요?
¿Cuánto es la entrada más económica[cara]?
꾸안또 에쓰 라 엔뜨라다 마쓰 에꼬노미까[까라]?

일반석 3장 얼마예요?
¿Cuántos son 3 entradas generales?
꾸안또쓰 쏜 뜨레쓰 엔뜨라다쓰 헤네랄레쓰?

더 싼 좌석 있나요?
¿Hay asientos más económicos?
아이 아씨엔또쓰 마쓰 에꼬노미꼬쓰?

오늘 남아 있는 표 있어요?
¿Quedan entradas para hoy?
께단 엔뜨라다쓰 빠라 오이?

이번 주 토요일에 하는 '마르띤 기타 콘서트' 티켓 두 장 예약할게요.
Quiero reservar para 2 personas para ver el concierto de guitarra Martín de este sábado.
끼에로 레쎄르바르 빠라 도쓰 뻬르쏘나쓰 빠라 베르 엘 꼰씨에르또 데 기따라 마르띤 데 에스떼 싸바도.

매진입니다.
Está agotado.
에스따 아고따도.

저녁 7시 공연은 매진이고, 오후 4시 공연은 자리가 있습니다.
El de las 7 está agotado pero a las 4 todavía hay asientos.
엘 데 라쓰 씨에떼 에스따 아고따도 뻬로 아 라쓰 꾸아뜨로 또다비아 아이 아씨엔또쓰.

성인 2명 해서 총 50유로입니다.
2 mayores, en total 50 euros.
도쓰 마요레쓰, 엔 또딸 씬꾸엔따 에우로쓰.

공연 10분 전 입장해 주세요.
Tiene que llegar 10 minutos antes del espectáculo.
띠에네 께 예가르 디에쓰 미누또쓰 안떼쓰 델 에스뻭따꿀로.

2 이것저것 묻기

몇 시에 쇼가 시작되죠?
¿A qué hora empieza el show?
아 께 오라 엠삐에싸 엘 쇼?

공연 안내서가 있어요?
¿Tiene guía del espectáculo?
띠에네 기아 델 에스뻭따꿀로?

입구[출구]는 어디예요?
¿Dónde es la entrada[salida]?
돈데 에쓰 라 엔뜨라다[쌀리다]?

미성년자 출입 금지인가요?
¿Está prohibida la entrada de menores de edad?
에스따 쁘로이비다 라 엔뜨라다 데 메노레쓰 데 에닫?

어린이도 입장 가능한가요?
¿Admiten niños?
아드미뗀 니뇨쓰?

화장실이 어디 있죠?
¿Dónde está el baño?
돈데 에스따 엘 바뇨?

죄송하지만, 아이들은 입장할 수 없습니다.
Lo siento. Los niños no pueden pasar.
로 씨엔또. 로쓰 니뇨쓰 노 뿌에덴 빠싸르.

왼쪽으로 직진하세요.
Gire a mano izquierda y siga recto.
히레 아 마노 이쓰끼에르다 이 씨가 렉또.

DIÁLOGO 4

공연표 사기

나 일반석으로 주세요. 표 가격이 얼마죠?

Asiento general, por favor. ¿Cuánto es el precio?
아씨엔또 헤네랄, 뽀르 파보르. 꾸안또 에쓰 엘 쁘레씨오?

직원 일반석 2장 합쳐서 30유로입니다.

2 entradas de asiento general son 30 euros.
도쓰 엔뜨라다쓰 데 아씨엔또 헤네랄 쏜 뜨레인따 에우로쓰.

나 공연이 몇 시에 시작하죠?

¿A qué hora empieza la función?
아 께 오라 엠삐에싸 라 푼씨온?

직원 4시 정각에 시작합니다.

A las 4 en punto.
아 라쓰 꾸아뜨로 엔 뿐또.

나 공연 시간은요?

¿Cuánto dura la función?
꾸안또 두라 라 푼씨온?

직원 2시간 정도 해요.

Unas 2 horas.
우나쓰 도쓰 오라쓰.

매진입니다

직원 안녕하세요. 무엇을 도와드릴까요?

Buenos días. ¿En qué le puedo ayudar?
부에노쓰 디아쓰. 엔 께 레 뿌에도 아유다르?

나 안녕하세요. 7시 '카르멘' 티켓 두 장 주세요.

Buenos días. Necesito 2 entradas para ver 'Carmen' para las 7, por favor.
부에노쓰 디아쓰. 네쎄씨또 도쓰 엔뜨라다쓰 빠라 베르 '까르멘' 빠라 라쓰 씨에떼, 뽀르 파보르.

직원 죄송합니다. 그 시간은 매진이에요.

Lo siento. El de las siete está agotado.
로 씨엔또. 엘 데 라쓰 씨에떼 에스따 아고따도.

나 다른 시간은요?

¿Y otra hora?
이 오뜨라 오라?

직원 확인해 볼게요. 음, 오후 3시에 네 좌석이 남았어요.

Se lo confirmo. Hm, tiene 4 asientos libres para la función de las 3.
쎄 로 꼰피르모. 음. 띠에네 꾸아뜨로 아씨엔또쓰 리브레쓰 빠라 라 푼씨온 데 라쓰 뜨레쓰.

나 그럼 3시 표 두 장 주시겠어요? 성인 둘요.

Entonces déme 2 entradas para el de las 3, por favor. 2 mayores.
엔똔쎄쓰 데메 도쓰 엔뜨라다쓰 빠라 엘 데 라쓰 뜨레쓰, 뽀르 파보르. 도쓰 마요레쓰.

직원 총 60유로입니다.

En total son 60 euros.
엔 또딸 쏜 세쎈따 에우로쓰.

CHECK IT OUT 4 | 스페인의 플라멩코 vs. 아르헨티나의 탱고

TV나 책에서 한 번쯤은 본 춤, 플라멩코와 탱고는 스페인과 아르헨티나를 대표하는 열정 넘치는 댄스입니다. 두 공연 모두 단순한 춤만 보여주는 것이 아닌 멋진 음악이 함께 동반된 종합 예술이라고 할 수 있죠.

스페인의 플라멩코

스페인 여행에서 놓치지 말아야 할 것은 바로 '플라멩코' 공연이죠. 15세기 스페인 남부에서 시작된 플라멩코는 집시들의 춤과 음악이라는 뜻을 담고 있습니다. 여성 무용수들은 기쁨, 슬픔, 공포, 애절함 등 다양한 감정을 몸짓과 표정으로 표현하고 남성 무용수들은 역동적인 발의 움직임을 멋지게 뽐냅니다. 기타 연주 외에도 박수, 발 구르기, 캐스터네츠를 사용해 춤과 어우러지는 음악을 더 풍성하게 만들어 냅니다. 스페인을 대표하는 공연이다 보니 많은 여행객이 이 공연을 필수 코스로 관람하는데요. 여행 준비를 하며 국내에서 예약을 할 수도 있습니다. FlamencoTickets.com 사이트에서 지역별, 가격, 공연 소개, 극장 장소 등 매우 친절하게 안내되어 있답니다. 이동 루트에 맞게 방문 지역을 고려해 예약해 두면 예약수수료가 없는 장점이 있죠. 현지 관광 안내소와 호텔 등 숙소에서도 예약할 수 있으니 걱정하지 마세요.

아르헨티나의 탱고

탱고는 이제 국내에서도 매우 익숙한 문화가 되었습니다. 내한 공연도 자주 하고 취미로 탱고를 배우는 사람들도 많아졌으니까요. 아르헨티나 수도 부에노스아이레스의 보까 지구는 탱고의 도시라고 해도 과언이 아닙니다. 길거리에서 자유롭게 탱고를 추는 커플, 탱고 관련 기념품과 그림 전시 등 볼거리가 화려한 곳입니다. 항구 술집에서 떠나온 고향을 그리며 이민자들의 애환을 달래던 탱고는 플라멩코와 비슷하게 희로애락이 춤에 담겨 있고 더 관능적인 게 특징입니다. 길거리에서 가볍게 구경할 수 있지만 화려하고 퀄리티 높은 공연도 식사와 함께 즐길 수 있습니다. 물론 가격은 천차만별이겠죠.

Flamenco

Tango

KEY **CHECK** 5

박물관과 미술관 방문

배울 거리, 감상 거리도 많아요

해외여행지에서 그 나라의 박물관과 미술관을 돌아보는 것은 특별한 경험입니다. 교과서에서만 보던 작품을 눈앞에서 직접 볼 수 있다는 설렘, 문화와 역사를 한눈에 볼 수 있는 경험 또한 소중하겠죠. 이제 편안한 신발을 신고 박물관 투어를 시작해 볼까요?

❶ 전시에 대해 문의하기

개장[폐장] 시간이 몇 시예요?
¿A qué hora abren[cierran]?
아 께 오라 아브렌[쎄에란]?

한국어로 진행되는 투어 있어요?
¿Hay una excursión con guía en coreano?
아이 우나 엑스꿀씨온 꼰 기아 엔 꼬레아노?

오디오 가이드가 있나요?
¿Hay audioguía?
아이 아우디오기아?

박물관 가이드북 있나요?
¿Hay una guía sobre el Museo?
아이 우나 기아 쏘브레 엘 무세오?

가장 인기 있는 전시회가 뭐죠?
¿Cuál es la exposición más popular?
꾸알 에쓰 라 엑스뽀시씨온 마쓰 뽀뿔라르?

피카소 전시회가 있나요?
¿Hay una exposición de Picasso?
아이 우나 엑스뽀시씨온 데 삐까쏘?

CHAPTER 6 | Turismo **291**

언제(며칠)까지 전시하죠?
¿Hasta cuándo es la exposición?
아스따 꾸안도 에쓰 라 엑스뽀시씨온?

❷ 감정 • 상태 표현하기

정말 아름답네요.
Es muy bonito.
에쓰 무이 보니또.

재미있네요.
Es muy interesante.
에쓰 무이 인떼레싼떼.

이상하네요.
Es muy extraño.
에쓰 무이 엑스뜨라뇨.

좀 지루하네요.
Es muy aburrido.
에쓰 무이 아부리도.

와!
¡Wow!
와우!

***¡Vaya!** (바야)는 보통 부정적으로(일이 꼬였을 때 '안타깝군') 쓰임

발이 아파요!
¡Me duelen los pies!
메 두엘렌 로쓰 삐에쓰!

3 사진 촬영

박물관에서 사진 촬영이 가능한가요?
¿Se puede hacer fotos dentro del Museo?
쎄 뿌에데 아쎄르 포또쓰 덴뜨로 델 무세오?

여기서 사진 찍어도 돼요?
¿Puedo hacer fotos aquí?
뿌에도 아쎄르 포또쓰 아끼?

네, 사진 촬영이 가능합니다.
Sí, está permitido hacer fotos.
씨, 에스따 뻬르미띠도 아쎄르 포또쓰.

미술관과 박물관 내부에서는 사진 촬영이 금지되어 있습니다.
Está prohibido hacer fotos dentro del Museo.
에스따 쁘로이비도 아쎄르 포또쓰 덴뜨로 델 무세오.

저희 사진 좀 찍어주시겠어요?
¿Nos puede hacer una foto, por favor?
노쓰 뿌에데 아쎄르 우나 포또, 뽀르 파보르?

이 버튼만 눌러주시면 됩니다.
Tiene que darle a este botón.
띠에네 께 다를레 아 에스떼 보똔.

사진 찍을 때 플래시는 꺼 주십시오.
Haga fotos sin flash, por favor.
아가 포또쓰 씬 플라쉬, 뽀르 파보르.

❹ 박물관 사물함 이용 문의

🗨️ 가방을 맡길 수 있어요?
¿Puedo dejar mi bolso?
뿌에도 데하르 미 볼쏘?

박물관에 사물함이 있어요?
¿Hay consigna en el Museo?
아이 꼰씨그나 엔 엘 무세오?

TIP 미술관 내 사진 촬영
무료 와이파이가 제공되면서 해외 유명 박물관/미술관에서도 관내 사진 촬영을 허용하는 추세라고 합니다. 촬영 가능 여부는 전시장 입구에 안내 표시가 되어 있으니 반드시 확인하고 규정을 지켜주세요. 참고로 유럽 미술관에서는 사진 촬영 허용은 하나 플래시는 켜지 말 것을 권고하고 있습니다.

DIÁLOGO 5

박물관 관람

직원	안녕하세요! 몇 장 드릴까요?	**Buenos días, ¿cuántas entradas quiere?** 부에노쓰 디아쓰, 꾸안따쓰 엔뜨라다쓰 끼에레?
나	성인 둘에 어린이 둘이요.	**2 mayores y 2 niños, por favor.** 도쓰 마요레쓰 이 도쓰 니뇨쓰, 뽀르 파보르.
직원	30유로예요. 15분 후에 가이드 투어가 있는데 저쪽에서 기다리시면 됩니다.	**Son 30 euros en total. Dentro de 15 minutos tenemos el turismo con guía. Espere allí.** 쏜 뜨레인따 에우로쓰 엔 또딸. 덴뜨로 데 낀쎄 미누또쓰 떼네모쓰 엘 뚜리스모 꼰 기아. 에스뻬레 아이.
나	고마워요!	**¡Muchas gracias!** 무차쓰 그라씨아쓰.
직원	여기 안내책자예요. 관람 즐겁게 하세요!	**Esto es la guía del Museo. ¡Que lo pase muy bien!** 에스또 에쓰 라 기아 델 무세오. 께 로 빠쎄 무이 비엔!

나	오디오 대여할게요. 한 개만 주세요.	**Quiero un audioguía, por favor.** 끼에로 운 아우디오기아, 뽀르 파보르.
직원	2유로와 신분증 부탁합니다.	**Son 2 euros y necesito su carnet de identidad.** 쏜 도쓰 에우로쓰 이 네쎄씨또 쑤 까르넷 데 이덴띠닫.
나	한국어 지원이 되나요?	**¿Tiene idioma coreano?** 띠에네 이디오마 꼬레아노?
직원	네, 이것이 언어 선택 버튼이고, 이것은 볼륨 조절기입니다. 다 쓰시고 반납해 주세요.	**Sí, ésto es para elegir el idioma y ésto para el volumen. Nos lo tiene que devolver al final de su uso.** 씨, 에스또 에쓰 빠라 엘레히르 엘 이디오마 이 에스또 빠라 엘 볼루멘. 노쓰 로 띠에네 께 데볼베르 알 피날 데 쑤 우쏘.
나	네, 감사합니다.	**Sí, muchas gracias.** 씨, 무차쓰 그라씨아쓰.

CHECK IT OUT ⑤ | 스페인과 중남미의 박물관·미술관

스페인은 과거 기독교와 이슬람 문화가 적절히 융합된 나라로 그에 따른 문화, 역사 유물은 말 그대로 찬란합니다. 중남미 또한 마야 문명과 아즈텍 문명과 같이 오랜 역사를 간직하고 유럽 영향으로 화려하고 다양한 예술 문화를 자랑합니다. 스페인과 중남미의 박물관(미술관)을 소개합니다. (각 나라를 대표하는 국립 박물관(미술관) 관람도 좋지만, 개인 관심사와 취향에 따라 작지만 특별한 의미가 담긴 전시관을 방문해 보는 것도 소중한 경험이 될 것입니다.)

스페인 프라도 미술관(Museo Nacional del Prado): 스페인의 수도 마드리드에 있는 세계 3대 미술관으로 12~19세기 유럽 작품을 전시하고 있습니다. 벨라스케스, 고야, 루벤스 등의 유명 작가들의 작품을 소장하고 있으며 유럽 나라별로 작품이 구분, 전시되어 있습니다.

스페인 티센 보르네미사 미술관(Museo Thyssen-Bornemisza): 마드리드 3대 미술관으로 13세기 르네상스 시대부터 20세기 현대 작품이 전시되어 있습니다. 프라도 미술관와 더불어 꼭 둘러봐야 할 미술관으로 꼽힙니다.

멕시코 국립 인류학 박물관(Museo Nacional de Antropología): 멕시코시티에 위치한 세계적으로 유명한 인류·역사 박물관입니다. 중미 전반 인류 문화와 마야, 아즈텍, 인디오 문명을 테마별로 전시합니다.

아르헨티나 국립 장식 미술관(Museo Nacional de Arte Decorativo): 아르헨티나의 수도 부에노스아이레스에 있는 미술관으로 루이 16세 때 수입된 가구와 도자기, 회화, 그릇 그리고 아시아에서 들여온 화려하고 다양한 작품을 볼 수 있습니다.

칠레 기억과 인권 박물관(Museo de la memoria y Los derechos humanos): 칠레 산티아고에 있는 박물관으로 70년대 칠레의 피노체트 군사 쿠데타에 관련된 자료가 전시되어 있습니다. 과거 우리나라에도 자행되었고 세계 여러 나라와 우리가 사는 곳에서 여전히 벌어지는 인권 문제를 되짚어 볼 수 있는 의미 있는 공간입니다.

＊이외에도 작가 위주로 스페인 피카소 미술관, 멕시코의 프리다 칼로 미술관, 칠레의 파블로 네루다 박물관 등이 있습니다.

KEY **CHECK** 6

1. 바에서 술 한잔

각국의 술 문화, 바에 가 보자

긴 여행으로 피로가 쌓일 때 하루를 마무리하며 들이키는 맥주 한 잔, 생각만 해도 시원하시죠? 외국의 레스토랑에서는 특히 식사 중 반주처럼 와인을 곁들이는 경우도 많습니다. 하지만, 과유불급! 무엇이든 과하면 해가 된답니다. 딱 기분 좋을 정도만 가볍게 즐기세요.

❶ 펍(바)에 가기

이 근처에 술을 마시거나 춤출 수 있는 곳 있나요?
¿Me recomienda algún sitio cercano donde beber y bailar?
메 레꼬미엔다 알군 씨띠오 쎄르까노 돈데 베베르 이 바일라르?

라이브 밴드 공연을 볼 수 있는 펍이 있나요?
¿Hay algún café con espectáculos en vivo?
아이 알군 까페 꼰 에스뻭따꿀로쓰 엔 비보?

❷ 술(음료) 주문

(옆 사람과) 같은 것으로 주세요.
Déme lo mismo, por favor.
데메 로 미쓰모, 뽀르 파보르.
*내가 좀 전에 마신 것과 같은 것: **otro de lo mismo** (오뜨로 데 로 미쓰모)

생맥주(밀러) 주세요.
Déme una cerveza Miller, por favor.
데메 우나 쎄르베싸 밀예르, 뽀르 파보르.

얼음 넣은 스카치 한잔 주세요.
Una copa de Scotch con hielo, por favor.
우나 꼬빠 데 스꼬치 꼰 이엘로, 뽀르 파보르.

얼음 없이 주세요.
Sin hielo, por favor.
씬 이엘로, 뽀르 파보르.

제가 한잔 살게요.
Te invito a una copa.
떼 인비또 아 우나 꼬빠.

알코올 도수가 어떻게 되죠?
¿Cuánto alcohol tiene?
꾸안또 알꼬올 띠에네?

고맙지만, 사양할게요.
Lo siento, pero no me apetece.
로 씨엔또, 뻬로 노 메 아뻬떼쎄.

③ 술을 마시면서

건배!
¡Salud!
쌀룯!

이 술이 상당히 독하네요.
Este alcohol es muy fuerte.
에스떼 알꼬올 에쓰 무이 푸에르떼.

이 술은 그렇게 독하지는 않네요.
Este alcohol no es muy fuerte.
에스떼 알꼬올 노 에쓰 무이 푸에르떼.

한잔 더 주세요.
Una copa más, por favor.
우나 꼬빠 마쓰, 뽀르 파보르.

괜찮습니다, 운전해야 해서요.
No gracias, tengo que conducir.
노 그라씨아쓰, 뗑고 께 꼰두씨르.

취한 것 같네요.
Está ebrio.
에스따 에브리오.

(상태가) 안 좋네요.
No me encuentro bien.
노 메 엔꾸엔뜨로 비엔.

화장실이 어디죠?
¿Dónde está el lavabo?
돈데 에스따 엘 라바보?

2. 클럽

도시의 야간 활력, 클럽

젊음을 느끼고 발산하고 싶다면 여행지의 유명한 클럽에 꼭 가 보세요. 색다른 즐거움과 활력, 모르고 있던 자신만의 끼를 발견할 수도 있을 거예요. 참고로 스페인에서는 만 18세 이상 주류 구입이 가능하므로 클럽 입장할 때 어려 보이는 분은 신분증(여권)을 확인할 수도 있답니다.

❶ 클럽 가기

괜찮은 클럽을 추천해 주실래요?
¿Me recomienda algún Club bueno?
메 레꼬미엔다 알군 끌룹 부에노?

어떤 종류의 음악이 나와요?
¿Qué clase de música suelen poner?
께 끌레싸 데 무씨까 쑤엘렌 뽀네르?

어떤 쇼를 해요?
¿Qué shows hay?
께 쇼우쓰 아이?

젊은 사람들이 많아요?
¿Hay gente joven?
아이 헨떼 호벤?

복장 규정이 있어요? / 어떤 옷을 입어야 할까요?
¿Hay regulación de vestimenta? / ¿Qué debería ponerme?
아이 레굴라씨온 데 베스띠멘따? / 께 데베리아 뽀네르메?

2 예약/요금/시간 문의/자리 잡기

예약해야 해요?
¿Tengo que reservar?
뗑고 께 레쎄르바르?

요금에 봉사료가 포함되어 있어요?
¿Está incluído el servicio en el precio?
에스따 인끌루이도 엘 쎄르비씨오 엔 엘 쁘레씨오?

쇼는 언제 시작하죠?
¿Cuándo empieza el show?
꾸안도 엠삐에싸 엘 쇼?

몇 시까지 하죠?
¿Hasta qué hora está abierto?
아스따 께 오라 에스따 아비에르또?

오늘 붐벼요?
¿Hay mucha gente hoy?
아이 무차 헨떼 오이?

TIP 낯선 사람은 늘 조심!

여행지에서 클럽이나 펍에 가는 것도 색다른 경험이 될 수 있겠죠. 하지만 유의해야 할 점도 있습니다. 낯선 사람이 건네주는 술잔은 절대 넙죽 받아 마시지 마세요. 여행객이나 여성들이 범죄 타깃이 될 수 있습니다. 유흥은 즐기되 경계는 놓지 마세요.

3. 카지노

너무 빠지지는 말자, 카지노

해외 유명 관광지의 번화가에 가 보면 관광객들을 기다리는 카지노가 눈에 띄죠. 관광객들로 북적이는 카지노의 분위기를 느껴보는 것도 색다른 경험이 될 거예요. 단, 구경만 살짝 하고 나오는 것으로 생각하고 가야 해요. 여행 경비를 탕진하면 상당히 곤란하겠죠?

❶ 게임 종류 묻기

아무나 들어갈 수 있어요?
¿Está permitida la entrada?
에스따 뻬르미띠다 라 엔뜨라다?

여기서는 어떤 게임을 할 수 있어요?
¿Qué juegos hay aquí?
께 후에고쓰 아이 아끼?

블랙잭 테이블이 어디예요?
¿Dónde está la mesa del blackjack?
돈데 에스따 라 메싸 델 블락잭?

룰렛을 해 보고 싶어요.
Quiero probar la ruleta.
끼에로 쁘로바르 라 룰레따.

여기서 구경해도 됩니까?
¿Puedo mirar desde aquí?
뿌에도 미라르 데스데 아끼?

② 플레이 방법 묻기

칩을 어디서 사죠?
¿Dónde se compran las fichas?
돈데 쎄 꼼쁘란 라쓰 피차쓰?

이건 어떻게 하죠?
¿Esto cómo se hace?
에스또 꼬모 쎄 아쎄?

저쪽 카운터로 가세요.
Vaya a aquella caja.
바야 아 아께야 까하.

③ 멈출 때를 알아야 해요

여기에 200페소 걸게요.
Apuesto 200 pesos aquí.
아뿌에스또 도스씨엔또쓰 뻬쏘쓰 아끼.

1,500페소어치 칩 필요합니다.
Necesito fichas por 1.500 pesos, por favor.
네쎄씨또 피차쓰 뽀르 밀 끼니엔또쓰 뻬쏘쓰, 뽀르 파보르.

계속 걸게요.
Sigo.
씨고.

그만 둘래요. / 게임 그만 할게요.
Paro. / Me planto.
빠로. / 메 쁠란또.

한 번 더 부탁해요.
Una vez más, por favor.
우나 베쓰 마쓰, 뽀르 파보르.

현금으로 부탁해요.
En efectivo, por favor.
엔 에펙띠보, 뽀르 파보르.

DIÁLOGO 6

괜찮은 바 있나요?

나 호텔 근처에 괜찮은 바 있나요?

¿Hay algún bar bueno cerca del hotel?
아이 알군 바 부에노 쎄르까 델 오뗄?

직원 택시 타고 10분 거리에 라 보카에 괜찮은 바가 많아요. 탱고 공연을 볼 수 있고요.

Hay muchos bares cerca de La Boca y está a diez minutos en taxi. Puede ver espectáculos de tango.
아이 무초쓰 바레쓰 쎄르까 데 라 보까 이 에스따 아 디에쓰 미누또쓰 엔 딱씨. 뿌에데 베르 에스뻭따꿀로쓰 데 땅고.

나 오, 그것 좋네요. 마침 탱고 공연도 보고 싶었는데 잘됐어요. 예약해야 하나요?

Oh, eso está fenomenal. Yo quería ver el tango. ¿Tengo que hacer reserva?
오, 에쏘 에스따 페노메날. 요 께리아 베르 엘 땅고. 뗑고 께 아쎄르 레쎄르바?

직원 그럴 필요는 없습니다.

No hace falta.
노 아쎄 팔따.

나 정보 감사합니다.

Muchas gracias por la información.
무차쓰 그라씨아쓰 뽀르 라 인포르마씨온.

카지노 갈래?

친구 아까 시내에서 카지노 봤는데, 저녁 먹고 갈래?

He visto un casino en el centro, ¿quieres ir después de cenar?
에 비스또 운 까씨노 엔 엘 쎈뜨로, 끼에레쓰 이르 데스뿌에쓰 데 쎄날?

나 아, 카지노 솔? 난 안 갈래.

¿El Casino Sol? Yo no quiero ir.
엘 까씨노 쏠? 요 노 끼에로 이르.

친 같이 가자!

¡Vamos!
바모쓰!

나 나 그런 데 별로 관심 없어. 여행 비용 날리기도 싫고.

No tengo interés. No quiero gastar el dinero del viaje.
노 뗑고 인떼레쓰. 노 끼에로 가스따르 엘 디네로 델 비아헤.

친구 알았어, 그럼 나도 안 갈래.

Muy bien. Entonces yo tampoco voy.
무이 비엔. 엔똔쎄쓰 요 땀뽀꼬 보이.

KEY **CHECK** 7

1. 스포츠 관람

축구는 꼭 봐야죠!

스페인과 중남미를 대표하는 것 중 하나인 축구! 그들에게는 종교라고 해도 과언이 아니죠. 레알 마드리드(Real Madrid) 홈구장인 산티아고 베르나베우 경기장(Santiago Bernabéu Stadium)도 스페인 여행 필수 코스죠. 경기 날 펍에 가서 현지인들의 축구 열기를 느껴보는 것도 색다른 경험이 될 겁니다.

① 경기가 있는 날, 이런저런 담화

몇 시에 경기 시작이에요?
¿A qué hora empieza el partido?
아 께 오라 엠삐에싸 엘 빠르띠도?

어느 팀의 경기예요?
¿Qué equipos juegan?
께 에끼뽀쓰 후에간?

이 경기장에서 경기를 볼 수 있어서 기뻐요.
Estoy contento(a) de poder ver el partido en este estadio.
에스또이 꼰뗀또(따) 데 뽀데르 베르 엘 빠르띠도 엔 에스떼 에스따디오.

점수가 몇 점이에요?
¿Cómo van?
꼬모 반?

홈팀이 2차로 지고 있는 것 같아요.
Está perdiendo el equipo de casa rojo por cuatro goles.
에스따 뻬르디엔도 엘 에끼뽀 데 까싸 로호 뽀르 꾸아뜨로 골레쓰.

아직 점수가 안 났어요.
Todavía no se sabe.
또다비아 노 쎄 싸베.

CHAPTER 6 | Turismo **307**

누가 이기고 있어요?
¿Quién está ganando?
끼엔 에스따 가난도?

누가 이겼으면 좋겠어요?
¿Cuál es tu equipo?
꾸알 에쓰 뚜 에끼뽀?

좋아하는 운동선수가 누구예요?
¿Quién es tu deportista favorito(a)?
끼엔 에스 뚜 데뽀르띠스따 파보리또(따)?

좋아하는 팀이 뭐예요?
¿Cuál es tu equipo favorito?
꾸알 에쓰 뚜 에끼뽀 파보리또?

스포츠 좋아해요?
¿Te gustan los deportes?
떼 구스딴 로쓰 데뽀르떼쓰?

네, 아주 좋아해요.
Me encanta.
메 엔깐따.

그다지 좋아하지 않아요.
En realidad, no mucho.
엔 레알리닫, 노 무초.

보는 것을 좋아해요.
Me gusta ver.
메 구스따 베르.

그는 최고의 선수예요.
Es un gran jugador.
에쓰 운 그란 후가도르.

② 스포츠 티켓 구매

시즌 티켓은 얼마예요?
¿Cuánto es el abono de temporada?
꾸안또 에쓰 엘 아보노 데 뗌쁘라다?

축구 경기 표를 사기에 너무 늦었나요?
¿Es muy tarde para comprar entradas para el fútbol?
에쓰 무이 따르데 빠라 꼼쁘라르 엔뜨라다쓰 빠라 엘 풋볼?

경기장에서 좀 더 가까운 좌석이 있나요?
¿Tiene asiento más cercano al terreno de juego?
띠에네 아씨엔또 마쓰 쎄르까노 알 떼레노 데 후에고?

2. 수영장 · 해변

수영장, 해변에서 즐기기

스페인에는 화창한 햇빛으로 1년 내내 해수욕이 가능한 코스타 델 솔(Costa del Sol)이라는 유명합니다. 신혼여행지로도 유명한 멕시코의 칸쿤은 눈이 시릴 정도로 바닷물이 아름답죠. 함께 멋진 해변으로 나가볼까요?

❶ 수영장, 해변이 있나요?

여기에서 가장 좋은[가까운] 해변이 어디예요?
¿Dónde está la mejor playa[la playa más cercana]?
돈데 에스따 라 메호르 쁠라야[아 라 쁠라야 마쓰 쎄르까나]?

여기서 가까운 수영장이 어디 있나요?
¿Dónde está la piscina más cercana(o)?
돈데 에스따 라 삐스씨나 마쓰 쎄르까나(노)?

▶ 체육관 **el gimnasio** 엘 힘나씨오

수영장이 몇 시에 개장[폐장]해요?
¿A qué hora abren[cierran] la piscina?
아 께 오라 아브렌[씨에란] 라 삐스씨나?

입장료가 얼마예요?
¿Cuánto es la entrada?
꾸안또 에쓰 라 엔뜨라다?

❷ 수영장, 해변 시설 문의하기

샤워실[탈의실]이 어디예요?
¿Dónde está la ducha[el vestidor]?
돈데 에스따 라 두차[엘 베스띠도르]?

의자[파라솔] 대여료가 얼마예요?
¿Cuánto cuesta alquilar una silla[un parasol]?
꾸안또 꾸에스따 알낄라르 우나 씨야[운 빠라쏠]?

해변에 식당이 있어요?
¿Hay restaurantes en la playa?
아이 레스따우란떼쓰 엔 라 쁠라야?

라커 룸 이용하는 데 동전이 필요해요?
¿Necesito monedas para utilizar la consigna?
네쎄씨또 모네다쓰 빠라 우띨리싸르 라 꼰씨그나?

튜브를 가져가야 할까요, 아니면 거기서 대여할 수 있나요?
¿Tengo que llevar el flotador o puedo alquilarlo allí?
뗑고 께 예바르 엘 플로따도르 오 뿌에도 알낄라를로 아이?

거기서 수영복 살 수 있어요?
¿Puedo comprar el banador allí?
뿌에도 꼼쁘라르 엘 바나도르 아이?

*남미: 수영복 **malla** (마야)

③ 해변에서

여기서 수영해도 안전한가요?
¿Es seguro nadar aquí?
에쓰 쎄구로 나다르 아끼?

안전 요원이 어디 있어요?
¿Dónde está el socorrista?
돈데 에스따 엘 쏘꼬리스따?

강습 예약할 수 있을까요?
¿Puedo reservar una clase?
뿌에도 레쎄르바르 우나 끌라쎄?

4 도움 요청하기

위험해요!
¡Es peligroso!
에쓰 뻴리그로쏘!

도와주세요!
¡Ayuda, por favor!
아유다, 뽀르 파보르!

저 사람이 배에서 떨어져 물에 빠졌어요.
Aquel hombre se ha caido del barco al agua.
아껠 옴브레 에쓰 아 까이도 델 바르꼬 알 아구아.

저기 여자아이가 물에 빠졌어요!
¡Una niña se está ahogando!
우나 니냐 쎄 에스따 아오간도!

3. 야외 활동

캠핑·하이킹하기 좋은 날

트레킹의 성지라고 하는 칠레의 '또레스 델 빠이네 국립공원'은 3일 이상의 코스로 구성되어 트레커들이 개인 텐트나 캠핑장을 사용하기도 합니다. 스페인 또한 넓은 땅과 쾌청한 날씨로 캠프장이 많이 발달했답니다. 도심을 떠나 자연과 어우러지는 경험도 멋지겠죠?

1 캠핑장 사용 문의

예약은 안 했지만 여기서 머물고 싶습니다.
No tengo reserva hecha, pero me gustaría alojarme aquí.
노 뗑고 레쎄르바 에차, 뻬로 메 구스따리아 알로하르메 아끼.

이곳에서 캠핑해도 괜찮나요?
¿Se puede acampar aquí?
쎄 뿌에데 아깜빠르 아끼?

하루 머물고자 합니다.
Me gustaría quedarme un día.
메 구스따리아 께다르메 운 디아.

자전거를 어디서 빌릴 수 있나요?
¿Dónde puedo alquilar una bicicleta?
돈데 뿌에도 알낄라르 우나 비씨끌레따?

텐트[캠핑카] 대여료가 얼마예요?
¿Cuánto cuesta alquilar una tienda de campaña[caravana]?
꾸안또 꾸에스따 알낄라르 우나 띠엔다 데 깜빠냐[까라바나]?

2 캠핑장 시설·하이킹 코스 문의

텐트를 어디에 치면 되죠?
¿Cómo se utiliza esta tienda de campaña?
꼬모 쎄 우띨리싸 에스따 띠엔다 데 깜빠냐?

화장실[세면장]이 어디죠?
¿Dónde hay servicios[duchas]?
돈데 아이 쎄르비씨오쓰[두차쓰]?

하이킹하기 가장 좋은 장소가 어디죠?
¿Dónde está el mejor lugar para hacer senderismo?
돈데 에스따 엘 메호르 루가르 빠라 아쎄르 쎈데리쓰모?

▶ 자전거 타기 **montar en bicicleta** 몬따르 엔 비씨끌레따
   걷기 **caminar** 까미나르
   피크닉 **hacer picnic** 아쎄르 삐끄

하이킹 코스가 얼마나 길어요?
¿Cuántos kilómetros tiene la ruta?
꾸안또쓰 낄로메뜨로쓰 띠에네 라 루따?

가장 쉬운[짧은] 길은 어디인가요?
¿Cuál es el camino más fácil[corto]?
꾸알 에쓰 엘 까미노 마쓰 파씰[꼬르또]?

얼마나 걸렸나요?
¿Cuánto ha tardado?
꾸안또 아 따르다도?

안전한가요?
¿Es seguro?
에쓰 쎄구로?

음식[물]을 싸가야 하나요?
¿Se necesita llevar comida[agua]?
쎄 네쎄씨따 예바르 꼬미다[아구아]?

거기에 어떻게 가나요?
¿Cómo llego allí?
꼬모 예고 아이?

여기가 마을로 가는 길 맞나요?
¿Es éste el camino para ir al pueblo?
에쓰 에스떼 엘 까미노 빠라 이르 알 뿌에블로?

4. 장비 대여하기

자전거 빌릴게요

다양한 야외 활동을 즐기려면 필요한 여러 장비를 빌려야 합니다. 스키, 스노보드, 서핑, 자전거, 오토바이 등의 장비를 대여할 때 필요한 표현을 알아봐요. 자전거나 오토바이를 타고 바람을 가르며 한 바퀴 돌아보는 건 도보나 자동차 여행과는 사뭇 다른 매력이 있어요.

❶ 장비 대여할 때 질문하기

서핑보드 빌리고 싶어요.
Me gustaría alquilar una tabla de surf.
메 구스따리아 알낄라르 우나 따블라 데 술프.

자전거 빌릴 수 있을까요?
¿Puedo alquilar una bicicleta?
뿌에도 알낄라르 우나 삐씨끌레따?

시간당 얼마죠?
¿Cuánto es por hora?
꾸안또 에쓰 뽀르 오라?

▶ 반나절 **medio día** 메디오 디아
  하루 **día** 디아

보증금이 필수인가요?
¿Requiere depósito?
레끼에레 데뽀씨또?

몇 시까지 반납해야 하죠?
¿Hasta qué hora tengo que devolver?
아스따 께 오라 뗑고 께 데볼베르?

반납하기 전에 기름을 채워야 하나요?
¿Debería llenar el depósito antes de devorverlo?
데베리아 예나르 엘 데뽀씨또 안떼쓰 데 데볼베를로?

헬멧도 대여해요?
¿Alquila casco también?
알낄라 까스꼬 땀비엔?

오토바이 타기에 좋은 전용 도로나 길이 있어요?
¿Hay algún camino bueno para ir en moto?
아이 알군 까미노 부에노 빠라 이르 엔 모또?

사고가 나면 어떻게 하죠?
¿Qué debo hacer en caso de accidente?
께 데보 아쎄르 엔 까쏘 데 악씨덴떼?

TIP 보증금 제도

유럽에서는 자전거 등의 장비나 박물관에서 오디오 가이드를 대여할 때 보증금 명목으로 여권이나 신용카드를 요구하는 경우도 있습니다.

5. 날씨

날씨가 어때요?

캠핑, 트레킹, 멋진 해변을 갈 준비가 되셨나요? 그런데 갑자기 비가 쏟아진다면? 말짱 도루묵이죠. 야외 활동에 있어서 필수로 알아야 할 날씨 표현을 알아봅시다.

❶ 날씨 묻고 답하기

날씨가 어떤가요?
¿Qué tiempo hace?
께 띠엠뽀 아쎄?

내일 더울까요?
¿Hará calor mañana?
아라 깔로르 마냐나?

눈이 와요.
Está nevando.
에스따 네반도.

비가 내려요.
Está lloviendo.
에스따 요비엔도.

흐리네요.
Está nublado.
에스따 누블라도.

안개가 끼었네요.
Hay niebla.
아이 니에블라.

바람이 불어요.
Hay viento.
아이 비엔또.

바람이 세네요.
Hay mucho viento.
아이 무초 비엔또.

맑아요. (해가 있어요.)
Hay sol.
아이 쏠.

추워요.
Hace frío.
아쎄 프리오.

시원(선선)하네요.
Hace fresco.
아쎄 프레스꼬

평온해요.
Está apacible.
에스따 아빠씨블레.

더워요.
Hace calor.
아쎄 깔로르.

습하네요.
Está húmedo.
에스따 우메도.

하늘이 맑네요.
El cielo está despejado.
엘 씨엘로 에스따 데스뻬하도.

CHAPTER 6 | Turismo **319**

DIÁLOGO 7

축구 경기장 투어

나 산티아고 베르나베우 경기장에서 축구 경기 보는 게 꿈이에요.

Mi sueño es ver el partido de fútbol en el estadio Santiago Bernabeu.
미 쑤에뇨 에쓰 베르 엘 빠르띠도 데 풋볼 엔 엘 에스따디오 싼띠아고 베르나베우.

현지인 스페인 사람들도 그래요. 그런데 비시즌이라 요즘 경기가 없네요.

Para los españoles también. Ahora no hay partidos porque no es temporada.
빠라 로쓰 에스빠뇰레쓰 땀비엔. 아오라 노 아이 빠르띠도쓰 뽀르께 노 에쓰 뗌뽀라다.

나 너무 아쉬워요!

¡Qué pena!
께 뻬나!

현지인 그래도 경기장 투어는 상시 가능해요. 그거라도 하시죠?

Pero sí puede ver el estadio. ¿Por qué no va?
뻬로 씨 뿌에데 베르 엘 에스따디오. 뽀르 께 노 바?

나 아, 그래야겠네요.

Muy bien, eso haré.
무이 비엔, 에쏘 아레.

현지인 투어 티켓을 사서 경기장 구경도 하고 기념관, 선수 라커 룸도 볼 수 있어요.

Compre la entrada de visita y puede ir a ver el monumento y también el vestuario de los jugadores.
꼼쁘레 라 엔뜨라다 데 비씨따 이 뿌에데 이르 아 베르 엘 모누멘또 이 땀비엔 엘 베스뚜아리오 데 로쓰 후가도레쓰.

해변 가기

나	오후에 칸쿤 해변에 가자.	**Vamos a la playa de Cancún por la tarde.** 바모쓰 아 라 쁠라야 데 깐꾼 뽀르 라 따르데.
친구	그래. 오후에 날씨가 괜찮을까? 지금 좀 흐린데.	**Muy bien. ¿Hará buen tiempo? Ahora está nublado.** 무이 비엔. 아라 부엔 띠엠뽀? 아오라 에스따 누블라도.
나	기상 뉴스를 보니까 날씨가 맑대.	**El pronóstico dice que hará bueno.** 엘 쁘로노스띠꼬 디쎄 께 아라 부에노.
친구	다행이다! 해변에서 튜브하고 파라솔을 빌릴까?	**¡Qué bien! ¿Alquilamos el flotador y el parasol en la playa?** 께 비엔! 알낄라모쓰 엘 플로따도르 이 엘 빠라쏠 엔 라 쁠라야?
나	어, 그래야 할 것 같아.	**Sí, creo que deberíamos hacer eso.** 씨, 끄레오 께 데베리아모쓰 아쎄르 에쏘.

장비 구입하기

직원	무엇을 도와드릴까요?	**¿En qué le puedo ayudar?** 엔 께 레 뿌에도 아유다르?
나	트레킹을 갈 건데 장비를 사려고요.	**Querría comprar equipos para hacer trekking, por favor.** 께리아 꼼쁘라르 에끼뽀쓰 빠라 아쎄르 뜨레낑, 뽀르 파보르. *등산하다: **hacer alpinismo** (아쎄르 알피니스모)
직원	어떤 장비가 필요하시죠?	**¿Qué equipos necesita?** 께 에끼뽀쓰 네쎄씨따?
나	플래시 라이트와 물통요.	**Necesito una linterna y una botella de agua, por favor.** 네쎄씨또 우나 린떼르나 이 우나 보떼야 데 아구아, 뽀르 파보르.
직원	이쪽에 다양한 종류가 있는데 살펴보세요.	**Aquí tenemos distintos tipos, mírelo.** 아끼 떼네모쓰 디스띤또쓰 띠뽀쓰, 미레로.
나	네 감사합니다.	**Muy bien, gracias.** 무이 비엔, 그라씨아쓰.

CHECK IT OUT ❼ | 스페인·중남미 트레킹 여행

스페인과 중남미의 박물관 등 도심 유적지 관람도 좋지만 전 세계 트레커들이 많이 찾는 유명한 트레킹 코스 체험도 잊지 못할 추억을 안겨 줄 겁니다. 몸은 힘들더라도 아름다운 자연을 보고 또한 조용히 걸으며 사색의 시간을 갖는 것도 여행의 참맛이겠죠.

Sierra Nevada (시에라 네바다): 스페인의 안달루시아 지방, 그라나다 근교에 있고, 스페인에서 가장 높은 산으로 유명합니다. 산맥의 설경도 백미이지만 트레킹 사이사이에 있는 아름다운 산골 마을을 정겨움을 느낄 수 있습니다. 참고로 sierra는 스페인어로 산, 산맥이라는 뜻입니다.

Camino de Santiago (까미고 데 산티아고): 전 세계 트레커들의 로망이자 한국인에게도 매우 잘 알려진 산티아고 순례길입니다. 스페인 북서부, 가톨릭 성지순례코스로도 유명합니다. 길을 걷다 마주치는 여행자에게 인사를 건네 봅시다. Buen camino(부엔 까미노; 좋은 순례길이에요), Hola(올라; 안녕하세요)

Torres del paine (토레스 델 파이네): 내셔널지오그래픽에서 뽑은 죽기 전에 꼭 가봐야 할 곳 중 하나이자 유네스코 생태환경 보호구역으로 지정된 칠레의 국립공원입니다. 바위산(Torees del Paine), 계곡(Valle Francés), 빙하(Glaciar Grey)를 이은 W 트레일이 세계적으로 유명한 코스랍니다.

Inca Trail (잉카 트레일): 페루의 안데스 자연과 잉카 고대 문명을 느낄 수 있는 '잉카 트레일'은 마추픽추에 이어 세계문화유산으로 지정되었습니다. 문화유산 보호를 위해 방문객 수가 제한되는지라 2~4개월 전 예약이 필수입니다.

여행 안심 패스
VOCA BOX 6

관광, 스포츠 · 축구,
야외활동 관련 어휘

관광

가이드 투어(여행안내) **visita guiada**
비씨따 기아다

가이드북 **guía del viajero**
기아 델 비아헤로

공연 **espectáculo**
에스뻭따꿀로

공원 **parque**
빠르께

관광객 **turista**
뚜리스따

관광명소 **atracción turística**
아뜨락씨온 뚜리스띠까

관광안내소 **oficina de información**
오피씨나 데 인뽀르마씨온

국립공원 **Parque Nacional**
빠르께 나씨오날

그림(작품) **cuadro**
꾸아드로

기념물 **monumento**
모누멘또

기념품 **recuerdos**
레꾸에르도쓰

동물원 **zoológico / zoo**
쏘로히꼬 / 쏘

미술관(갤러리) **galería de arte**
갈레리아 데 아르떼

박물관 **museo**
무세오

방향 **dirección**
디렉씨온

시간표 **horario**
오라리오

안내(인포메이션) **información**
인포르마씨온

여행일정표 **itinerario**
이띠네라리오

역사유적지(건물) **edificio histórico**
에디피씨오 이스또리꼬

오른쪽 **derecha**
데레차

왼쪽 **izquierda**
이쓰끼에르다

유원지(놀이공원) **parque de atracciones / parque temático**
빠르께 데 아뜨락씨오네스 / 빠르께 떼마띠꼬

입장료 **precio de entrada**
쁘레씨오 데 엔뜨라다

전시물 **artículos de exposición**
아르띠꿀로쓰 데 엑스뽀시씨온

전시회 **exposición**
엑스뽀시씨온

지도 **mapa / plano**
마빠 / 쁠라노

직진 **recto**
렉또

축제 **feria**
페리아

카메라 **cámara**
까마라

투어가이드 **guía turística**
기아 뚜리스띠까

장소

가게 **tienda**
띠엔다

경찰서 **policía**
뽈리씨아

극장 **teatro**
떼아뜨로

나이트클럽 **club nocturno**
끌롭 녹뚜르노

도서관 **biblioteca**
비빌리오떼까

마켓 **mercado**
메르까도

미술관(갤러리) **galería de arte**
갈레리아 데 아르떼

바 **bar**
바

박물관 **museo**
무세오

백화점 **grandes almacenes / centro commercial**
그란데스 알마쎄네스 / 쎈뜨로 꼬메르씨알

병원 **hospital**
오스삐딸

서점 **librería**
리브레리아

소방서 **estación de bomberos**
에스따씨온 데 봄베로쓰

약국 **farmacia**
파르마씨아

은행 **banco**
방꼬

주유소 **gasolinera**
가쏠리네라

카지노 **casino**
까씨노

카페 **cafetería**
까페떼리아

펍 **pub**
펍

학교 **escuela / colegio**
에스꾸엘라 / 꼴레히오

공연

감독 **director**
디렉또르

개방(열림) **abierto**
아비에르또

관객 **público / audiencia**
뿌블리꼬 / 아우디엔씨아

극장 **teatro**
떼아뜨로

매진 **agotado**
아고따도

뮤지컬 **musical**
무씨깔

발레 **ballet**
발렛

남자배우 **actor**
악또르

여자배우 **actriz**
악뜨리쓰

앙코르 **¡bis! / ¡otra!**
비쓰! / 오뜨라

연극 **obra**
오브라

오케스트라 **orquesta**
오르께스따

오페라 **ópera**
오뻬라

인터미션(쉬는 시간) **entreacto / descanso**
엔뜨레악또 / 데스깐쏘

장면(씬) **escena**
에스쎄나

좌석 **butacas**
부따까쓰

커튼 **telón / cortina**
뗄론 / 꼬르띠나

콘서트 **concierto**
꼰씨에르또

폐쇄(닫힘) **cerrado**
쎄라도

프로그램 **programa**
쁘로그라마

스포츠

게임(경기) **partido**
빠르띠도

경기(경쟁) **competición**
꼼뻬띠씨온

권투 **boxeo**
복쎄오

기록 **record**
레꼬르

농구 **baloncesto**
발론쎄스또

마라톤 **maratón**
마라똔

배드민턴 **bádminton**
바드민똔

볼링 **boliche / bolos**
볼리체 / 볼로쓰

사이클 **ciclismo**
씨끌리쓰모

선수 **el jugador / la jugadora**
엘 후가도르 / 라 후가도라

수영 **natación**
나따씨온

스케이팅 **patinaje**
빠띠나헤

스키 **esquí**
에스끼

스포츠 **deporte**
데뽀르떼

승마 **equitación**
에끼따씨온

야구 **béisbol**
베이쓰볼

양궁 **tiro con arco**
띠로 꼰 아르꼬

운동선수 **el deportista / la deportista**
엘 데뽀르띠스따 / 라 데뽀르띠스따

워터스키 **esquí acuático**
에스끼 아꾸아띠꼬

이기다 **ganar**
가나르

지다 **perder**
뻬르데르

챔피언십 **campeonato**
깜뻬오나또

체조 **gimnasia**
힘나씨아

축구 **fútbol**
풋볼

탁구 **tenis de mesa / ping pong**
떼니쓰 데 메싸 / 삥뽕

팀 **equipo**
에끼뽀

펜싱 **esgrima**
에쓰그리마

피겨스케이팅 **patinaje artístico**
빠띠나헤 아르띠스띠꼬

핸드볼 **balonmano**
발론마노

훈련 **entrenamiento**
엔뜨레나미엔또

축구

(선수) 교체 **sustituto**
쑤스띠뚜또

(축구) 공 **balón**
발론

시작(개시) **saque de salida**
싸께 데 쌀리다

경기장(스타디움) **estadio**
에스따디오

골키퍼 **portero / guardameta / golero**
뽀르떼로 / 구아르다메따 / 골레로

관중 **espectador**
에스뻭따도르

국가대표팀 **la selección nacional**
라 쎌렉씨온 나씨오날

동점(무승부) **empate**
엠빠떼

득점판(스코어보드) **marcador**
마르까도르

레드카드 **tarjeta roja**
따르헤따 로하

리그(구단) **liga**
리가

무승부 **empate**
엠빠떼

미드필더 **centrocampista**
쎈뜨로깜삐스따

벤치 **banquillo**
방낄요

부상선수 **jugador lesionado**
후가도르 레씨오나도

상대 팀 **equipo adversario[contrario]**
에끼뽀 아드베르싸리오[꼰뜨라리오]

서포터(응원단) **hincha / seguidor**
인차 / 쎄기도르

선수 **jugador**
후가도르

스로인 **saque de banda**
싸께 데 반다

스위퍼 **líbero / barredor**
리베로 / 바레도르

심판(주심) **árbitro**
아르비뜨로

암표상 **revendedor de entradas**
레벤데도르 데 엔뜨라다쓰

연장시간 **descuento**
데스꾸엔또

연장전 **tiempo suplementario / prórroga**
띠엠뽀 쑤쁠레멘따리오 / 쁘로로가

옐로카드 **tarjeta amarilla**
따르헤따 아마릴야

원정 경기 **partido fuera de casa**
빠르띠도 푸에라 데 까싸

원정 팀 **equipo visitante**
에끼뽀 비씨딴떼

전반전 **primer tiempo**
쁘리메로 띠엠뽀

챔피언십 **campeonato**
깜뻬오나또

최종점수 **resultado final**
레쑬따도 피날

코너킥 **saque de esquina / córner**
싸께 데 에스끼나 / 꼬르네르

코치 **entrenador**
엔뜨레나도르

킥(차다) **chutar el balón**
추따르 엘 발론

태클 **entrada**
엔뜨라다

토너먼트 **torneo**
또르네오

팀 **equipo**
에끼뽀

반칙(파울) **falta**
팔따

패스 **pasar**
빠싸르

페널티킥 **tiro penal / tiro de penalti**
띠로 뻬날 / 띠로 데 뻬날띠

프리킥 **tiro libre (indirecto / directo)**
띠로 리브레 (인디렉또 / 디렉또)

해트트릭(3점) 기록
marcar tres goles (en un partido)
마르까르 뜨레쓰 골레쓰 (엔 운 빠르띠도)

핸들링(반칙) **¡mano!**
마노!

호루라기(호각) **silbato / pitido**
씰바또 / 삐띠도

후반전 **segundo tiempo**
쎄군도 띠엠뽀

수영 · 물놀이

구조요원 **socorrista**
쏘꼬리스따

다이빙 **salto**
쌀또

라커 **taquillas**
따낄야쓰

바다 **océano / mar**
오쎄아노 / 마르

선글라스 **gafas[lentes] de sol**
가파쓰[렌떼쓰] 데 쏠

선블록 **crema protectora / crema solar**
끄레마 쁘로떽또라 / 끄레마 쏠라르

수경 **gafas[lentes] de agua**
가파쓰[렌떼쓰] 데 아구아

수영 **natación**
나따씨온

수영모 **gorro de baño**
고로 데 바뇨

남성용 수영복 **bañador**
바냐도르

여성용 수영복 **traje de baño**
뜨라헤 데 바뇨

수영장(풀장) **piscina**
삐스씨나

수영하다 **nadar**
나다르

오리발 **aletas**
알레따쓰

젖은 **mojado**
모하도

타월 **toalla**
또아야

파도 **ola**
올라

해변(비치) **playa**
쁠라야

캠프 · 야외 활동

강 **río**
리오

개울(내) **arroyo**
아로요

구급약 상자 **botiquín**
보띠낀

그릴 **parrilla**
빠릴야

나무 **árbol**
아르볼

등산 **alpinismo**
알삐니스모

땔나무(장작) **leña**
레냐

랜턴(전등) **linterna**
린떼르나

목초지(산책길) **prado**
쁘라도

무지개 **arco iris**
아르꼬 이리쓰

물통 **botella de agua**
보떼야 데 아구아

바다 **océano**
오쎄아노

배낭 **mochila**
모칠라

불 **fuego**
푸에고

산 **montaña**
몬따냐

산맥 **sierra**
씨에라

샤워장 **ducha**
두차

성냥 **cerilla**
쎄릴야

소각장(쓰레기장) **contenedor de basura**
꼰떼네도르 데 바쑤라

숲 **bosque**
보스께

승마 **montar a caballo**
몬따르 아 까바요

식물 **planta**
쁠란따

언덕 **colina**
꼬리나

자연 **naturaleza**
나뚜랄레싸

정글 **selva**
쎌바

침낭 **saco de dormir**
싸꼬 데 도르미르

카누 **canoa**
까노아

캠프파이어 **hoguera**
오게라

캠핑(야영)하다 **acampar**
아깜빠르

텐트 **tienda de campaña**
띠엔다 데 깜빠냐

폭포 **cascada**
까스까다

하늘 **cielo**
씨엘로

하이킹하다 **hacer senderismo**
아쎄르 쎈데리쓰모

호수 **lago**
라고

화장실 **baño**
바뇨

날씨

구름 낀 **nublado**
누블라도

기상예보 **pronóstico**
쁘로노스띠꼬

눈 오는 **nevado**
네바도

따뜻한 **caluroso**
깔루로쏘

매우 추운 **frío**
프리오

바람 부는 **viento**
비엔또

비 오는 **lluvioso**
유비오쏘

시원한(선선한) **fresco**
프레스꼬

안개 낀 **neblado**
네블라도

온도 **temperatura**
뗌뻬라뚜라

온도계 **termómetro**
떼르모메뜨로

햇빛 있는 **soleado**
쏠레아도

7

색다른 즐거움
: 쇼핑하기

여러분의 여행 목적은 무엇인가요? 관광, 트레킹 등 여러 목적이 있겠지만 거기서 '쇼핑'을 빠뜨릴 순 없겠죠. 유명한 백화점 쇼핑도 좋지만, 그 지역에서만 살 수 있는 특산품과 현지인들이 가는 슈퍼마켓과 시장을 둘러보고 물건을 사는 것도 좋은 체험이 될 수 있답니다. 계산할 때 필요한 기본 표현과 자기가 살 물건이 스페인어로 무엇인지는 미리 알아두고 쇼핑을 시작해 보세요.

De compras

KEY **CHECK** 1

식품 구입

중요한 먹거리 쇼핑

여행을 하다 보면 매번 식당에서 끼니를 해결할 수는 없어요. 재료를 사서 간단히 조리해 먹어야 할 때도 있고 강행군에 필요한 영양 비축을 위해 간식거리가 필요할 수도 있죠. 또한, 방문한 도시에서 현지인들이 자주 가는 마켓이나 시장을 둘러보고 그 나라 식생활을 살펴보고 흔하게 접하지 못했던 먹거리에 도전해 보는 맛도 쏠쏠하답니다.

❶ 식료품점 찾기

필요한 문장에 표시해보세요!

슈퍼마켓이 어디 있죠?
¿Dónde está el supermercado?
돈데 에스따 엘 수뻬르메르까도?

가장 가까운 식료품점이 어디 있어요?
¿Hay alguna tienda de comestibles cerca de aquí?
아이 알구나 띠엔다 데 꼬메스띠블레쓰 쎄르까 데 아끼?

식료품점에 가는 길 좀 알려 주실래요?
¿Cómo puedo llegar a la tienda de comestibles?
꼬모 뿌에도 예가르 아 라 띠엔다 데 꼬메스띠블레쓰?

❷ 식료품점 코너 문의

빵이 어디 있죠?
¿Dónde está el pan?
돈데 에스따 엘 빤?

▶ 치즈 **el queso** 엘 께쏘 / 초콜릿 **el chocolate** 엘 초꼴라떼 / 커피 **el café** 엘 까페 /
잼 **la mermelada** 라 메르멜라다 / 과일 **la fruta** 라 푸르따 /
우유 **la leche** 라 레체 / 물 **el agua** 엘 아구아

유제품 코너가 어디 있죠?
¿Dónde hay productos lácteos?
돈데 아이 쁘로둑또쓰 락떼오쓰?

▶ 냉동식품 **productos congelados** 쁘로둑또쓰 꽁헬라도쓰 /
과일 채소류 **frutas y verduras** 프루따쓰 이 베르두라쓰 / 소고기 **carne** 까르네

스테이크에 어울리는 와인을 찾고 있는데요.
Quisiera un vino para acompañar a la carne[filete/bistec].
끼씨에라 운 비노 빠라 아꼼빠냐르 아 라 까르네[필레떼/비쓰떽].

3 시식 및 식품 분량 말하기

조금만 맛볼 수 있어요?
¿Puedo probarlo(a)?
뿌에도 쁘로바를로(라)?

2킬로 주세요.
Por favor, déme 2 kilos.
뽀르 파보르, 데메 도쓰 낄로쓰.

- 6조각 **seis trozos** 쎄이쓰 뜨로쓰쓰 / 6 슬라이스 6 **lonchas** 쎄이쓰 론차쓰 /
  200그램 **doscientos gramos** 도스씨엔또쓰 그라모쓰 /
  세 조각 **tres piezas** 뜨레쓰 삐에싸쓰 / 많이 **muchos(as)** 무초쓰(차쓰) /
  더 (많이) **más** 마쓰 / 약간만 **algunos(as)** 알구노쓰(나쓰) /
  적게 (더 줄여서) **menos** 메노쓰 / 아주 조금만 **un poquito** 운 뽀끼또

조금 덜어주세요. / 더 주세요.
Quíte un poco, por favor. / Déme un poco más.
끼떼 운 뽀꼬, 뽀르 파보르. / 데메 운 뽀꼬 마쓰.

하나 주세요.
Déme uno, por favor.
데메 우노, 뽀르 파보르.

그것 건네주시겠어요?
¿Me pasa eso, por favor?
메 빠싸 에쏘, 뽀르 파보르?

저것들 중 하나 주세요.
Quisiera uno de esos, por favor.
끼씨에라 우노 데 에쏘쓰, 뽀르 파보르.

이것[저것] 원해요.
Quiero éste(a)[ése(a)].
끼에로 에스떼(따)[에쎄(싸)].

이것이 마음에 드네요!
¡Me gusta este(a)!
메 구스따 에스떼(따)!

다 떨어졌네요.
Ya no queda.
야 노 께다.

더 이상 그것이(그 제품이) 없어요.
Ya no tenemos ese producto.
야 노 떼네모쓰 에쎄 쁘로둑또.

DIÁLOGO 1

식료품점에서

❶

나	실례합니다. 빵 코너 어디 있죠?	**Perdone, ¿dónde puedo encontrar el pan?** 뻬르도네, 돈데 뿌에도 엔꼰뜨라르 엘 빤?
직원	5번 통로에 있어요. 우측으로 가세요.	**En el pasillo cinco. Vaya a la derecha.** 엔 엘 빠씨요 씬꼬. 바야 아 라 데레차.
나	감사합니다. *(잠시 후)*	**Muchas gracias.** 무차쓰 그라씨아쓰.
나	이 빵 많이 달아요?	**¿Este pan es muy dulce?** 에스떼 빤 에쓰 무이 둘쎄?
직원	조금 달아요. 이 빵 드셔 보세요.	**Un poco. Prúebe este pan.** 운 뽀꼬. 쁘루에베 에스떼 빤.
나	맛있네요.	**Está muy bueno.** 에스따 무이 부에노.

❷

나	이 사과 어떻게 하죠(얼마죠)?	**¿Cuánto cuestan estas manzanas?** 꾸안또 꾸에스딴 에스따쓰 만싸나쓰?
직원	킬로 당 5유로예요. 신선하고 달아요.	**Son 5 euros por kilo. Están frescas y muy dulces.** 쏜 씬꼬 에우로쓰 뽀르 낄로. 에스딴 프레스까쓰 이 무이 둘쎄쓰.
나	3개만 주세요.	**Déme 3, por favor.** 데메 뜨레쓰, 뽀르 파보르.
직원	3유로 나왔네요. 하나 더 드릴게요.	**Son 3 euros. Le regalo una.** 쏜 뜨레쓰 에우로쓰. 레 레갈로 우나.
나	감사합니다.	**Muchas gracias.** 무차쓰 그라씨아쓰.

CHAPTER 7 | De compras

CHECK IT OUT | 슈퍼마켓에 가면

스페인과 중남미 나라들의 큰 도시에는 대형 유통 마켓들 있습니다. 스페인의 Mercadona와 남미의 Jumbo, Tottus, Superseis, Hiperseis 등이 있죠. 취사 가능한 숙소에 머문다면 현지 마켓에 들러 직접 고기도 굽고 신선한 채소와 와인 한잔 곁들이며 영양 보충하세요. 특히 아르헨티나 소고기는 착한 가격에 최고의 맛을 자랑한답니다.

코너 이름

정육점(고기) carnicería(carne)
까르니쎄리아(까르네)

생선·해산물 pescadería 뻬스까데리아

채소(농산물) verdurería 베르두레리아

과일 frutería 프루떼리아

냉동식품 congelados 꽁헬라도쓰

유제품 productos lácteos
쁘로둑또쓰 락떼오쓰

캔·병조림 류 conservas 꼰세르바쓰

반조리 식품 platos preparados
쁠라또쓰 쁘레빠라도쓰

음료 bebidas 베비다쓰

제과·제빵 panadería 빠나데리아

사탕 류 chuchería 추체리아

맥주(주류) cerveza/alcohol 쎄르베싸 / 알꼬올

반려동물 간식 comida para animales
꼬미다 빠라 아니말레쓰

와인 vino 비노

와인 창고 bodega 보데가

아이스크림 가게 heladería 엘라데리아

아이스크림 helado 엘라도

가정 용품 productos de hogar
쁘로둑또쓰 데 오가르

청소 용품 productos de limpieza
쁘로둑또쓰 데 림삐에싸

영유아 용품 artículos de bebé
아르띠꿀로쓰 데 베베

유아 용품 productos de ninos
쁘로둑또쓰 데 니뇨쓰

가전제품 electrodomésticos
엘렉뜨로도메스띠꼬쓰

KEY CHECK 2

의류와 신발 쇼핑

의류 쇼핑의 천국

스페인에는 세계적으로 유명한 의류 브랜드가 많습니다. 국내에도 잘 알려진 ZARA, MANGO, LOEWE, CAROLINA HERRERA, ADOLFO DOMINGUEZ, MAXIMO DUTTI, OYSHO, CAMPER 등 스페인은 패션의 메카라 해도 과언이 아니죠. 사이즈나 색상 문의, 구입 시 문제가 생길 것을 대비해 기본 쇼핑 표현은 익혀 두세요.

❶ 옷 가게에서

남성복 매장이 어디 있어요?
¿Me puede indicar dónde está la sección de caballeros?
메 뿌에데 인디까르 돈데 에스따 라 쎅시온 데 까바예로쓰?

블라우스 사려고요.
Quiero una blusa.
끼에로 우나 블루싸.

▶ 코트 **un abrigo** 운 아브리고 / 벨트 **un cinturón** 운 씬뚜론 /
비키니 **un bikini** 운 비끼니

이거 입어봐도 되나요?
¿Puedo probármelo?
뿌에도 쁘로바르멜로?

탈의실이 어디죠?
¿Dónde están los probadores?
돈데 에스딴 로쓰 쁘로바도레쓰?

잘 맞지 않아요.
No me queda bien.
노 메 께다 비안.

제 옷 사이즈는 44예요.
Mi talla es la 44.
미 따야 에쓰 라 꾸아렌따 이 꾸아뜨로.

마음에 무척 들어요.
Me gusta mucho.
메 구스따 무초.

그냥 둘러볼게요.
Voy a echar un vistazo. (스페인)
보이 아 에차르 운 비스따쏘.

Voy a ver que hay. / Voy a mirar. (중남미)
보이 아 베르 께 아이. / 보이 아 미라르.

② 옷 가게에서 원하는 것 요청하기

이거 더 큰 사이즈 있어요?
¿Tiene esto en tamaño más grande?
띠에네 에스또 엔 따마뇨 마쓰 그란데?

- ▶ 더 작은 **más pequeño** 마쓰 뻬께뇨 / 더 짧은 **más corto** 마쓰 꼬르또 / 더 긴 **más largo** 마쓰 라르고
- ▶ 작은 **pequeño(a)** 뻬께뇨(냐) / 중간 **mediano(a)** 메디아노(나) / 큰 **grande** 그란데

이 바지 사이즈 3 있어요?
¿Tiene este pantalón en la talla 3?
띠에네 에스떼 빤따론 엔 라 따야 뜨레쓰?

이 옷으로 검은색 있어요?
¿Tiene esta ropa en negro?
띠에네 에스따 로빠 엔 네그로?

- ▶ 파란색 **azul** 아쑬 / 녹색 **verde** 베르데 / 분홍색 **rosa** 로싸 / 빨간색 **rojo** 로호
- ▶ 데님 **dril** 드릴 / 면 **algodón** 알고돈 / 가죽 **cuero** 꾸에로 / 울 **lana** 라나 / 실크 **seda** 쎄다

이것과 같은 디자인으로 다른 색깔 있어요?
¿Tiene este diseño en otro color?
띠에네 에스떼 디쎄뇨 엔 오뜨로 꼴로르?

이거 재고 있어요?
¿Queda de ésto?
께다 데 에스또?

나중에 가져가도 되나요?
¿Puedo recogerlo más tarde?
뿌에도 레꼬헤를로 마쓰 따르데?

이것 가격 확인할 수 있어요?
¿Me puede decir el precio de ésto?
메 뿌에데 데씨르 엘 쁘레씨오 데 에스또?

선물 포장되나요?
¿Envuelve regalos?
엔부엘베 레갈로쓰?

---

❸ 신발 가게에서

운동화를 찾고 있어요.
Estoy buscando un tenis[unas zapatillas deportivas].
에스또이 부스깐도 운 떼니쓰[우나스 싸빠띠야스 데뽀르띠바스].

*__un tenis__ 운 떼니쓰 (스페인) / __champión__ 챰삐온 (중남미)

이 신발 11호 사이즈 있어요?
¿Tiene talla 11 de éste zapato?
띠에네 따야 온쎄 데 에스떼 싸빠또?

제 발 사이즈가 어떻게 되는지 모르겠네요.
No sé cuál es mi talla.
노 쎄 꾸알 에쓰 미 따야.

굽이 저한테는 너무 높아요[낮아요].
El tacón es muy alto[bajo] para mí.
엘 따꼰 에쓰 무이 알또[바호] 빠라 미.

신발이 너무 커요.
El zapato es muy grande.
엘 싸빠또 에쓰 무이 그란데.

¿Puedo probármelo?
뿌에도 쁘로바르메로?
이거 입어봐도 되나요?

DIÁLOGO 2

옷 가게에서

직원 도와 드릴까요?

¿En qué le puedo ayudar?
엔 께 레 뿌에도 아유다르?

나 네, 바지를 찾고 있어요.

Sí, estoy buscando unos pantalones.
씨, 에스또이 부스깐도 우노스 빤따로네쓰.

직원 어떤 종류요?

¿Qué clase de pantalones?
께 끌라쎄 데 빤따로네쓰?

나 청바지요.

Vaqueros.
바께로쓰.

직원 이쪽에 있습니다.

Aquí está.
아끼 에스따.

나 사이즈를 잘 모르겠는데, 재 주시겠어요?

No sé cuál es mi talla, ¿me podría tomar la medida?
노 쎄 꾸알 에쓰 미 따야. 메 뽀드리아 또마르 라 메디다?

직원 네, *(재고 나서)* 손님 허리 사이즈는 34인치예요.

Sí, su talla es la 34.
씨, 쑤 따야 에쓰 라 뜨레인따 이 꾸아뜨로.

나 이거 입어봐도 될까요?

¿Puedo probarme éstos?
뿌에도 쁘로바르메 에스또스?

직원 그럼요. 탈의실은 저기 있어요.
(잠시 후)

Por supuesto. El vestidor está allí.
뽀르 쑤뿌에스또. 엘 베스띠도르 에스따 아이.

나 좀 기네요. 더 짧은 것 있어요?

Son un poco largos. ¿Hay algo más corto?
쏜 운 뽀꼬 라르고스. 아이 알고 마쓰 꼬르또?

직원 이게 더 짧아요.

Ésto son más cortos.
에스또 쏜 마쓰 꼬르또스.

나 이걸로 할게요.

Pues me llevo éstos.
뿌에쓰 메 예보 에스또스.

CHECK IT OUT ❷ | 스페인에서 똑똑하게 쇼핑하기

스페인에는 유명 의류 브랜드뿐만 아니라 가죽 제품도 매우 유명합니다. 가죽 의류, 가방, 신발, 공예품 등 말이죠. 몇 가지 팁을 알아 둔다면 여행과 동시에 제대로 본전 뽑는 똑똑한 쇼핑까지 할 수 있으니 다음 정보 잘 알아 두세요.

– 스페인 바르셀로나에서는 1년에 두 번 큰 할인 시즌(겨울: 1월~2월 말, 여름: 7월~8월 말)이 있습니다. 상점마다 Rebajas(레바하스)가 크게 붙고 날짜 뒤로 갈수록 가격이 더 낮아지지만 괜찮은 아이템이나 맞는 사이즈가 많이 빠질 가능성은 큽니다. 대형 백화점 매장뿐만 아니라 작은 상점들도 모두 할인에 돌입합니다.

– 할인 시즌은 도시마다 일정 차이가 약간 날 수 있으니 쇼핑을 염두에 둔다면 여행 방문 도시와 일정을 체크하세요.

– 세일 기간이라 많은 고객들로 매장이 붐빌 수도 있으니 미리 온라인 사이트에서 살펴보고 아이템을 찜해 둔 후 매장에서 구입하는 것도 방법입니다. 온라인 사이트에서는 상품 정보(재고, 매장 정보 등)를 상세히 확인할 수 있습니다.

– 스페인 인디텍스(Inditex) 그룹 브랜드는 매장 상관없이 환불, 교환이 가능하고 그 기간은 30일입니다. 매장별 환급 규정은 잘 확인하고, 영수증은 잘 보관하세요. 충동구매로 환불이 고민되는 상품은 태그를 떼지 말고 두세요.

– 택스 리펀드를 받으세요. 유럽 여행을 할 경우 대개 출국하는 도시에서 하지만 바르셀로나에서도 택스 리펀드가 가능합니다. 택스 프리 가맹점에서 물건을 구입하고 택스 프리 영수증을 잘 챙겨 두세요(Necesito tax free. (네쎄씨또 택스 프리)). 환급은 바르셀로나 시내와 바르셀로나 공항에서 가능합니다. 환급 시 필요한 서류는 여권, 정보 기입한 택스 프리 영수증, 택스 리펀드 서류, 환급 받을 신용카드입니다. 공항에서는 체크인 전에 택스 리펀드를 하거나, 체크인할 때 택스 리펀드해야 한다고 직원에게 말하세요.

KEY CHECK 3

다양한 제품 쇼핑

다양한 쇼핑하세요

의류 쇼핑 외에도 개인 관심사나 필요에 따라 다양한 아이템 쇼핑을 할 수 있습니다. 여행 중 렌즈가 필요하거나 선물용 담배를 살 수도 있고요. 책을 좋아하시는 분이라면 스페인과 남미의 서점을 둘러볼 수 있겠죠.

① 안경, 콘택트렌즈

안경이 고장 났어요. 고칠 수 있을까요?
Mis gafas están estropeadas. ¿Puede arreglarlas?
미쓰 가파쓰 에스딴 에스뜨로뻬아다쓰. 뿌에데 아레글라르라쓰?

안경에서 렌즈가 빠졌어요.
La lente se ha salido.
라 렌떼 쎄 아 쌀리도.

원데이 렌즈 사려고요.
Quiero unas lentillas desechables.
끼에로 우나쓰 렌띠야쓰 데세차블레쓰.

선글라스를 사려고요.
Quiero comprar unas gafas de sol.
끼에로 꼼쁘라르 우나쓰 가파쓰 데 쏠.
*안경: **lentes** 렌떼쓰, **anteojos** 안떼오호쓰 (중남미)

하드[소프트] 콘택트렌즈 세척액이 필요해요.
Necesito líquido de lavado para lentes de contacto duras[blandas].
네쎄씨또 리끼도 데 라바도 빠라 렌떼쓰 데 꼰딱또 두라쓰[블란다쓰].

시력 도수가 어떻게 되시죠?
¿Qué graduación lleva?
께 그라두아씨온 예바?

❷ 전자제품 쇼핑하기

🗣 이 카메라 세일 중인가요?
¿Ésta cámara está en rebajas?
에스따 까마라 에스따 엔 레바하쓰?

이게 가장 싼 디지털 카메라예요?
¿Es éste la cámara digital más económica?
에쓰 에스떼 라 까마라 디히딸 마쓰 에꼬노미까?

이거 어떻게 작동해요?
¿Cómo funciona?
꼬모 푼씨오나?

이것 품질 보증되나요?
¿Ésto tiene garantía?
에스또 띠에네 가란띠아?

그것이 가장 인기 있는 제품인가요?
¿Es ése el más popular?
에쓰 에쎄 엘 마쓰 뽀뿔라르?

신형 노트북을 찾고 있어요.
Estoy buscando un ordenador nuevo modelo.
에스또이 부스깐도 운 오르데나도르 누에보 모델로.

와, 이거 기능이 다양하네요.
Wow, esta tiene varias funciones.
와우, 에스따 띠에네 바리아쓰 푼씨오네쓰.

80GB짜리 USB 하나 주세요.
Déme un USB de 80GB.
데메 운 우에쎄베 데 오첸따 히가바이트.

③ 담배 구입하기

🗣 선물용 담배 사려고요. 추천해 주시겠어요?
Quiero comprar cigarrillos para regalo. ¿Me recomienda alguna marca?
끼에로 꼼쁘라르 씨가릴요쓰 빠라 레갈로. 메 레꼬미엔다 알구나 마르까?

담배 한 갑 주세요.
Quiero un paquete de cigarrillos, por favor.
끼에로 운 빠께떼 데 씨가릴요쓰, 뽀르 파보르.

파이프 담배 있나요?
¿Tiene tabaco de pipa?
띠에네 따바꼬 데 삐빠?

👂 쿠바 시가가 정말 유명하죠.
El tabaco cubano es muy famoso.
엘 따바꼬 꾸바노 에쓰 무이 파모쏘.

몇 갑 필요하세요?
¿Cuántos paquetes necesita?
꾸안또쓰 빠께떼쓰 네쎄씨따?

TIP 쿠바의 명물, 시가
쿠바 시가는 최고 품질로 유명해서 쿠바 여행에서 인기 있는 선물 아이템입니다. 담배 공장 투어와 함께 제품도 판매하는데 가격이 꽤 비싼 편이랍니다. 참고로 담배는 스페인에서는 tabaco, 일반 편의점이나 가판대 등에서 쉽게 살 수 있는 담배는 cigarettes라고 합니다.

④ 책과 음반

🗣 요리책 코너가 어디 있나요?
¿Dónde es la sección de libros de cocina?
돈데 에쓰 라 쎅시온 데 리브로쓰 데 꼬씨나?

한국어로 된 여행책 있나요?
¿Tiene libros de viaje en coreano?
띠에네 리브로쓰 데 비아헤 엔 꼬레아노?

파블로 네루다 책을 찾고 있어요.
Estoy buscando libros de Pablo Neruda.
에스또이 부스깐도 리브로쓰 데 빠블로 네루다.

라틴팝 CD가 어디 있죠?
¿Dónde hay discos de pop latino?
돈데 아이 디스꼬쓰 데 뽑 라띠노?

하비에르 바르뎀이 나오는 영화 DVD 추천해 주시겠어요?
¿Me puede recomendar alguna película de Javier Bardem?
메 뿌에데 레꼬멘다르 알구나 뻴리꿀라 데 하비에르 바르뎀?

2층 우측 끝까지 가세요.
En el segundo piso, al fondo a la derecha.
엔 엘 쎄군도 삐쏘, 알 폰도 아 라 데레차.

여기서 천천히 살펴보세요.
Tómese su tiempo y mírelo por aquí.
또메세 수 띠엠뽀 이 미렐로 뽀르 아끼.

DIÁLOGO 3

서점에서

나	실례합니다. 책을 찾고 있는데요.
서점 직원	네, 어떤 종류의 책을 찾으시죠?
나	혹시 스페인어–한국어 사전 있나요?
서점 직원	음, 한국어는 없고 스페인어–영어 사전은 여러 종류 있어요. 저기 오른쪽 사전 코너에서 찾아보세요.
나	네, 감사합니다. 그리고, 어린이 동화책은 어디 있죠?
서점 직원	2층에 있습니다.
나	감사합니다.

Perdone. Estoy buscando un libro.
뻬르도네. 에스또이 부스깐도 운 리브로.

¿Qué clase de libro está usted buscando?
께 끌라쎄 데 리브로 에스따 우스뗃 부스깐도?

¿Hay diccionario en español-coreano?
아이 딕씨오나리오 엔 에스빠뇰–꼬레아노?

Hm, coreano no tenemos pero español inglés tenemos varios. Búsquelo allí a la derecha en la sección de diccionarios.
음, 꼬레아노 노 떼네모쓰 뻬로 에스빠뇰 인글레쓰 떼네모쓰 바리오쓰. 부스께로 아이 아 라 데레차 엔 라 쎅시온 데 딕씨오나리오쓰.

Muy bien, gracias. ¿Y dónde hay libros de cuentos para niños?
무이 비엔, 그라씨아쓰. 이 돈데 아이 리브로스 데 꾸엔또스 빠라 니뇨쓰?

En el segundo piso.
엔 엘 쎄군도 삐쏘.

Muchas gracias.
무차쓰 그라씨아쓰.

안경점에서

나	실례합니다. 렌즈를 사려고요.
안경점 직원	어떤 종류의 렌즈 찾으세요?
나	네, 아큐브 원데이 렌즈 주시고요. 도수는 양쪽 다 –4.00예요.
안경점 직원	잠시만 기다리세요. (잠시 후) 여기 있네요.
나	얼마죠?
안경점 직원	35유료예요.
나	카드로 계산할게요.

Buenas. Me gustaría comprar unas lentillas.
부에나쓰. 메 구스따리아 꼼쁘라르 우나쓰 렌띠야쓰.

¿Qué clase de lentillas busca?
께 끌라쎄 데 렌띠야쓰 부스까?

Busco el Acuve Oneday. Mi graduación es -4.00 en ambos ojos.
부스꼬 엘 아꾸베 원데이. 미 그라두아씨온 에쓰 메노르 아 꾸아뜨로 뿐도 쎄로 쎄로 엔 암보쓰 오호쓰.

Un momento, por favor. Aquí está.
운 모멘또, 뽀르 파보르. 아끼 에스따.

¿Cuánto es?
꾸안또 에쓰?

35 euros.
뜨레인따 이 씬꼬 에우로쓰.

Pago con tarjeta.
빠고 꼰 따르헤따.

CHECK IT OUT ③ | 취향 따라 쇼핑하기

아르헨티나 El Ateneo 서점

세계에서 가장 아름다운 서점 중 하나로 꼽히는 El Ateneo 서점은 아르헨티나, 부에노스아이레스에 있습니다. 1919년 지어져 오페라 극장, 영화관 등으로 쓰이다 2000년부터 서점으로 개조되어 매일 수천 명 이상의 관광객과 현지인들이 찾는 명소가 되었답니다. 천천히 책을 둘러 본 후에는 옛 무대 모습을 그대로 간직하고 있는 카페에서 향기로운 커피 한잔 즐길 수 있습니다. 아르헨티나, 부에노스아이레스에 가면 잊지 말고 꼭 들려 보세요.

DVD로 스페인어 공부하기

외국어 공부할 때 영화나 드라마를 보는 분들 많이 계시죠? 실제 살아있는 회화도 익힐 수 있고 물론 재미도 있으니 일거양득이죠. 스페인어 더빙, 자막이 있는 DVD를 구하고 싶은 분들은 스페인에 가시면 CeX 매장에 들러 보세요. DVD뿐만 아니라 전자제품, 음악 CD, 게임 등 중고용품 매장으로 가격도 저렴하고요. 스페인/중남미 영화, 드라마부터 미국 드라마, 영화까지 친절하게 더빙, 자막이 있답니다. 영국에서 시작되어 미국과 유럽 등 여러 나라에 매장이 있는데 스페인어권 국가는 현재 스페인과 멕시코에만 매장이 있습니다.

KEY **CHECK** 4

기념품 구입

여행의 완성은 기념품

여행지에서 자기가 간직하고 싶은 기념품도 많지만, 가족들과 친구들을 위한 선물 구입은 은근 신경 쓰이는 일이죠. 유명 관광지가 그려진 머그잔이나 키 체인, 티셔츠부터 그곳에서만 살 수 있는 특산품 등 종류도 다양하네요. 요즘은 여행객들이 늘어나면서 어떤 선물을 사면 좋은지 블로그에 추천도 많이 해 두었더군요. 여행 전에 참조하면 도움이 되겠죠.

❶ 기념품 가게 문의

기념품을 어디서 사죠?
¿Dónde puedo comprar souvenirs[regalos]?
돈데 뿌에도 꼼쁘라르 쑤베니르스[레갈로스]?

*souvenir로 영어식으로도 쓰지만 스페인어로 선물(기념품)은 **regalo/regalos** 레갈로(스)

아직 기념품을 하나도 사지 않았어요.
Todavía no he comprador ninguna.
또다비아 노 에 꼼쁘라도르 닌구나.

전통 제품을 사려면 어디에 가야 하나요?
¿Dónde puedo comprar productos tradicionales?
돈데 뿌에도 꼼쁘라르 쁘로둑또쓰 뜨라디씨오날레쓰?

어디 가면 그걸 구할 수 있죠?
¿Dónde puedo encontrar eso?
돈데 뿌에도 엔꼰뜨라르 에쏘?

❷ 특산품 문의 · 기념품 추천

이 지역의 특산품을 판매하나요?
¿Vende algún producto especial de la zona?
벤데 알군 쁘로둑또 에스뻬씨알 데 라 쏘나?

알파카로 만든 옷을 파는 데가 있나요?
¿Hay algún sitio donde vende ropa de alpaca?
아이 알군 시띠오 돈데 벤데 로빠 데 알빠까?

특별한 거로 추천해 주실래요?
¿Me puede recomendar algo especial?
메 뿌에데 레꼬멘다르 알고 에스뻬씨알?

이거 수제품인가요?
¿Ésto está hecho a mano?
에스또 에스따 에초 아 마노?

뭐로 만들었죠? (재료가 뭐죠?)
¿De qué está hecho ésto?
데 께 에스따 에초 에스또?

이걸로 다른 색깔[크기] 있어요?
¿Tiene éste en otro color[tamaño]?
띠에네 에스떼 엔 오뜨로 꼴로르[따마뇨]?

이거 선물용으로 포장해 주세요.
Quiero ésto para regalo, por favor.
끼에로 에스또 빠라 레갈로, 뽀르 파보르.

좋은 제품 있으면 추천해 주세요.
Si tiene algún producto bueno, recomiéndemelo, por favor.
씨 띠에네 알군 쁘로둑또 부에노, 레꼬미엔데메로, 뽀르 파보르.

DIÁLOGO 4

기념품 구입하기

직원 뭐 찾는 것 있으세요? 도와 드릴까요?

나 알파카 털로 만든 인형 찾고 있어요.

직원 여기 있어요. 한국인들이 많이 찾더라고요.

나 맞아요. TV에 나와서 유명해요. 정말 귀엽네요! 이것 얼마죠?

직원 30솔이에요.

나 아, 비싸네요.

직원 진짜 알파카 털로 만든 것은 비싸요. 여기 작은 것은 10솔이에요.

나 그게 낫겠네요. 작은 인형으로 주세요.

¿Necesita algo? ¿Le puedo ayudar?
네쎄씨따 알고? 레 뿌에도 아유다르?

Estoy buscando un muñeco de alpaca.
에스또이 부스깐도 운 무녜꼬 데 알빠까.

Aquí tiene. Los coreanos lo buscan mucho.
아끼 띠에네. 로쓰 꼬레아노쓰 로 부스깐 무초.

Es verdad. Lo hemos visto en la television. ¡Es muy bonito! ¿Cuánto cuesta?
에쓰 베르닫. 로 에모쓰 비스또 엔 라 뗄레비씨온. 에쓰 무이 보니또! 꾸안또 꾸에스따?

30 soles.
뜨레인따 쏠레쓰.

Ah, un poco caro.
아, 운 뽀꼬 까로.

El de alpaca verdadera es caro. El pequeño son 10 soles.
엘 데 알빠까 베르다데라 에쓰 까로. 엘 뻬께뇨 쏜 디에쓰 쏠레쓰.

Creo que ese es mejor. Déme el pequeño, por favor.
끄레오 께 에쎄 에쓰 메호르. 데메 엘 뻬께뇨. 뽀르 파보르.

KEY **CHECK** 5

물건값 계산하기

흥정해도 되나요?

음식, 숙소 등에서 계산하는 방법이 약간 익숙해지셨나요? 한국에서는 '흥정'이 흔히 통용되지만, 해외 나가서는 주의해야 합니다. 스페인에서는 '흥정'하는 곳이 거의 없고 중남미 관광지에서는 때때로 가능하니 염두에 두세요.

❶ 가격 확인 및 계산

이것[저것]은 얼마죠?
¿Cuánto es esto[eso]?
꾸안또 에쓰 에스또[에쏘]?

세금이 포함된 가격이에요?
¿Los impuestos están incluídos?
로쓰 임뿌에스또쓰 에스딴 인끌루이도쓰?

신용카드 받으세요?
¿Aceptan tarjetas de crédito?
아쎕딴 따르헤따쓰 데 끄레디또?

현금으로 계산할게요.
Voy a pagar en efectivo.
보이 아 빠가르 엔 에펙띠보.

환불 가능한가요?
¿Es posible el cambio?
에쓰 뽀씨블레 엘 깜비오?

현금으로 하실 건가요, 카드로 하실 건가요?
¿Quiere pagar en efectivo o tarjeta de crédito?
끼에레 빠가르 엔 에펙띠보 오 따르헤따 데 끄레디또?

이게 다인가요?
¿Eso es todo?
에쏘 에쓰 또도?

다른 것은요? (더 필요한 것 없으세요?)
¿Algo más?
알고 마쓰?

몇 개[얼마큼] 원하세요?
¿Cuántos[Cuánto] quiere?
꾸안또쓰[꾸안또] 끼에레?

충분하세요?
¿Es suficiente?
에쓰 쑤피씨엔떼?

❷ 깎는 재미, 흥정하기

너무 비싸요.
Es muy caro.
에쓰 무이 까로.

더 싼 거 없나요?
¿Tiene algo más económico?
띠에네 알고 마쓰 에꼬노미꼬?

현금으로 내면 좀 더 싼가요?
¿Es más barato en efectivo?
에쓰 마쓰 바라또 엔 에펙띠보?

좀 더 깎아주세요.
¿Puede dejármelo un poco más barato?
뿌에데 데하르메로 운 뽀꼬 마쓰 바라또?

무료 샘플 하나 주실래요?
¿Me puede dar uno para probar?
메 뿌에데 다르 우노 빠라 쁘로바르?

이거 3개를 13유로에 가져가도 돼요?
¿Puedo llevarme estos 3 13 euros?
뿌에도 예바르메 에스또쓰 뜨레쓰 뜨레쎄 에우로쓰?

10유로 어때요?
¿Que tal 10 euros?
께 딸 디에쓰 에우로쓰?

저쪽 가게에서는 9유로에 팔던데요.
En aquella tienda cuesta 9 euros.
엔 아께야 띠엔다 꾸에스따 누에베 에우로쓰.

이것도 세일 품목이에요?
¿Hay descuento?
아이 데스꾸엔또?

다시 올게요.
Volveré.
볼베레.

그 가격으로 맞춰 드릴게요.
Se lo dejo a ése precio.
쎄 로 데호 아 에쎄 쁘레씨오.

저로서는 최대한 봐 드린 가격이에요.
No puedo dejarle a mejor precio.
노 뿌에도 데하를레 아 메호르 쁘레씨오.

그 가격이면 정말 잘 사신 겁니다.
Está usted haciendo buena compra.
에스따 우스뗃 아씨엔도 부에나 꼼쁘라.

밑지고 파는 거예요.
Estoy perdiendo dinero con esta venta.
에스또이 뻬르디엔도 디네로 꼰 에쓰따 벤따.

TIP 흥정할 때 유의점
관광객을 상대하는 기념품점에서는 적절한 흥정의 기술이 필요합니다. 부르는 값의 절반 혹은 1/3, 양측의 중간값에서 합의를 보는 게 적당합니다. 하지만 무리한 요구와 예의 없는 행동은 삼가야겠죠. Por favor, señor(a) 호칭을 붙이며 존중의 태도를 잊지 마세요.

③ 카드에 문제 발생

이 신용카드가 승인이 거절됐어요.
No han aprobado la operación de esta tarjeta.
노 안 아쁘로바도 라 오뻬라씨온 데 에스따 따르헤따.

다른 카드 있으세요?
¿Tiene otra tarjeta?
띠에네 오뜨라 따르헤따?

기계에 다시 그어주시겠어요?
¿Puede volver a intentarlo?
뿌에데 볼베르 아 인뗀따를로?

④ 제품 포장

종이 봉투[비닐 봉투]에 담아주세요.
Déme bolsa de papel[plástico], por favor.
데메 볼싸 데 빠뻴[쁠라스띠꼬], 뽀르 파보르.

가방 필요 없어요. 감사합니다.
No necesito bolsa, gracias.
노 네쎄씨또 볼싸, 그라씨아쓰.

비닐 봉투에 담아드릴까요, 종이 봉투에 담아 드릴까요?
¿Quiere bolsa de papel o bolsa de plástico?
끼에레 볼싸 데 빠뻴 오 볼싸 데 쁠라스띠꼬?

DIÁLOGO 5

물건 고르기부터 계산까지

나   이 티셔츠 라지 사이즈 있나요? 아, 혹시 다른 색깔도 있나 봐주세요. 검정이나 남색요.

¿Tiene esta camiseta en talla grande? Ah, también si tiene en otro color, negro o azul marino, por favor.
띠에네 에스따 까미세따 엔 따야 그란데? 아, 땀비엔 씨 띠에네 엔 오뜨로 꼴로르, 네그로 오 아쑬 마리노, 뽀르 파보르.

직원   네, 확인하고 올게요. 잠시만 기다리세요. *(잠시 후)*

Sí, se lo confirmo. Un momento, por favor.
씨, 쎄 로 꼰피르모. 운 모멘또, 뽀르 파보르.

직원   마침 하나 남았네요. 검정색 라지 사이즈로 있어요. 남색은 없네요.

Queda uno. Tenemos talla grande en color negro. Azul marino no lo tenemos.
께다 우노. 떼네모쓰 따야 그란데 엔 꼴로르 네그로. 아쑬 마리노 노 로 떼네모쓰.

나   다행이네요. 입어 봐도 되나요?

Qué bien. ¿Se puede probar?
께 비엔. 쎄 뿌에데 쁘로바르?

직원   물론이죠. 우측에 탈의실이 있어요. *(잠시 후)*

Por supuesto. A la derecha está el probador.
뽀르 쑤뿌에스또. 아 라 데레차 에스따 엘 쁘로바도르.

나   잘 어울리나요?

¿Me queda bien?
메 께다 비엔?

직원   네, 잘 어울리네요. 딱 손님 거네요.

Sí, muy bien. Es suyo.
씨, 무이 비엔. 에쓰 쑤요.

나   감사합니다. 그럼 이걸로 계산할게요.

Muchas gracias. Compro ésta.
무차쓰 그라씨아쓰. 꼼쁘로 에스따.

직원   할인 기간이라 20% 할인해서 9유로 되겠습니다.

Estamos en rebajas y son 9 euros con el 20 porciento de descuento.
에스따모쓰 엔 레바하쓰 이 쏜 누에베 에우로쓰 꼰 엘 베인떼 뽀르씨엔또 데 데스꾸엔또.

나   신용카드로 계산할게요.

Voy a pagar con tarjeta de crédito.
보이 아 빠가르 꼰 따르헤따 데 끄레디또.

직원   영수증 드릴까요?

¿Necesita recibo?
네쎄씨따 레씨보?

나   네.

Sí.
씨.

직원   감사합니다. 안녕히 가세요.

Muchas gracias. Hasta la próxima.
무차쓰 그라씨아쓰. 아스따 라 쁘록씨마.

❷

나	실례합니다. 여기 열쇠고리 5개 묶음이 5유로인가요?
직원	네, 싸게 드리는 거예요.
나	이거 한 묶음 더 사면 좀 더 싸게 주실 수 있나요?
직원	아유, 곤란한데… 이것도 많이 싼데요.
나	2유로만 깎아 주실 수 있나요? 부탁이에요.
직원	알았어요. 그렇게 드릴게요. 손해 보고 드리는 거예요.
나	감사합니다! 이 팔찌는 2개 사면 하나 더 주나요?
직원	네. 수공예품이에요.
나	그럼 빨강, 파랑, 그리고 초록색으로 할게요. 계산할게요.
직원	열쇠고리 두 묶음하고 팔찌 3개 해서 18유로 되겠습니다.
나	여기 20유로예요.
직원	2유로 거스름돈입니다. 감사합니다. 좋은 하루 보내세요.

Perdone. ¿Estos 5 llaveros son 5 euros?
뻬르도네. 에스또쓰 씬꼬 야베로쓰 쏜 씬꼬 에우로쓰?

Sí, está muy barato.
씨. 에스따 무이 바라또.

¿Si compro uno más me puede rebajar el precio?
씨 꼼쁘로 우노 마쓰 메 뿌에데 레바하르 엘 쁘레씨오?

A ver… Creo que ya está muy barato.
아 베르… 끄레오 께 야 에스따 무이 바라또.

¿Puede darme a 2 euros? Por favor.
뿌에데 다르메 아 도쓰 에우로쓰? 뽀르 파보르.

Muy bien. Estamos perdiendo con esta venta.
무이 비엔. 에스따모쓰 뻬르디엔도 꼰 에스따 벤따.

¡Muchas gracias! ¿Y estas pulseras si compro 2 una es gratis?
무차쓰 그라씨아쓰! 이 에스따쓰 뿔세라쓰 씨 꼼쁘로 도쓰 우나 에쓰 그라띠쓰?

Sí, están hechas a mano.
씨, 에스딴 에차쓰 아 마노.

Entonces déme roja, azul y verde, por favor. Voy a pagar.
엔똔쎄쓰 데메 로하, 아쑬 이 베르데, 뽀르 파보르. 보이 아 빠가르.

Son dos de cinco llaveros y 3 pulseras, 18 euros.
쏜 도쓰 데 씬꼬 야베로쓰 이 뜨레쓰 뿔세라쓰, 디에씨 오초 에우로쓰.

Aquí tiene 20 euros.
아끼 띠에네 베인떼 에우로쓰.

Aquí tiene su cambio, 2 euros. Muchas gracias. Que tenga un buen día.
아끼 띠에네 쑤 깜비오, 도쓰 에우로쓰. 무차쓰 그라씨아쓰. 께 뗑가 운 부엔 디아.

CHECK IT OUT 5 | 스페인과 중남미의 이색 선물

여러분은 여행지에서 주로 어떤 기념품이나 선물을 구입하나요? 요즘은 수입 품목이 다양해지다 보니 웬만한 외국 물건은 국내에서도 쉽게 구할 수 있는데요. 스페인과 중남미 국가에서 구입하기 좋은 이색적인 특산물 몇 가지 소개해 드릴게요.

국가	특산품
멕시코	테킬라, 핫소스, 커피, 초콜릿(튜린/깔루아)
콜롬비아	모칠라 가방
쿠바	럼주, 시가
페루	쿠스코: 알파카 제품(인형, 옷), 수공예 지갑, 제단화(Retablo), 조각상
	살리네라스: 소금
	푸노: 갈대 수공예품, 수공 뜨개질 제품
아르헨티나	둘쎄 데 레체 (밀크잼)
	라 보까: 탱고 조각상, 축구 조각상, 마테차, 마테차 컵
	우수아이아: 펭귄 모양 기념품, 광석 기념품
볼리비아	우유니: 소금 조각상
	라파스: 트럭 모양 조각상, 마녀의 약(향수)
	산 페드로 데 아타카마: 수제 뜨개질 인형
칠레	이스터 섬: 이스터상 조각상
	파타고니아: 마키베리 분말
스페인	올리브 오일, 아르간 오일, 빠떼(Paté; 양념 스프레드), 국화꿀차 티백, 뚜론(Turrón; 전통 과자), 마싸빤(Mazapán; 전통 과자), 하몬(*하몬은 세관 금지 품목)

KEY CHECK 6

환불할 때

환불(교환) 요청하기

물건에 하자가 있을 때, 사이즈가 안 맞을 때, 단순한 변심 등 환불(교환)해야 할 이유는 다양합니다. 해외여행 중 물건을 구입하고 환불(교환)을 할 경우에는 신중, 신속해야 하는데요. 환불(교환)을 피할 수 있는 가장 좋은 방법은 계산할 때 규정을 반드시 확인하는 것입니다. 무엇보다 충동구매는 조심!

① 환불(교환) 요청하기

이것 환불 가능한가요?
¿Esto se puede devolver?
에스또 쎄 뿌에데 데볼베르?

환불해 주시겠어요?
¿Puedo devolver, por favor?
뿌에도 데볼베르, 뽀르 파보르?

반품하려고요.
Me gustaría cambiarlo.
메 구스따리아 깜비아를로.

방금 샀는데, 제대로 작동이 안 돼요.
Acabo de comprarlo, pero no funciona.
아까보 데 꼼쁘라를로, 뻬로 노 푼씨오나.

이걸 다른 것[같은 것]으로 바꿀 수 있어요?
¿Me lo puede cambiar por otra cosa[por lo mismo]?
메 로 뿌에데 깜비아르 뽀르 오뜨라 꼬싸[뽀르 로 미쓰모]?

다른 것으로 바꿔 주세요.
Cámbieme esto por otra cosa, por favor.
깜비에메 에스또 뽀르 오뜨라 꼬싸, 뽀르 파보르.

CHAPTER 7 | De compras 361

이 이어폰을 다른 것으로 교환할 수 있을까요?
¿Puedo cambiar este auricular por otra cosa?
뿌에도 깜비아르 에스떼 아우리꿀라르 뽀르 오뜨라 꼬싸?

이 바지를 작은 사이즈로 바꿔 주시겠어요?
¿Puede cambiarme este pantalón por una talla más pequeña?
뿌에데 깜비아르메 에스떼 빤따론 뽀르 우나 따야 마쓰 뻬께냐?

여기 영수증이요.
Aquí está el recibo.
아끼 에스따 엘 레씨보.

좀 더 자세히 말씀해 주세요.
Necesito que me lo explique mejor.
네쎄씨또 께 메 로 엑스쁠리께 메호르.

문제점이 무엇인가요?
¿Cuál es el problema?
꾸알 에쓰 엘 쁘로블레마?

저희 규정상 물건을 교환해 드릴 수 없어요.
Según la regla no podemos hacer el cambio.
쎄군 라 레글라 노 뽀데모쓰 아쎄르 엘 깜비오.

그럼요, 환불하실 수 있어요.
Por supuesto, le hacemos la devolución.
뽀르 수뿌에스또, 레 아쎄모쓰 라 데볼루씨온.

교환만 해 드려요.
Sólo puede cambiarlo.
쏠로 뿌에데 깜비아를로.

네, 바로 살펴볼게요.
Sí, ahora se lo miro.
씨, 아오라 쎄 로 미로.

DIÁLOGO 6

환불(교환) 문의하기

직원　계산하시겠어요?

나　네, 궁금한 게 있는데요. 이 가방 환불이나 교환 가능한가요?

직원　네, 할인 기간에는 30일 내 환불이나 교환이 가능해요.

나　야, 그런가요?

직원　태그는 떼지 마시고 영수증은 꼭 챙겨 오세요. 다른 지점(매장)에서도 교환 가능합니다.

나　네, 감사합니다.

¿Quiere pagar?
끼에레 빠가르?

Sí, tengo una pregunta. ¿Este bolso se puede cambiar o devolver?
씨, 뗑고 우나 쁘레군따. 에스떼 볼쏘 쎄 뿌에데 깜비아르 오 데볼베르?

Sí, en rebajas tiene 30 días para cambiar o devolverlo.
씨, 엔 레바하쓰 띠에네 뜨레인따 디아쓰 빠라 깜비아르 오 데볼베를로.

¿Ah, sí?
아, 씨?

No le quite su etiqueta y traiga el recibo. Puede cambiarlo en otra tienda también.
노 레 끼떼 쑤 에띠께따 이 뜨라이가 엘 레씨보. 뿌에데 깜비아를로 엔 오뜨라 띠엔다 땀비엔.

Muy bien, muchas gracias.
무이 비엔, 무차쓰 그라씨아쓰.

직원　안녕하세요, 무엇을 도와 드릴까요?

나　네, 어제 여기서 구두를 샀는데요. 살 때는 몰랐는데 집에 와서 보니 앞부분에 스크레치가 있어요.

직원　제가 살펴 볼게요. 여기에 자국이 있네요. 죄송합니다.

나　혹시 환불 가능한가요?

직원　죄송하지만, 세일 품목이라 환불은 불가능하고 다른 제품으로 교환만 가능합니다.

나　네, 그럼 다른 것으로 골라 볼게요.

Buenos días, ¿en qué le puedo ayudar?
부에노쓰 디아쓰. 엔 께 레 뿌에도 아유다르?

Sí, ayer compré unos zapatos aquí. Cuando lo compré no me había dado cuenta, pero al llegar a casa vi que tenía un rasguño.
씨, 아예르 꼼쁘레 우노쓰 싸빠또쓰 아끼. 꾸안도 로 꼼쁘레 노 메 아비아 다도 꾸엔따, 뻬로 알 예가르 아 까싸 비 께 떼니아 운 라스구뇨.

Se lo miro. Ya lo veo. Lo siento mucho.
쎄 로 미로. 야 로 베오. 로 씨엔또 무초.

¿Se puede devolver?
쎄 뿌에데 데볼베르?

Lo siento, como está en rebajas no se puede devolver pero puede cambiarlo por otra cosa.
로 씨엔또, 꼬모 에스따 엔 레바하쓰 노 쎄 뿌에데 데볼베르 뻬로 뿌에데 깜비아를로 뽀르 오뜨라 꼬싸.

Muy bien, entonces buscaré otra cosa.
무이 비엔, 엔똔쎄쓰 부스까레 오뜨라 꼬싸.

CHAPTER 7 | De compras

CHECK IT OUT 6 | 표지판, 표시 알아보기

상점을 지나가다 의미를 몰라 '대박 할인' 기회를 놓친다면 너무 아쉽겠죠. 그리고 급한 용무가 있을 때 표지판을 못 읽어서 낭패를 본다면 생각만 해도 아찔하죠. 대부분 표지판은 이미지가 함께 표시되어 대충 알아차릴 수 있지만 기본적인 필수 표시는 스페인어와 영어 세트로 익혀둡시다.

Servicios
쎄르비씨오쓰

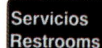

당기세요(Pull) Jale / ⓢ Tire
할레 / 띠레

미세요(Push) Empujar / Empuje
엠뿌하르 / 엠뿌헤

영업 중(Open)
Abierto
아비에르또

휴업(닫힘)(Closed)
Cerrado
쎄라도

출구(Exit) **Salida**
쌀리다

출구 없음
(No Exit)
No Hay Salida
노 아이 쌀리다

영업시간 **Horas de Comercio**
오라쓰 데 꼬메르씨오

24시간 영업 **Servicio de 24 Horas / Servicio Permanente**
(쎄르비씨오 데 베인떼 꾸아뜨로 오라스 / 쎄르비씨오 뻬르마넨떼)

할인 판매
Reducido / Rebajas / Liquidación
레두씨도 / 레바하쓰 / 리끼다씨온

Ganga / Baratillo / Compra Ventajosa / Pichincha
강가 / 바라띨요 / 꼼쁘라 벤따호싸 / 삐친차

20% 세일
20% Descuento
베인떼 뽀르씨엔또
데스꾸엔또

사용 중(Occupied) **Ocupado** 오꾸빠도
비어 있음(사용 가능) (Empty) **Libre** 리브레
점심 시간 닫음 **Cerrado al Mediodía**
쎄라도 알 메디오디아
출입 금지 **Prohibido el Paso**
쁘로이비도 엘 빠쏘

고장 **No Funciona / Fuera de Servicio** 노 푼씨오나 / 푸에라 데 쎄르비씨오
주차 금지 **Prohibido Estacionarse** 쁘로이비도 에스따씨오나르세
유효 기간(만기일) **Fecha de Caducidad** 페차 데 까두씨닫

I
기본 신발의 명칭

Zapatos

부츠
botas
보따쓰

가죽 구두
zapato de piel
싸빠또 데 삐엘

운동화(스니커)
tenis/zapatillas deportivas
떼니쓰/싸빠띠야쓰 데뽀르띠바쓰

슬리퍼
zapatilla/pantufla
싸빠띠야/빤뚜플라

웨지 힐
calce
깔쎄

하이힐
zapatos de tacón
싸빠또쓰 데 따꼰

플랫폼 슈즈(통굽)
zapatos de plataforma
싸빠또쓰 데 쁠라따포르마

샌들(여름용)
sandalias
싼달리아쓰

트레킹화(등산화)
botas de trekking
보따쓰 데 뜨레킹

로퍼화, 슬립온
mocasines
모까시네쓰

옷 사이즈

여성 의류 사이즈

북미 / 중남미	XS		S		M		L		XL	
	0	2	4	6	8	10	12	14	16	18
한국	44(85)		55(90)		66(95)		77(100)		88(105)	
유럽 (스페인)	28	30	32	34	36	38	40	43	44	46

남성 의류 사이즈

북미 /중남미	S		M		L		XL		XXL	
	90	95	95	100	100	105	105	110	110~	
한국	90		95		100		105		110	
유럽 (스페인)	44	46	48	50	52	54	56	58	60	62

▶ 의류와 신발 등의 사이즈는 각 나라와 브랜드에 따라 약간씩 차이가 날 수 있습니다. 기본 사이즈는 알아두시되 스페인이나 중남미에서 의류(신발)를 구입할 때 반드시 착용해서 사이즈 확인하는 것 잊지 마세요. 중남미의 경우 북미 사이즈에 비해 약간 작게 나오는 편이니 그것도 유념하세요. 속옷의 경우 직원에게 사이즈를 재어달라고 부탁할 수도 있습니다.

신발 사이즈

여성 신발 사이즈

한국 (mm)	220	225	230	235	240	245	250	255	260	265	270	275
유럽 (스페인)	35	35.5	36	36.5	37	37.5	38	38.5	39	39.5	40	40.5
중남미 (멕시코)					4	4.5	5	5.5	6	6.5	7	7.5
미국 / 캐나다	5	5.5	6	6.5	7	7.5	8	8.5	9	9.5	10	10.5

남성 신발 사이즈

한국 (mm)	240	245	250	255	260	265	270	275	280	285	290	295
유럽 (스페인)	39	39.5	40	40.5	41	41.5	42	42.5	43	43.5	44	44.5
중남미 (멕시코)	4.5	5	5.5	6	6.5	7	7.5	8	8.5	9	9.5	10
미국 / 캐나다	6	6.5	7	7.5	8	8.5	9	9.5	10	10.5	11	11.5

여행 안심 패스
VOCA BOX 7

쇼핑의 모든 것,
쇼핑 관련 어휘

슈퍼마켓

가방(쇼핑백) **bolsa**
볼싸

가전제품 **electrodomésticos**
엘렉뜨로도메스띠꼬쓰

가정용품 **menaje doméstico**
메나헤 도메스띠꼬쓰

개장시간 **hora de apertura**
오라 데 아뻬르뚜라

개점 **abierto**
아비에르또

경비원 **vigilante de seguridad**
비힐란떼 데 쎄구리닫

계산대 직원 **cajero / cajera**
까헤로 / 까헤라

계산대(수납처) **caja**
까하

계산하다 **pagar**
빠가르

고객(손님) **cliente**
끌리엔떼

과일 · 채소 코너 **frutería–verdurería**
프루떼리아–베르두레리아

구입하다 **comprar**
꼼쁘라르

냉동식품 **congelados**
꽁헬라도쓰

맥주(주류) **cervecería**
쎄르베쎄리아

바구니 **canasta / cesta**
까나스따 / 쎄스따

바코드 **código de barras**
꼬디고 데 바라쓰

반려동물 식품 **comida para animals**
꼬미다 빠라 아니말쓰

반조리 식품 **platos preparados**
쁠라또쓰 쁘레빠라도쓰

베이커리(빵류) **panadería**
빠나데리아

복도 **pasillo**
빠씰요

사탕 류 **confitería / dulcería**
꼰피떼리아 / 둘쎄리아

생선 · 해산물 **pescadería**
뻬스까데리아

세일(할인) **oferta / descuento**
오페르따 / 데스꾸엔또

쇼핑가다 **ir de compras**
이르 데 꼼쁘라쓰

슈퍼(마켓) **super**
수뻬르

식료품점 **tendero / almacenero**
뗀데로 / 알마쎄네로

신선식품 **comida fresca**
꼬미다 프레스까

신용카드 **tarjeta de crédito**
따르헤따 데 끄레디또

아이스크림 **heladería**
엘라데리아

영수증 **recibo**
레씨보

영유아 용품 **artículos para el bebé**
아르띠꿀로쓰 빠라 엘 베베

와인 **bodega**
보데가

유제품 **lácteos / lechería**
락떼오쓰 / 레체리아

음료 **bebidas**
베비다쓰

입구 **entrada**
엔뜨라다

점원 **dependiente**
데뻰디엔떼

정육점(육류) **carnicería**
까르니쎄리아

주차 **parking / aparcamiento**
빠르킹 / 아빠르까미엔또

줄, 대기 **cola**
꼴라

진열대 **mostrador**
모스뜨라도르

채소(농산물) **verdurería**
베르두레리아

출구 **salida**
쌀리다

카트 **carrito / carro**
까리또 / 까로

캔・병조림 류 **conservas**
꼰쎄르바쓰

폐점 **cerrado**
쎄라도

현금 **efectivo**
에펙띠보

여성 의류

가디건 **rebeca**
레베까

가운 **bata**
바따

드레스, 원피스 **vestido**
베스띠도

모자 **sombrero**
쏨브레로

미니스커트 **mini-falda**
미니-팔다

바지 **pantalones**
빤따로네쓰

브래지어 **sujetador**
수헤따도르

블라우스 **blusa**
블루싸

스웨터 **suéter**
수에떼르

스커트(치마) **falda**
팔다

스타킹 **medias**
메디아쓰

여성용 팬티 **bragas**
브라가쓰

우비 **impermeable**
임뻬르메아블레

캐미솔 **camisola**
까미솔라

파자마 **pijama**
삐하마

남성 의류

넥타이 **corbata**
꼬르바따

단추 **botón**
보똔

바지 **pantalones**
빤따로네쓰

상의(추리닝) **sudadera**
쑤다데라

속옷 **ropa interior**
로빠 인떼리오르

스웨터 **suéter / jersey**
수에떼르 / 헤르세이

양말 **calcetín**
깔쎄띤

재킷 **chaqueta**
차께따

정장(양복) **traje**
뜨라헤

조끼(베스트) **chaleco**
찰레꼬

지퍼 **cremallera**
끄레마예라

코트 **gabardina / abrigo**
가바르디나 / 아브리고

턱시도 **esmoquin**
에스모낀

티셔츠 **camiseta**
까미세따

파자마 **pijama**
삐하마

삼각 팬티 **calzoncillos**
깔쏜씰요쓰

트렁크 팬티 **calzoncillos boxers**
깔쏜씰요쓰 복쎄르쓰

잡화・액세서리

귀걸이 **pendientes** (스페인) / **aros** (중남미)
뻰디엔떼쓰 / 아로쓰

목걸이 **collar**
꼴라르

반지 **sortija** (스페인) / **anillo** (중남미)
쏘르띠하 / 아닐요

백팩 **mochila**
모칠라

벨트 **cinturón**
씬뚜론

브로치 **broche** (스페인) / **prendedor** (중남미)
브로체 / 쁘렌데도르

서류가방 **maletín**
말레띤

숄더백 **bolsa** / **bolso**
볼싸 / 볼쏘

스카프, 목도리 **bufanda** / **pañuelo**
부판다 / 빠뉴엘로

시계 **reloj**
렐로흐

야구모자 **gorra**
고라

우산 **paraguas**
빠라구아쓰

장갑 **guantes**
구안떼쓰

지갑 **cartera** / **monedero** / **billetera**
까르떼라 / 모네데로 / 비예떼라

커프스 단추 **gemelos**
헤메로쓰

팔찌 **pulsera** / **brazalete**
뿔세라 / 브라쌀레떼

펜던트 **colgante**
꼴간떼

핸드백 **bolsa(bolso) de mano**
볼싸 볼쏘 데 마노

신발

가죽 구두 **zapato de piel**
싸빠또 데 삐엘

부츠 **botas**
보따쓰

뾰족구두 **tacón de aguja**
따꼰 데 아구하

샌들(여름) **sandalias**
싼달리아쓰

슬리퍼 **zapatillas**
싸빠띨야쓰

슬립온 **mocasínes**
모까씨네쓰

신발 **zapatos**
싸빠또쓰

운동화(스니커) **tenis** / **calzado deportivo** / **zapatillas deportivas**
떼니쓰 / 깔싸도 데뽀르띠보 / 싸빠띠야쓰 데뽀르띠바쓰

트레킹화(등산화) **botas de trekking**
보따쓰 데 뜨레낑

플립플랍(샌들) **chancletas**
찬끌레따쓰

하이힐 **tacón alto**
따꼰 알또

의류 직물 : 재질, 재료

가죽 **cuero**
꾸에로

뜨개질한(편물의) **tejido(a)**
떼히도(다)

라이크라(스판덱스) **licra**
리끄라

면 **algodón**
알고돈

바느질한 **cosido(a)**
꼬씨도(다)

벨벳 **terciopelo**
떼르씨오뻴로

실크 **seda**
쎄다

알파카 소재(재질) **de alpaca**
데 알빠까

양모 소재(재질) **de oveja**
데 오베하

염색 **tinte**
띤떼

울 **lana**
라나

천(직물) **tela**
뗄라

플란넬(방모) **franela**
프라넬라

사이즈

꽉 낀다 **apretado(a)**
아쁘레따도(다)

너무 크다 **Me queda muy grande.**
메 께다 무이 그란데

몸에 딱 맞다(어울린다) **Me queda bien.**
메 께다 비엔

몸에 맞지 않는다 **No me queda (bien).**
노 메 께다 비엔

사이즈 **talla**
따야

소/중/대 사이즈
talla (pequeña / mediana / grande)
따야 (뻬께냐 / 메디아나 / 그란데)

헐렁하다 **suelto(a)**
수엘또(따)

색깔

갈색 **marrón**
마론

검정 **negro**
네그로

노랑 **amarillo**
아마리요

분홍 **rosa**
로싸

빨강 **rojo**
로호

주황 **naranja**
나란하

초록 **verde**
베르데

파랑 **azul**
아쑬

회색 **gris**
그리쓰

흰 **blanco**
블랑꼬

상점

가구점 **mueblería / tienda de muebles**
무에블레리아 / 띠엔다 데 무에블레스

가판대 **quiosco**
끼오스꼬

건강용품점 **tienda naturista / herboristería**
띠엔다 나뚜리스따 / 에르보리스떼리아

공구점 **ferretería**
페레떼리아

꽃집 **florería**
플로레리아

문방구 **papelería**
빠뻴레리아

미용실 **peluquería / salón de estética**
뻴루께리아 / 쌀론 데 에스떼띠까

베이커리(빵집) **panadería**
빠나데리아

보석상 **joyería**
호예리아

서점 **librería**
리브레리아

선물 가게 **tienda de regalos**
띠엔다 데 레갈로쓰

세탁소(빨래방) **lavandería**
라반데리아

신발가게 **zapatería**
싸빠떼리아

앤틱 가게 **tienda de antigüedades**
띠엔다 데 안띠구에다데쓰

약국 **farmacia**
파르마씨아

옷가게 **tienda de modas**
띠엔다 데 모다쓰

음반 가게 **tienda de discos**
띠엔다 데 디스꼬쓰

장난감 가게 **juguetería**
후게떼리아

재래시장 **mercado**
메르까도

정육점 **carnicería**
까르니쎄리아

조명 가게 **tienda de iluminación**
띠엔다 데 일루미나씨온

주류점 **tienda de licores / licorería**
띠엔다 데 리꼬레쓰 / 리꼬레리아

중고용품점 **tienda de artículos usados / tienda de segunda mano**
띠엔다 데 아르띠꿀로쓰 우싸도쓰 / 띠엔다 데 세군다 마노

쇼핑몰

가전제품 **aparatos eléctricos**
아빠라또쓰 엘렉뜨로니꼬쓰

계산대 **caja**
까하

고객 서비스 센터 **servicio al cliente**
쎄르비씨오 알 끌리엔떼

남성복 **ropa de caballero**
로빠 데 까바예로

란제리 **lencería**
렌쎄리아

부엌용품 **artículos de cocina**
아르띠꿀로쓰 데 꼬씨나

식품 매장 **supermercado**
쑤뻬르메르까도

신발 매장 **departamento de zapatería**
데빠르따멘또 데 싸빠떼리아

에스컬레이터 **escalera mecánica**
에스깔레라 메까니까

엘리베이터 **ascensor**
아스쎈쏘르

여성복 **ropa de dama[señora]**
로빠 데 다마[쎄뇨라]

장난감 **juguetería**
후게떼리아

판매원(점원) **vendedor(a)**
벤데도르(라)

피팅룸(탈의실) **probador**
쁘로바도르

향수 **perfumería**
뻬르푸메리아

화장실 **baños / aseos**
바뇨쓰 / 아세오쓰

화장품 **cosméticos**
꼬스메띠꼬쓰

재질, 재료, 제조법

공예가 **artesano(a)**
아르떼싸노(나)

공정무역(Fair Trade) **Comercio Justo**
꼬메르씨오 후스또

도자기 **cerámica**
쎄라미까

산지(숲/산) **del monte[bosque] / de la montaña**
델 몬떼[보스께] / 데 라 몬따냐

수공(handmade) **hecho(a) a mano**
에초(차) 아 마노

수제품, 공예품(장인이 만든) **artesanías**
아르떼사니아쓰

씨, 씨앗 **semilla**
쎄밀야

유기농(organic) **orgánico**
오르가니꼬

자기(사기) **porcelana**
뽀르쎄라나

자연산(천연) **todo natural**
또도 나뚜랄

조각된 **tallado(a)**
따야도(다)

조개껍데기 **concha**
꼰차

집에서 만든(homemade) **casero(a)**
까세로(라)

질, 품평

고급, 호화스러운 **lujoso**
루호쏘

비싼 **caro**
까로

싼 **barato**
바라또

아름다운 **hermoso**
에르모쏘

예쁜 **bonito**
보니또

우아한 **elegante**
엘레간떼

적당한 가격의 **económico**
에꼬노미꼬

최저가 **precios bajos**
쁘레씨오쓰 바호쓰

추한(보기 싫은) **feo**
페오

8

유용한 정보
(은행, 병원, 경찰서, 응급 상황)

설레는 마음으로 떠난 여행이지만 예상치 못한 일은 늘 발생할 수 있습니다. 관광객이 많은 마드리드에서 소매치기를 당하거나 페루 쿠스코에서 고산병으로 두통에 시달릴 수도 있고요. 해외에서 그런 일이 발생하면 말도 안 통하는 데다 더 당황스럽겠죠. 위급 시 필요한 표현은 꼭 외워 두세요. 철저히 준비하고 공부하는 만큼 대비도 든든해진답니다.

Información útil (Banco, Hospital, Policía Emergencia)

KEY **CHECK** 1

은행·환전

환전할 때

단기 여행이라면 국내에서 넉넉히 환전할 수 있겠지만 장기 여행자들은 여행 경비를 어떻게 준비해야 할지 고민이 많죠. 경제가 불안정한 중남미 일부 국가에서는 은행보다 사설 환전소 환전이 유리할 수 있답니다. 환전 시 필요한 표현을 꼭 익혀 두세요.

① 환전하기

필요한 문장에 표시해보세요!

은행이 언제 열죠?
¿A qué hora abre el banco?
아 께 오라 아브레 엘 방꼬? ☐

가장 가까운 환전소[은행]가 어디에 있죠?
¿Dónde hay una oficina de cambio[un banco] cerca de aquí?
돈데 아이 우나 오피씨나 데 깜비오[운 방꼬] 쎄르까 데 아끼? ☐

환전하고 싶어요.
Me gustaría cambiar el dinero.
메 구스따리아 깜비아르 엘 디네로. ☐

환율이 어떻게 되죠?
¿A cuánto está el cambio?
아 꾸안또 에스따 엘 깜비오? ☐

수수료 있나요?
¿Hay comisión?
아이 꼬미씨온? ☐

수수료가 얼마죠?
¿Qué comisión cobran por el cambio?
께 꼬미씨온 꼬브란 뽀르 엘 깜비오? ☐

달러를 페소로 바꾸고 싶어요.
Necesito cambiar dólares por pesos.
네쎄씨또 깜비아르 돌라레쓰 뽀르 뻬쏘쓰.

이것을 유로화로 교환하고 싶어요.
Quiero cambiar esta cantidad a euros.
끼에로 깜비아르 에스따 깐띠닫 아 에우로쓰.

20유로짜리 3장, 10유로짜리 4장으로 주세요.
3 billetes de 20 euros y 4 billetes de 10 euros, por favor.
뜨레쓰 비예떼쓰 데 베인떼 에우로쓰 이 꾸아뜨로 비예떼쓰 데 디에쓰 에우로쓰, 뽀르 파보르.

소액권으로 주세요.
Necesito billetes pequeños, por favor.
네쎄씨또 비예떼쓰 뻬께뇨쓰, 뽀르 파보르.

계좌를 열고(개설하고) 싶어요.
Quiero abrir una cuenta de ahorro.
끼에로 아브리르 우나 꾸엔따 데 아오로.

ATM 기계가 제 카드를 먹었어요. (카드가 안 나와요.)
El cajero automático se ha tragado mi tarjeta.
엘 까헤로 아우또마띠꼬 쎄 아 뜨라가도 미 따르헤따.

❷ 환전소와 은행에서 듣는 말

무엇을 도와 드릴까요?
¿En qué puedo servirle?
엔 께 뿌에도 쎄르비를레?

손님 계좌에 문제가 있네요.
Hay un problema en su cuenta.
아이 운 쁘로블레마 엔 쑤 꾸엔따.

초과 인출됐습니다.
No tiene fondos.
노 띠에네 폰도쓰.

그건 해 드릴 수 없습니다.
No podemos hacer eso.
노 뽀데모쓰 아쎄르 에쏘.

여기 서명해 주세요.
Firme aquí, por favor.
피르메 아끼, 뽀르 파보르.

이 서류를 채워 주세요.
Por favor, llene este formulario.
뽀르 파보르, 예네 에스떼 포르물라리오.

여기 써 주시겠어요?
¿Puede rellenarlo aquí?
뿌에데 레예나를로 아끼?

여권[신분증] 보여 주시겠어요?
¿Me enseña su pasaporte[identificación], por favor?
메 엔쎄냐 쑤 빠싸뽀르떼[이덴띠피까씨온], 뽀르 파보르?

수수료가 없습니다.
No hay comisión.
노 아이 꼬미씨온.

수수료는 2% 적용됩니다.
Hay una comisión del 2 porciento.
아이 우나 꼬미씨온 델 도쓰 뽀르씨엔또.

DIÁLOGO 1

환전하기

나	안녕하세요. 100달러를 페소화로 바꾸고 싶어요. 오늘 환율 좋나요?	**Buenos días. Me gustaría cambiar 100 dólares a pesos. ¿A cómo está el cambio?** 부에노쓰 디아쓰. 메 구스따리아 깜비아르 씨엔 돌라레쓰 아 뻬쏘쓰. 아 꼬모 에스따 엘 깜비오?
직원	네, 괜찮네요. 1달러에 650페소예요.	**Bueno, está bien. Un dólar son 650 pesos.** 부에노, 에스따 비엔. 운 돌라르 쏜 쎄이스씨엔또쓰 이 씬꾸엔따 뻬쏘쓰.
나	소액권으로 주시겠어요?	**¿Me lo puede dar en billetes pequeños, por favor?** 메 로 뿌에데 다르 엔 비예떼쓰 뻬께뇨쓰, 뽀르 파보르?
직원	네, 최대한 소액권으로 드리겠습니다.	**Sí, le daré los billetes más pequeños posibles.** 씨, 레 다레 로쓰 비예떼쓰 마쓰 뻬께뇨쓰 뽀씨블레쓰.
나	감사합니다.	**Muchas gracias.** 무차쓰 그라씨아쓰.
직원	여기 서명해 주세요.	**Firme aquí, por favor.** 피르메 아끼, 뽀르 파보르.
나	네, 영수증 주세요.	**Sí, déme el recibo, por favor.** 씨, 데메 엘 레씨보, 뽀르 파보르.
직원	여기 있어요. 좋은 하루 보내세요.	**Aquí tiene. Que tenga un buen día.** 아끼 띠에네. 께 뗑가 운 부엔 디아.

카드 분실: 대체카드 발급하기

나 실례합니다. 카드 분실을 했는데 재발급 가능한가요?

Perdone. He perdido mi tarjeta, ¿se puede pedir una nueva?
뻬르도네, 에 뻬르디도 미 따르헤따, 쎄 뿌에데 뻬디르 우나 누에바?

은행원 카드 발급은 어디서 하셨죠?

¿De qué banco es su tarjeta?
데 께 방꼬 에쓰 쑤 따르헤따?

나 한국 씨티은행에서 했어요.

Del Citibank de Corea.
델 씨띠방끄 데 꼬레아.

은행원 그러면 여기서는 재발급 불가능합니다.

Entonces no puede pedir una nueva tarjeta aquí.
엔똔쎄쓰 노 뿌에데 뻬디르 우나 누에바 따르헤따 아끼.

나 같은 씨티은행인데 안되나요?

¿No se puede aunque sea el mismo Citibank?
노 쎄 뿌에데 아운께 쎄아 엘 미쓰모 씨띠방끄?

은행원 네, 재발급은 한국에서 하셔야 해요.

No, debe hacerlo en Corea.
노, 데베 아쎄를로 엔 꼬레아.

나 어떡하죠? 이제 여행 시작인데 카드를 잃어버렸어요.

¿Qué puedo hacer? Acabo de empezar mi viaje y he perdido mi tarjeta.
께 뿌에도 아쎄르? 아까보 데 엠뻬싸르 미 비아헤 이 에 뻬르디도 미 따르헤따.

은행원 아, 방법이 있어요. 긴급 대체카드 서비스(emergency credit card service)를 신청하세요. 3일 이내에 대체카드를 받아 보실 수 있어요.

Hay una solución. Puede pedir el servicio de tarjeta de emergencia. Puede recibir la tarjeta de sustitución en 3 días.
아이 우나 쏠루씨온. 뿌에데 뻬디르 엘 쎄르비씨오 데 따르헤따 데 에메르헨씨아. 뿌에데 레씨비르 라 따르헤따 데 쑤스띠뚜씨온 엔 뜨레쓰 디아쓰.

나 그런 게 있나요. 다행이네요!

No me diga. ¡Qué suerte!
노 메 디가. 께 쑤에르떼!

은행원 이 은행으로 카드 수령하러 오셔도 되고요. 숙소로 우편 발송도 가능합니다. 대신 한국 돌아가시면 정식으로 재발급 받으셔야 해요. 이 카드는 임시카드입니다.

Puede venir a este banco a recogerla o también podemos enviársela por correo a domicilio. Pero cuando vuelva a Corea deberá pedir una nueva tarjeta. Ésta sólo es tarjeta de sustitución.
뿌에데 베니르 아 에스떼 방꼬 아 레꼬헤라 오 땀비엔 뽀데모쓰 엔비아르셀라 뽀르 꼬레오 아 도미씰리오. 뻬로 꾸안도 부엘바 아 꼬레아 데베라 뻬디르 우나 누에바 따르헤따. 에스따 쏠로 에쓰 따르헤따 데 쑤스띠뚜씨온.

나 네, 알겠습니다. 좋은 정보 감사합니다.

Muy bien. Gracias por su información.
무이 비엔. 그라씨아쓰 뽀르 쑤 인포르마씨온.

TIP 카드 분실했을 때
카드나 여권을 분실했을 때 반드시 경찰서로 가서 분실 신고하세요. 특히 카드 불법 복제도 주의해야 합니다.

CHECK IT OUT ❶ | 여행에서 비용 관리하기

해외여행을 준비할 때 가장 고민되는 부분은 환전입니다. 스페인은 유로화(€) 사용으로 큰 문제가 없지만, 중남미의 경우 나라마다 화폐가 다르다 보니 환전 고민이 이만저만이 아닐 겁니다. 환전 및 비용(현금, 카드) 관리 몇 가지 팁 알려 드립니다.

알짜 환전 팁

- 스페인에서 환전은 은행에서 하는 게 유리한 편이나 혹자는 수수료 때문에 권하지 않기도 합니다. 이는 경제 상황, 환차손익, 방문 시기 등 복합적인 요인으로 이 또한, 부지런히 발품 팔아서 비교하는 방법밖에 없겠죠. 일부 은행(환전소)에서 수수료가 없거나 최저 수수료가 적용되는 경우가 있는데 완전 무료라기보다는 환전 시 실질적으로 수수료가 포함될 수도 있으니 잘 따져 보고 환전하세요.
- 중남미의 경우 미국 달러(고액권)를 가져가서 현지 환전하는 게 유리합니다. 달러가 통용되는 중남미 나라도 많고요. (단 결제 시 미국 달러가 가능한지 확인할 것) 하지만 많은 액수의 현금을 몸에 지니고 다녀야 한다는 부담감과 위험이 있으니 현금 소지와 카드 사용을 적절히 분배할 필요가 있습니다.
- 중남미에서 환전은 가능한 큰 도시에서 하세요. 작은 도시나 시골로 갈수록 환전소 찾기가 힘듭니다. 은행(ATM)과 환전소 주변의 치안은 특히 조심하세요. 볼리비아, 페루 등의 환전소에서는 정확한 금액을 받았는지 확인하고 훼손된 화폐(혹은 위조지폐)가 없는지 꼼꼼히 살피세요.
- 아르헨티나와 베네수엘라는 공식 환율과 암시장 환율 차이가 커서 은행보다 사설 환전소가 유리합니다. 이 나라에서 신용 카드 사용과 ATM 인출은 가능한 피하고, 발품을 팔더라도 환율 비교, 유리한 데서 환전하세요. 하지만 암환전에서는 위조지폐를 조심해야 합니다.
- 쿠바에서는 캐나다 달러나 유로화로 환전하세요. 미국 달러 환전은 10% 수수료를 뗀답니다(암환전은 수수료 흥정이 가능).

여행 비용 관리 팁

- 신용 카드 뒷면의 서명은 정확히 해 두세요. 여권 영문명과 신용 카드 영문명은 일치해야 합니다. 스페인에서는 신용 카드 결제 시 PIN 번호를 눌러야 하니 번호를 잘 기억해 두세요.
- 요즘은 여행자수표 사용은 많지 않고 국제현금카드 발급을 많이 합니다. 카드마다 장단점이 있지만 씨티카드의 경우 ATM 수수료가 싼 편이라 활용도가 높습니다. 하지만 출금 횟수를 줄여 수수료를 조금이라도 절약하는 지혜가 필요하겠죠.
- 쿠바는 미국과 국교 문제로 환전도 유리하지 않을뿐더러 신용 카드(미국 발행) 사용도 쉽지 않습니다. 면세점, 호텔 등 일부를 제외하곤 일반 ATM에서는 인출이 안 될 수 있으니 현금을 넉넉하게 준비하세요. 쿠바 외에 아르헨티나, 칠레에서도 ATM 미국 달러 인출이 안 되니 주변국에서 넉넉하게 달러를 준비해 가세요.
- 소소한 팁이지만, 동전 지갑은 따로 챙겨 두세요. 택시비를 내거나 가벼운 간식을 사 먹을 때 동전을 소진시키세요. 또한, 택시를 타거나 관광지에서 사진을 함께 찍고 거스름돈이 없다고 잡아뗄 수도 있으니 현금(잔돈)은 잘 챙겨 두고 그때그때 활용하세요.
- 볼리비아 등 일부 남미 국가를 이동할 때 현지 화폐를 모두 처리하세요. 다음 나라로 이동하면 이전 나라에서 쓰던 화폐는 가치가 떨어져서 통용이 어렵습니다.
- 장기 여행을 할 경우 만약에 대비해 비상용 신용 카드를 하나 더 준비하고, 복대 등 깊숙이 잘 보관하세요. 또한, 카드 사본을 챙기고 카드 정보, 분실 시 연락처(카드사)도 반드시 기록해 두세요.
- 해외에서 신용 카드 분실 시 '긴급 대체카드 서비스'를 이용하세요. 고객센터 연락처로 신청하면 3일 내 현지에서 받아볼 수 있습니다. 단 귀국하면 정식으로 카드 재발급을 받으세요.
- 해외에서 신용 카드로 결제할 때 반드시 현지 통화로 결제하세요. 원화로 결제하면 수수료가 더 붙습니다. 온라인 결제 사이트에서도 원화가 아닌 현지 통화로 설정해서 결제하세요.

KEY CHECK 2

병원 가기

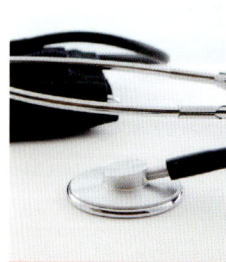

여행 중 건강 챙기기

남미 여행 중 많은 여행객이 두려워하는 것이 '고산병'입니다. 그 외에도 해외에 가면 물갈이나 음식 문제로 배앓이를 할 수도 있고요. 아래 응급 표현을 익혀서 몸에 문제가 생기면 걱정하지 말고 병원과 약국 문을 두드리세요.

① 증상을 설명할 때

가까운 약국 있나요?
¿Dónde hay una farmacia cerca?
돈데 아이 우나 파르마씨아 쎄르까?

▶ 병원 **hospital** 오스삐딸 / 치과 **dentista** 덴띠스따 / 의료센터 **centro médico** 쎈뜨로 메디꼬

저 병원에 데려다주세요.
Lléveme a un hospital, por favor.
예베메 아 운 오스삐딸, 뽀르 파보르.

구급차를 불러 주세요!
¡Lláme una ambulancia, por favor!
야메 우나 암불란씨아, 뽀르 파보르!

의사를 불러 주세요! / 의사가 필요해요.
¡Lláme un médico, por favor! / Necesito un médico.
야메 운 메디꼬, 뽀르 파보르! / 네쎄씨또 운 메디꼬.

영어[한국]를 말할 수 있는 의사가 필요해요.
Necesito un doctor que hable inglés[coreano].
네쎄씨또 운 독또르 께 아블레 인글레쓰[꼬레아노].

여자 의사 선생님으로 볼 수 있을까요?
¿Puede verme una doctora, por favor?
뿌에데 베르메 우나 독또라, 뽀르 파보르?

내용(병명, 아픈 곳)을 글로 적어 주실래요?
¿Me puede escribir en un papel el diagnóstico?
메 뿌에데 에스끄리비르 엔 운 빠뻴 엔 디아그노스띠꼬?

▶ 약 설명 **prescripción** 쁘레스끄립씨온
처방전(약국에서 살 약 설명) **receta médica** 레쎄따 메디까
아픈 곳, 병 설명 **diagnóstico** 디아그노스띠꼬

아파요. / 많이 아파요.
Estoy enfermo(a). / Me duele (mucho).
에스또이 엔페르모(마). / 메 두엘레 (무초).

기분이 좀 낫네요.
Me siento mejor.
메 씨엔또 메호르.

▶ 더 안 좋네요 **peor** 뻬오르 / 어지럽네요 **mareado** 마레아도

팔이 아파요.
Me duele el brazo.
메 두엘레 엘 브라쏘.

▶ 등 **espalda** 에스빨다 / 가슴 **pecho** 뻬초 / 눈 **ojo** 오호 / 귀 **oído** 오이도 /
목 **cuello** 꾸에요 / 어깨 **hombro** 옴브로 / 다리 **pierna** 삐에르나 / 발 **pie** 삐에 /
머리 **cabeza** 까베싸 / 무릎 **rodilla** 로디야

(가리키며) 바로 여기가 아파요.
Me duele aquí.
메 두엘레 아끼.

이가 몹시 아파요.
Me duelen las muelas.
메 두엘렌 라쓰 무엘라쓰.

통증이 있어요.
Tengo dolor.
뗑고 돌로르.

▶ 열이 **fiebre** 피에브레 / 메스꺼움 **náuseas** 나우쎄아쓰 /
알레르기 **una alergia** 우나 알레르히아

머리가 아파요. (두통이 있어요.)
Tengo dolor de cabeza.
뗑고 돌로르 데 까베싸.

▶ 복통 **estómago** 에스또마고 / 목 **garganta** 가르간따 / 치통 **muelas** 무엘라쓰

감기 걸렸어요.
Estoy constipado(a). / Tengo gripe.
에스또이 꼰스띠빠도. / 뗑고 그리뻬.

토를 했어요.
He vomitado.
에 보미따도.

벌레에 물린 것 같아요. 계속 가려워요.
Creo que me ha picado un insecto. Me pica mucho.
끄레오 께 메 아 삐까도 운 인쎅또. 메 삐까 무초.

이틀 동안 계속 아팠어요.
He estado dolorido(a) durante 2 días.
에 에스따도 돌로리도 두란떼 도쓰 디아쓰.

설사 증상이 있고 피부에 발진이 생겼어요.
Tengo diarrea y granos en la piel.
뗑고 디아레아 이 그라노쓰 엔 라 삐엘.

발에 깊은 상처가 났어요.
Tengo una herida profunda en el pie.
뗑고 우나 에리다 쁘로푼다 엔 엘 삐에.

가슴에 압박감이 느껴져요.
Siento presión en el pecho.
씨엔또 쁘레씨온 엔 엘 뻬초.

변비가 심해요.
Estoy muy estreñido(a).
에스또이 무이 에스뜨레니도(다).

어젯밤 먹은 아이스크림 때문에 설사가 나는 것 같아요.
Creo que la diarrea es por el helado que he tomado anoche.
끄레오 께 라 디아레아 에쓰 뽀르 엘 엘라도 께 에 또마도 아노체.

불면증이 있어요.
Sufro de insomnio.
쑤프로 데 인쏨니오.

생리통이 있어요.
Tengo dolor menstrual[de regla].
뗑고 돌로르 멘스뜨루알[데 레글라].

내 아들[딸]이 아파요.
Mi hijo[hija] está enfermo(a).
미 이호[이하] 에스따 엔페르모(마).

그[그녀]가 발목이 아파요.
Le duele el tobillo.
레 두엘레 엘 또빌요.

진단서 주세요.
Déme el diagnóstico, por favor.
데메 엘 디아그노스띠꼬, 뽀르 파보르.
*보험 제출용 증명서 **certificado para el seguro** 쎄르띠피까도 빠라 엘 쎄구로

임신했어요.
Estoy embarazada.
에스또이 엠바라싸다.

② 병원에서 듣는 말

무슨 문제시죠?
¿Qué problema tiene?
께 쁘로블레마 띠에네?

어디가 아프세요?
¿Dónde le duele?
돈데 레 두엘레?

열이 있나요?
¿Tiene fiebre?
띠에네 피에브레?

어디 한 번 봅시다.
A ver.
아 베르.

여기가 아파요?
¿Le duele aquí?
레 두엘레 아끼?

얼마 동안 그런 증상이 있었죠?
¿Desde cuándo tiene estos síntomas?
데스데 꾸안도 띠에네 에스또쓰 씬또마쓰?

전에도 그러셨나요?
¿Ha tenido estos síntomas antes?
아 떼니도 에스또쓰 씬또마쓰 안떼쓰?

알레르기가 있나요?
¿Tiene usted alergias?
띠에네 우스뗃 알레르히아쓰?

평소에 복용하는 약이 있나요?
¿Está tomando alguna medicina?
에스따 또만도 알구나 메디씨나?

술[흡연/약 복용]을 드(하)시나요?
¿Usted bebe[fuma/toma medicinas]?
우스뗃 베베[푸마/또마 메디씨나쓰]?

평소 앓고 있는 병이 있나요?
¿Padece de alguna enfermedad?
빠데쎄 데 알구나 엔페르메닫?

이 처방전을 가지고 약국에서 약을 사세요.
Compre la medicina con esta receta.
꼼쁘레 라 메디씨나 꼰 에스따 레쎄따.

쉬세요. (휴식을 취하세요.)
Necesita reposo.
네쎄씨따 레뽀쏘.

---

③ 평소의 몸 상태를 설명할 때

이 약은 제 개인용이에요. (평소에 먹는 약이에요.)
Esta medicina es de uso personal.
에스따 메디씨나 에쓰 데 우쏘 뻬르쏘날.

이 약[알약]을 규칙적으로 먹어요.
Tomo esta medicina[píldoras] regularmente.
또모 에스따 메디씨나[뻴도라쓰] 레굴라르멘떼.

저혈압[고혈압]이에요.
Tengo presión baja[alta].
뗑고 쁘레씨온 바하[알따].

저는 알레르기 체질이에요.
Tengo alergias.
뗑고 알레르히아쓰.

아스피린에 알레르기가 있어요.
Soy alérgico(a) a la aspirina.
쏘이 알레르히꼬(까) 아 라 아스뻬리나.

- ▶ 항생제 **antibióticos** 안띠비오띠꼬쓰 / 페니실린 **penicilina** 뻬니씰리나 /
  벌 **abeja** 아베하 / 꽃가루 **pólen** 뽈렌 /
  견과류(땅콩) **frutos secos(cacahuetes)** 프루또쓰 쎄꼬쓰(까까우에떼쓰)

피부 발진이 있어요.
Tengo una erupción cutánea.
뗑고 우나 에룹씨온 꾸따네아.

혈액형은 A형이에요.
Mi grupo sanguíneo es el A.
미 그루뽀 싼기네오 에쓰 엘 아.

TIP 여행자 보험 챙기기

패키지 여행의 경우 대부분 여행자 보험에 가입하기 때문에 걱정하지 않아도 됩니다. 그런데 자유 여행을 하는 경우 여행자 보험에 따로 가입하지 않는 경우도 많은데요. 여행 중에 병원에 가게 되면 치료를 받고 영수증과 의무기록사본을 꼭 받으세요. 참고로 2009년 7월까지 가입한 국내 실손 보험에서는 40%까지 보상받을 수 있습니다. 그렇지만, 여행자 보험에 가입해 두시는 것이 좋습니다. 여행자 보험(영어) 사본도 잘 챙겨 두세요.

DIÁLOGO 2

병원 접수하기

간호사 무엇을 도와 드릴까요?

¿En qué le puedo ayudar?
엔 께 레 뿌에도 아유다르?

나 진찰을 받으러 왔어요. 몸이 안 좋아요.

He venido a la consulta. No me encuentro bien.
에 베니도 아 라 꼰쑬따. 노 메 엔꾸엔뜨로 비엔.

간호사 이름과 증상을 말씀해 주시겠어요?

¿Me puede decir su nombre y qué síntomas tiene?
메 뿌에데 데씨르 수 놈브레 이 께 씬또마쓰 띠에네?

나 제 이름은 이미나예요. 온몸이 가렵고 붉은 반점이 났어요.

Mi nombre es Lee Mina. Tengo picores y granos rojos en todo el cuerpo.
미 놈브레 에쓰 이미나. 뗑고 삐꼬레쓰 이 그라노쓰 로호쓰 엔 또도 엘 꾸에르뽀.

간호사 그렇군요. 이 양식을 작성해서 제게 주세요. *(잠시 후)*

Entiendo. Relléneme este formulario, por favor.
엔띠엔도. 레예네메 에스떼 포르물라리오. 뽀르 파보르.

나 여기 있어요.

Aquí está.
아끼 에스따.

간호사 네, 잠시만 기다리세요. 이름 불러 드릴게요.

Sí, un momento, por favor. Enseguida le llamo.
씨, 운 모멘또 뽀르 파보르. 엔쎄기다 레 야모.

병원 진료받기

의사 안녕하세요! 닥터 디에고예요. 증상이 어떠세요?

¡Buenas! Soy el doctor Diego. ¿Qué síntomas tiene?
부에나쓰! 쏘이 엘 독또르 디에고. 께 씬또마쓰 띠에네?

나 두통이 있고 숨이 차요. 눈이 좀 붓고요.

Tengo dolor de cabeza y no puedo respirar bien. También tengo los ojos hinchados.
뗑고 돌로르 데 까베싸 이 노 뿌에도 레스삐라르 비엔. 땀비엔 뗑고 로쓰 오호쓰 인차도쓰.

의사 얼마 동안 아팠어요?

¿Cuánto tiempo está con estos síntomas?
꾸안또 띠엠뽀 에스따 꼰 에스또쓰 씬또마쓰?

나 2일 정도 됐어요.

Desde hace 2 días.
데스데 아쎄 도쓰 디아쓰.

의사 여행 중이신가요?

¿Está de turista?
에스따 데 뚜리스따?

나 네.

Sí.
씨.

의사 고산병 증세인 것 같아요. 며칠 쉬는 것을 권해 드려요. 여기 처방전 갖고 약국에 가서 약을 지으세요. 계속 안 좋아지면 병원에 또 오세요.

Tiene síntomas de mal de altura. Le recomiendo que descanse unos días. Vaya a la farmacia con esta prescripción. Si no mejora vuelva al hospital.
띠에네 씬또마쓰 데 말 데 알뚜라. 레 레꼬미엔도 께 데스깐쎄 우노쓰 디아쓰. 바야 아 라 파르마씨아 꼰 에스따 쁘레스끄립씨온. 씨 노 메호라 부엘바 알 오스삐딸.

나 감사합니다. 선생님.

Muchas gracias, doctor.
무차쓰 그라씨아쓰, 독또르.

CHECK IT OUT ❷ | 해외에서 건강 챙기기

중남미에서 건강 팁

- 해외에서는 지역별 특성에 따라 필수적으로 챙겨야 할 예방접종이 있습니다. '질병관리본부 해외여행 질병 정보센터'에서 확인할 수 있는데, 방문할 나라에서 위험 요소가 있는 질병에 반드시 대비해야 하겠죠. 예를 들어 볼리비아 비자를 받을 때 황열 예방접종(Yellow Fever; Fiebre Amarilla) 확인서가 필수랍니다.

- 해외여행 중 웬만하면 병원 갈 일이 없으면 좋겠지만, 아픈 것은 예고 없이 찾아오는 법! 그래서 여행 전 여행자보험 가입은 필수입니다. 중남미에 보험이 적용되지 않는 나라도 몇 군데 있는지라 그 부분도 다시 확인해 보시고요. 추후 보험사에 청구할 영수증과 진단서도 잘 챙기세요. 의사에게 반드시 진단서/증명서(certificado)를 요청하셔야 합니다.

- 여행 시 빈대와 같은 각종 벌레(insectos)에 조심하세요. 벌레는 벌레 퇴치제와 긴 옷으로 대비하고, 숙소에서 빈대(telepate)를 보면 가능한 숙소를 옮기는 게 좋습니다.

- 페루, 아르헨티나, 칠레, 볼리비아 등 남미 7개국에 걸쳐 있는 안데스 산맥은 해발 고도 6,000m가 넘습니다. 고지대에 도시가 분포되어 있다 보니 기압이 낮아지고 산소가 적어지는 환경으로 많은 여행자가 고산병(호흡이 가빠지거나 두통, 구토 등의 증상)이 생깁니다. 증상이 심해져서 여행을 포기하는 경우도 많기에 고산병을 잘 대비할 필요가 있습니다.

- 고산 지역으로 이동할 때 서서히 적응하도록 비행기 이동보다는 버스가 낫고, 루트를 짤 때 저지대에서 고지대 지역으로 이동할 수 있도록 합니다. (3,000m 이상 지역: 페루(푸노, 와라스, 쿠스코) / 볼리비아(우유니, 포토시, 라파스))
- 고산증 완화제인 '소로체(soroche)'을 복용합니다. 휴대용 산소 호흡기, 스프레이 등도 구입할 수 있습니다.
- 과식, 흡연, 음주를 삼가고 코카차, 코카사탕, 물을 많이 섭취합니다.
- 상태가 심해질 경우 낮은 지역으로 하산하고 병원에 가세요.

병원 용어

병원에 갔을 때 스페인어로 적혀 있는 과명과 의료 관련 용어는 많이 생소할 겁니다. 여행지에서 가능한 병원 갈 일이 없어야겠지만, 피치 못하게 가야 할 경우 아래 표현을 영어와 함께 참조하세요.

가정의학	Medicina general (메디씨나 헤네랄)	Family Medicine
간호사	Enfermero, (la) Enfermera (엔페르메로, 라 엔페르메라)	Nurse
구급차	Ambulancia (암불란씨아)	Ambulance
대기실	Sala de espera (쌀라 데 에스뻬라)	Waiting Room
로비	Hall de entrada (올 데 엔뜨라다)	Lobby
병실	Cuarto (habitación) (꾸아르또 (아비따씨온))	Room
병원	Hospital (오스삐딸)	Hospital
부인과	Ginecólogo (히네꼴로고)	Gynecology
산과전문의	Tocólogo (또꼴로고)	Obstetrician
산부인과	Maternidad (마떼르니닫)	Maternity Hospital
소아과	Pediatría (뻬디아뜨리아)	Pediatrics
소아과 의사	Pediatra (뻬디아뜨라)	Pediatrician
수술	Cirugía (씨루히아)	Surgery
심리학자	Psicólogo (씨꼴로고)	Psychologist
안과 의사	Oculista, Oftalmólogo (오꿀리스따, 오프딸몰로고)	Ophthalmologist
약	Medicina (메디씨나)	Medicine
약국	Farmacia (파르마씨아)	Pharmacy
엑스레이	Rayos X (라요쓰)	X-Ray
운영 시간	Horario de consulta (오라리오 데 꼰쑬따)	Office Hours
응급실	Urgencias (우르헨씨아쓰)	Emergency Room
정신과	Psiquiatría (씨끼아뜨리아)	Psychiatry
정신과 의사	Psiquiatra (씨끼아뜨라)	Psychiatrist
중환자실	Unidad de Cuidados Intensivos (UCI) (우니닫 데 꾸이다도쓰 인뗀씨보쓰) / Unidad de Vigilancia Intensiva (UVI) (우니닫 데 비힐란씨아 인뗀씨바)	Intensive Care Unit (ICU)
진료실	Consultorio (꼰쑬또리오)	Doctor's office
치과 의사	Dentista (덴띠스따)	Dentist
클리닉(진료소)	Clínica (끌리니까)	Clinic

KEY **CHECK** 3

약국에서

약이 필요하면 주저 말고 약국에

스페인과 중남미는 한국과 마찬가지로 밴드나 일반적인 약은 슈퍼나 약국에서 바로 구입할 수 있지만, 병원에서 처방전을 받아야 하는 경우도 있습니다. 기본 비상약은 한국서 준비해 가시고, 현지에서 발행한 처방전과 약 구입 영수증도 잘 챙겨 두세요.

❶ 약국에서 증상 설명하기

근처 약국이 어디 있나요?
¿Hay una farmacia por aquí?
아이 우나 파르마씨아 뽀르 아끼?

▶ 야간 약국 **farmacia de guardia** 파르마씨아 데 구아르디아 /
24시 약국 **famacia que abre las 24hs** 파르마씨아 께 아브레 라쓰 베인띠 꾸아뜨로 오라쓰

열이 좀 있고 콧물이 나요.
Tengo un poco de fiebre y mocos.
뗑고 운 뽀꼬 데 피에브레 이 모꼬스.

기침과 가래가 계속됩니다.
Tengo tos y flema.
뗑고 또쓰 이 플레마.

온몸이 쑤셔요.
Me duele todo el cuerpo.
메 두엘레 또도 엘 꾸에르뽀.

상처가 곪았습니다.
Su herida tiene pus.
쑤 에리다 띠에네 뿌쓰.

감기에 좋은 약 있어요?
¿Tiene una medicina buena para el catarro?
띠에네 우나 메디씨나 부에나 빠라 엘 까따로?

▶ 물린데 **picadura** 삐까두라 / 화상 **quemadura** 께마두라 / 설사 **diarrea** 디아레아 /
변비 **estreñimiento** 에스뜨레니미엔또 / 삔 데(염좌) **torceduras** 또르쎄두라쓰

아스피린 주세요.
Déme aspirina, por favor.
(= Necesito una~ / Quiero una~)
데메 아스삐리나, 뽀르 파보르. (네쎄씨또 우나~ / 끼에로 우나~)

▶ 소독제 **antiséptico** 안띠쎕띠꼬 /
밴드 **vendas esparadrapo** 벤다쓰 에스빠라드라뽀 /
립밤 **cacao para los labios** 까까오 빠라 로쓰 라비오쓰 /
목캔디 **pastillas para la garganta** 빠스띨야쓰 빠라 라 가르간따 /
바셀린 **vaselina** 바셀리나 /
수면제 **pastillas para dormir** 빠스띨야쓰 빠라 도르미르 /
항생제 **antibióticos** 안띠비오띠꼬쓰 /
코프(기침)시럽 **jarabe para la tos** 하라베 빠라 라 또쓰

② 처방전 관련해서

처방전이 여기 있어요.
Aquí tengo la receta médica.
아끼 뗑고 라 레쎄따 메디까.

처방전 없이 살 수 있는 진통제가 있나요?
¿Hay algún calmante que pueda comprar sin receta médica?
아이 알군 깔만떼 께 뿌에다 꼼쁘라르 씬 레쎄따 메디까?

죄송하지만, 그 약이 지금 없습니다.
Lo siento, ahora mismo no lo tenemos.
로 씨엔또, 아오라 미쓰모 노 로 떼네모쓰.

처방전이 있으세요? 이 약은 처방전이 필요합니다.
¿Tiene receta médica? Esta medicina lo necesita.
띠에네 레쎄따 메디까? 에스따 메디씨나 로 네쎄씨따.

③ 부작용 · 복용 방법

이 약에 부작용이 있나요?
¿Esta medicina tiene efectos secundarios?
에스따 메디씨나 띠에네 에펙또쓰 쎄꾼다리오쓰?

약을 몇 회 복용해야 하죠?
¿Cuántas veces debo tomarla al día?
꾸안따쓰 베쎄쓰 데보 또마를라 알 디아?

어떻게 먹는 겁니까?
¿Cómo debo tomarla?
꼬모 데보 또말라?

④ 약사의 지시 사항

하루에 세 번, 식후에 드세요.
Después de comer, 3 veces al día.
데스뿌에쓰 데 꼬메르, 뜨레스 베쎄쓰 알 디아.

매일[매시간/하루 2회] 드세요.
Tome esto todos los días[cada hora/2 veces al día].
또메 에스또 또도쓰 로쓰 디아쓰[까다 오라/도쓰 베쎄쓰 알 디아].

물하고 한 알씩 드십시오.
Tome una pastilla con agua.
또메 우나 빠쓰띨야 꼰 아구아.

식사하기 전에(공복에) 이 약을 드세요.
Tómelo antes de comer con el estómago vacío.
또메로 안떼쓰 데 꼬메르 꼰 엘 에스또마고 바씨오.

약을 드신 후에 운전하지 마세요.
No conduzca después de tomar esta medicina.
노 꼰두쓰까 데스뿌에쓰 데 또마르 에스따 메디씨나.

약을 드시면 약간 졸릴 거예요.
Después de tomar la medicina puede tener sueño.
데스뿌에쓰 데 또마르 라 메디씨나 뿌에데 떼네르 쑤에뇨.

통증이 완화될 거예요.
Mejorará su dolor.
메호라라 쑤 돌로르.

병원에 가셔야 해요.
Tiene que ir al hospital.
띠에네 께 이르 알 오스삐딸.

DIÁLOGO 3

약국에서

약사 어떻게 도와 드릴까요?

¿En qué le puedo ayudar?
엔 께 레 뿌에도 아유다르?

나 네, 이 처방전 약을 지으려고요.

Sí, necesito estas medicinas de la receta.
씨, 네쎄씨또 에스따쓰 메디씨나쓰 데 라 레쎄따.

약사 잠시만 기다리세요.

Un momento, por favor.
운 모멘또, 뽀르 파보르.

나 두통약도 좀 샀으면 좋겠어요. 두통약이 어디에 있나요?

Quiero comprar pastillas para dolor de cabeza también. ¿Dónde hay?
끼에로 꼼쁘라르 빠스띨야쓰 빠라 돌로르 데 까베싸 땀비엔. 돈데 아이?

약사 우측 세 번째 칸에 있어요.

Está en la tercera balda de la derecha.
에스따 엔 라 떼르쎄라 발다 데 라 데레차.

(잠시 후)

약사 약이 준비됐습니다. 두통약은 찾으셨어요?

La medicina está aquí. ¿Ha encontrado la suya?
라 메디씨나 에스따 아끼. 아 엔꼰뜨라도 라 쑤야?

나 네, 처방약하고 함께 계산할게요.

Sí, pagaré con la medicina.
씨, 빠가레 꼰 라 메디씨나.

약사 모두 해서 12유로예요.

En total son 12 euros.
엔 또딸 쏜 도쎄 에우로쓰.

나 감사합니다.

Muchas gracias.
무차쓰 그라씨아쓰.

약사 안녕히 가세요.

Hasta luego.
아스따 루에고.

KEY **CHECK 4**

응급 상황

응급 상황에 신고할 때

여행 중에는 예상하지 못했던 가지각색의 변수들이 많이 있죠. 이런 점이 여행의 묘미이기도 하지만 실제 응급 상황에 직면하면 당황해서 말문이 막히기 쉽습니다. 알던 표현도 빨리 안 나오고요. 그때 신속하게 도움을 받으려면 다음 표현들도 꼭 챙겨 두세요.

❶ 사고 났을 때

도와주세요!
¡Ayuda!
아유다!

강도야!
¡Ladrón!
라드론!

도와줘요. 강도야!
¡Ayuda, ladrón!
아유다, 라드론!

불이야!
¡Fuego!
푸에고!

멈춰요!
¡Pare!
빠레!

저리 가요!
¡Váya!
바야!

조심해요!
¡Cuidado!
꾸이다도!

서둘러 주세요.
Dése prisa, por favor.
데쎄 쁘리싸, 뽀르 파보르.

급해요. / 빨리요.
Tengo prisa. / Rápido, por favor.
뗑고 쁘리싸. / 라삐도, 뽀르 파보르.

경찰을 불러 주세요!
¡Llame a la policía, por favor!
야메 아 라 뽈리씨아, 뽀르 파보르!

▶ 의사 **médico** 메디꼬 /
구급차 **ambulancia** 암불란씨아

저 좀 도와주시겠어요?
¿Me puede ayudar, por favor?
메 뿌에데 아유다르, 뽀르 파보르?

전화를 써야 해요.
Necesito usar el teléfono.
네쎄씨또 우싸르 엘 뗄레포노.

경찰서가 어디 있죠?
¿Dónde está la comisaría?
돈데 에스따 라 꼬미사리아?

저 남자[여자]예요.
Es él[ella].
에쓰 엘[에이야].

소매치기(강도)를 당했어요.
Me han robado.
메 안 로바도.

저 남자[여자]가 훔치려고 했어요.
Él[Ella] intentó robarme.
엘[에이야] 인뗀또 로바르메.

자동차 사고를 당했어요.
He tenido un accidente de coche.
에 떼니도 운 악씨덴떼 데 꼬체.

저 사람이 칼을 가졌어요.
El tiene un cuchillo.
엘 띠에네 운 꾸칠요.

❷ 사람이 다쳤어요!

사고가 났어요! 2명이 다쳤어요.
¡Un accidente! Hay 2 heridos.
운 악씨덴떼! 아이 도쓰 에리도쓰.

제 친구가 숨을 안 쉬어요.
Mi amigo no respira.
미 아미고 노 레스삐라.

▶ 다쳤어요 **está herido** 에스따 에리도 /
기절했어요 **se ha desmayado** 쎄 아 데스마야도 /
피를 흘려요 **está sangrando** 에스따 쌍그란도 /
물에 빠졌어요 **ha caído al agua** 아 까이도 알 아구아

남편[부인]이 심장마비가 왔어요.
Mi esposo(a) tiene un ataque al corazón.
미 에스뽀쏘 띠에네 운 아따께 알 꼬라쏜.

동생이 맞아서 피를 많이 흘리고 있어요.
A mi hermano le han pegado y está sangrando.

아 미 에르마노 레 안 뻬가도 이 에스따 쌍그란도.

응급실이 어디 있죠?
¿Dónde están las urgencias?
돈데 에스딴 라쓰 우르헨씨아쓰?

구급차에 같이 타고 갈게요.
Iré en la ambulancia.
이레 엔 라 암불란씨아.

TIP 국가별 응급(의료) 번호

스페인	112, 061
멕시코	066, 060, 080
콜롬비아	132
아르헨티나	107
칠레	131
볼리비아	118
베네수엘라	171

DIÁLOGO 4

교통사고 신고

나	여보세요, 경찰서죠?	**¿Hola, es la policía?** 올라? 에쓰 라 뽈리씨아?
경찰관	네, 무엇을 도와 드릴까요?	**Sí, ¿en qué le puedo ayudar?** 씨, 엔 께 레 뿌에도 아유다르?
나	자동차 사고 신고하려고요.	**He tenido un accidente de coche.** 에 떼니도 운 악씨덴떼 데 꼬체.
경찰관	다친 사람 있습니까?	**¿Hay algún herido?** 아이 알군 에리도?
나	네, 구급차 좀 바로 보내 주세요.	**Sí, envíenme una ambulancia, por favor.** 씨, 엔비엔메 우나 암불란씨아, 뽀르 파보르.

소매치기를 만났을 때

나	강도야! 도와주세요!	**¡Ladrón! ¡Ayuda!** 라드론! 아유다!
행인	괜찮아요?	**¿Está bien?** 에스따 비엔?
나	네, 다행히 미리 알아챘어요.	**Sí, por suerte me he dado cuenta.** 씨, 뽀르 쑤에르떼 메 에 다도 꾸엔따.
행인	없어진 것 없나 살펴보세요. 이곳은 관광객이 많아서 조심해야 해요.	**Mire si ha perdido algo. Aquí hay muchos turistas y tiene que tener ciudado.** 미레 씨 아 뻬르디도 알고. 아끼 아이 무초쓰 뚜리스따쓰 이 띠에네 께 떼네르 꾸이다도.
나	네, 감사합니다.	**Sí, muchas gracias.** 씨, 무차쓰 그라씨아쓰.

KEY **CHECK** 5

1. 도난·분실 신고

도난·분실 신고하기

세계에서 소매치기가 가장 빈번한 나라(도시)가 어디일까요? 여행 사이트(TripAdvisor)에 따르면 10위 중 7위는 아르헨티나의 부에노스아이레스, 4위는 스페인 마드리드, 대망의 1위는 다름 아닌 스페인 바르셀로나라고 합니다(2016년 2월 기준). 전 세계 관광객이 많이 모여드는 곳이니만큼 유명세는 어쩔 수 없겠죠. 관광은 즐기시되 안전 대비는 철저히 하세요.

❶ 도난·분실 신고

가방을 도난당했어요.
Me han robado el bolso.
메 안 로바도 엘 볼쏘.

▶ 지갑 **cartera** 까르떼라 / 현금 **dinero** 디네로 / 여권 **pasaporte** 빠싸뽀르떼

오늘 아침 버스에서 도난당했어요.
Me han robado esta mañana en el autobús.
메 안 로바도 에스따 마냐나 엔 엘 아우또부쓰.

카메라를 분실했어요.
He perdido la cámara.
에 뻬르디도 라 까마라.

내 가방[돈/여권]이 분실됐어요.
He perdido mis maletas[mi dinero/mi pasaporte].
에 뻬르디도 미쓰 말레따쓰[미 디네로/미 빠싸뽀르떼].

분실물 센터가 어디 있어요?
¿Dónde está el mostrador de objetos perdidos?
돈데 에쓰따 엘 모스뜨라도르 데 오브헤또쓰 뻬르디도쓰?

가장 가까운 경찰서가 어디예요?
¿Dónde está la comisaría de policía más cercana?
돈데 에쓰따 라 꼬미사리아 데 뽈리씨아 마쓰 쎄르까나?

택시[기차/버스]에 지갑을 두고 내렸어요.
He dejado la cartera en el taxi[tren/autobús].
에 데하도 라 까르떼라 엔 엘 딱씨[뜨렌/아우또부쓰].

어디에 두었는지 모르겠어요.
No sé dónde lo he dejado.
노 쎄 돈데 로 에 데하도.

소매치기가 가방을 찢었어요.
El ladrón ha roto mi bolso.
엘 라드론 아 로또 미 볼쏘.

지갑과 여권이 들어 있어요.
Tenía mi cartera y el pasaporte.
떼니아 미 까르떼라 이 엘 빠싸뽀르떼.

현금 500유로와 신용 카드 두 장이요.
500 euros en efectivo y 2 tarjetas de crédito.
끼니엔또쓰 에우로쓰 엔 에펙띠보 이 도쓰 따르헤따쓰 데 끄레디또.

❷ 여권을 잃어버렸을 때

여권을 분실했어요.
He perdido el pasaporte.
에 뻬르디도 엘 빠싸뽀르떼.

한국 대사관은 어디 있나요?
¿Dónde está la Embajada de Corea?
돈데 에스따 라 엠바하다 데 꼬레아?

사본을 주시겠어요?
¿Puede darme una copia, por favor?
뿌에데 다르메 우나 꼬삐아, 뽀르 파보르?

③ 이런 말을 들어요.

언제 어디서 분실했나요?
¿Dónde y cuándo lo ha perdido?
돈데 이 꾸안도 로 아 뻬르디도?

그 안에 뭐가 들어 있나요?
¿Qué llevaba dentro?
께 예바바 덴뜨로?

돈은 얼마나 들어 있나요?
¿Cuánto dinero llevaba?
꾸안또 디네로 예바바?

사건 경위를 말씀해 주시겠어요?
¿Me puede explicar lo ocurrido?
메 뿌에데 엑스쁠리까르 로 오꾸리도?

서류를 작성해 주세요.
Complete el documento, por favor.
꼼쁠레떼 엘 도꾸멘또, 뽀르 파보르.

신분증[여권]을 보여 주세요.
Enséñeme la tarjeta de identidad[el pasaporte].
엔쎄녜메 라 따르헤따 데 이덴띠닫[엘 빠싸뽀르떼].

④ 도움 요청하기

한국어[영어] 하시는 분과 얘기 나눌 수 있어요?
¿Puedo hablar con alguien que hable coreano[inglés]?
뿌에도 아블라르 꼰 알기엔 께 아블레 꼬레아노[인글레쓰]?

대사관[영사관]에 연락하고 싶어요.
Quiero llamar a mi Embajada[Consulado].
끼에로 야마르 아 미 엠바하다[꼰쑬라도].

경찰서[한국 대사관]에 전화해 주세요.
Lláme a la policía[Embajada de Corea], por favor.
야메 아 라 뽈리씨아[엠바하다 데 꼬레아], 뽀르 파보르.

도난에 대한 손해 배상 청구를 하고 싶어요.
Quiero pedir una indemnización por robo.
끼에로 뻬디르 우나 인뎀니싸씨온 뽀르 로보.

보험이 있어요.
Tengo seguro.
뗑고 쎄구로.

분실 증명서를 만들어 주세요. / 복사본 주세요.
Hágame un certificado de pérdida de objetos, por favor. / Necesito la copia.
아가메 운 쎄르띠피까도 데 뻬르디다 데 오브헤또쓰, 뽀르 파보르. / 네쎄씨또 라 꼬삐아.

보험회사에 제출할 확인서가 필요해요.
Necesito un certificado para entregar a la companía de seguros.
네쎄씨또 운 쎄르띠피까도 빠라 엔뜨레가르 아 라 꼼빠니아 데 쎄구로쓰.

TIP 여행자 보험에 가입한 경우 분실물 신고 요령
- 여행자 보험에 가입한 경우 분실이 발생하면 우선 경찰에 신고해서 분실 증명서를 작성하세요. 언제, 어디서, 무엇을, 어떻게 하다가 잃어버렸는지를 적으면 됩니다.
- 귀국해서 여행사나 보험사에 분실 신고를 하고, 보험 서류를 작성합니다.
- 보험사별로 차이가 있지만, 분실 사유서, 분실물 목록 등의 서류를 요구합니다. (방문지 여권 스탬프 사본, 분실물 구입 영수증 사본 등의 기타 서류도 요청)
- 구입한 물품을 분실한 경우 품목과 구입 일시 및 가격 등을 명기해야 하므로 물품을 살 때는 영수증을 꼭 챙기세요.

2. 자세하게 설명하기

당황스러워도 설명은 자세하게

해외에서 크고 작은 사고를 당했을 때 침착하기란 쉽지 않겠지만 그럴수록 정신 줄 바짝 잡고 사고 경위를 잘 파악해서 신고해야 합니다. 언제, 어디서, 무엇을 잃어버렸는지, 범인의 인상착의를 설명하는 표현을 익혀보세요.

❶ 사고 위치와 시간 설명하기

6월 3일 오후 3시쯤 아즈떼카 지하철 3번 출구 앞에서 도난당했어요.

Me robaron el día 3 de junio alrededor de las 3 de la tarde, en frente de la salida número tres de la estación Azteca.

메 로바론 엘 디아 뜨레쓰 데 후니오 알레데도르 데 라쓰 뜨레쓰 데 라 따르데, 엔 프렌떼 데 라 쌀리다 누메로 뜨레쓰 데 라 에스따씨온 아스떼까.

어제 오전 10시쯤 밀라 호텔에서 분실 사고가 있었어요.

Hubo una pérdida de objetos ayer alrededor de las 10 de la mañana cerca del hotel Milla.

우보 우나 뻬르디다 데 오브헤또쓰 아예르 알레데도르 데 라쓰 디에쓰 데 라 마냐나 쎄르까 델 오뗄 밀라.

프라도 미술관 앞에서 카메라를 도난당했어요.

Me han robado la cámara en frente del Museo Nacional del Prado.

메 안 로바도 라 까마라 엔 프렌떼 델 무세오 나씨오날 델 쁘라도.

---

❷ 범인의 인상착의 설명하기

밤에 제 방에 마스크를 쓴 두 남자 강도가 들었어요.

Anoche entraron dos hombres con una máscara puesta a mi habitación.

아노체 엔뜨라론 도쓰 옴브레쓰 꼰 우나 마스까라 뿌에스따 아 미 아비따씨온.

20대 초반의 남성에게 강도를 당했어요.
Me ha asaltado un hombre de unos 20 pocos años.
메 안 아쌀따도 운 옴브레 데 우노쓰 베인띠 뽀꼬쓰 아뇨쓰.

키가 1.84 정도 됐어요.
Medía más o menos un metro ochenta y cuatro centímetros.
메디아 마쓰 오 메노쓰 운 메뜨로 오첸따 이 꾸아뜨로 쎈띠메뜨로쓰.

턱수염에 왼쪽 뺨에는 흉터가 있었어요.
Tenía barba y una herida en la mejilla izquierda.
떼니아 바르바 이 우나 에리다 엔 라 메힐야 이쓰끼에르다.

검정 셔츠와 청바지를 입고 있었어요.
Llevaba puesto una camiseta negra y pantalón vaquero.
예바바 뿌에스또 우나 까미쎄따 네그라 이 빤따론 바께로.

❸ 피해 상황 설명하기

두 남자가 제 방에 들어와 돈을 달라고 했어요.
2 hombres han entrado a mi habitación y me han pedido dinero.
도쓰 옴브레쓰 안 엔뜨라도 아 미 아비따씨온 이 메 안 뻬디도 디네로.

그 사람이 저한테 시계와 돈을 요구했어요.
Me ha pedido mi reloj y el dinero.
메 아 뻬디도 미 렐로흐 이 엘 디네로.

그 사람이 8,000페소 상당의 시계를 가져갔어요.
Me ha robado un reloj que cuesta unos 8.000 pesos.
메 아 로바도 운 렐로흐 께 꾸에스따 우노쓰 오초 밀 뻬쏘쓰.

피안코 역에서 소매치기를 당했어요.
Me han robado cerca de la estación Pianco.
메 안 로바도 쎄르까 데 라 에스따씨온 삐안꼬.

숙소에서 노트북이 없어졌어요.
He perdido el ordenador dentro del dormitorio.
에 뻬르디도 엘 오르데나도르 덴뜨로 델 도르미또리오.

목격자는 없어요.
No hay testigo.
노 아이 떼스띠고.

DIÁLOGO 5

도난 신고하기

나 도난 신고할게요. 매고 있던 작은 가방이 찢겨 있었어요.

Quiero hacer una denuncia. Tenía el bolso roto.
끼에로 아쎄르 우나 데눈씨아. 떼니아 엘 볼쏘 로또.

경찰관 뭐가 없어졌나요?

¿Ha perdido algo?
아 뻬르디도 알고?

나 지갑하고 스마트폰이 없어졌어요.

La cartera y el móvil.
라 까르떼라 이 엘 모빌.

경찰관 소매치기범 인상착의 기억하세요?

¿Recuerda a la persona?
레꾸에르다 아 라 뻬르쏘나?

나 빨간 모자 쓴 남자 한 명과 짧은 반바지를 입고 있던 긴 머리 여자를 본 것 같아요. 그들이 의심스럽네요. 마요르 광장에서 택시를 기다리는 중이었어요.

Creo haber visto un hombre con una gorra roja y una mujer con un pantalón corto. Sospecho a esas personas. Estaba esperando un taxi en la Plaza Mayor.
끄레오 께 에 비스또 운 옴브레 꼰 우나 고라 로하 이 우나 무헤르 꼰 운 빤따론 꼬르또. 쏘스뻬초 아 에싸쓰 뻬르쏘나쓰. 에스따바 에스뻬란도 운 딱씨 엔 라 쁠라싸 마요르.

경찰관 이 서류를 작성해 주세요. 상세하게 쓰세요.

Complete este documento, por favor. Con detalles.
꼼쁠레떼 에스떼 도꾸멘또, 뽀르 파보르. 꼰 데따예쓰.

나 네. 감사합니다.

Sí, muchas gracias.
씨, 무차쓰 그라씨아쓰.

CHECK IT OUT ⑤ | 여행 범죄·분실에 대비하기

세계 각국으로 배낭여행족들이 늘어나면서 유명한 관광지에는 그만큼 범죄 위험도 커졌습니다. 뉴스 등에서 익히 들어 보셨겠지만 소스 등 음식물을 쏟고 정신없는 틈을 타서 지갑을 털어가거나 복잡한 지하철에서 배낭을 뜯는 것은 기본이고 요즘은 더 지능적인 범죄도 자주 일어나고 있습니다. 신용 카드 마그네틱이나 전자 여권 정보 해킹 위험까지 있다니 만반의 준비를 하지 않고서는 안심할 수 없습니다. 몇 가지 여행 범죄 유의 사항 소개해 드릴게요.

- 여행 범죄가 진화하는 만큼 여행용품도 진화한다! 벨트 안에 돈을 보관할 수 있는 머니벨트, 여권이나 신용 카드 해킹 방지가 가능하고 날카로운 칼로 찢어도 문제없는 특수 소재 가방 등 여행용품 사이트에서 안전 용품을 챙기세요.
- 외교부에서 안내한 '여행경보' 지역 정보(여행 유의, 자제, 금지 구역)를 꼭 살펴보세요.
- 길거리에서 경찰 사칭하는 범죄에 유의하세요. 여권을 보여 달라거나 돈을 요구하는 경우는 대부분 사칭일 가능성이 높습니다.
- 소스 등 음식물을 쏟고 도와주는 척하면서 짐을 훔쳐가는 경우가 많습니다. 초콜릿, 새똥 등 뿌리는 것도 가지각색. 누군가 뭔가 뿌리면 당황하지 말고 경계부터 하세요.
- 관광객이 많은 장소에서 휴대폰을 손에 들고 다니거나 카메라 등 고가품 소지 및 노출에 유의하세요.
- 운 나쁘게 강도를 맞닥뜨리는 경우 아무리 귀한 물건이라도 달라는 대로 주세요. 총이나 칼 같은 흉기를 소지하는 이들도 있으니 사소한데 목숨 걸지 마세요.
- 정식 등록 택시를 이용하세요. 길을 둘러가거나 목적지를 다르게 데려갈 수도 있습니다. 특히 거스름돈 없다고 하는 택시기사도 있으니 잔돈은 충분히 준비해 두세요.
- 어느 공공장소에서건 가방 등은 가까이 두고 팔다리에 걸어 놓으세요. 지하철에서는 배낭을 가능한 앞으로 매고 지하철 문 가까이 서지 마세요.

여행 전 여행자보험 가입을 반드시 하세요. 여행 시 소지품을 도난 혹은 분실하면 그것을 되찾기란 하늘의 별 따기입니다. 그렇다면 남은 것은? 여행자보험을 통해 보상이라도 받아야겠죠.

- 소지품(휴대폰, 카메라, 노트북 등) 분실: 근처 경찰서를 방문해서 폴리스리포트(분실 신고서)를 작성합니다. 분실 물품에 대해 아주 자세하게 말(작성)해야 합니다. 제품 브랜드, 색상, 제품번호, 가격 그리고 개인 신상, 한국 주소, 소매치기 인상착의 등 세부적인 부분까지 말이죠. 분실, 잃어버린 경우 보상받지 못하니 '도난당했다'고 하세요. 리포트는 추후 귀국하고 보험사에 제출해야 하니 잘 보관하세요.
- 현금, 신용 카드 분실: 신용 카드는 카드사에 전화해서 바로 사용정지 시키세요. 카드사 번호와 정보를 반드시 챙겨 둬야겠죠. 지갑을 통째로 도난당한 경우 현금(카드)이 없으면 대사관(총영사관)을 통해 '신속해외송금제도'를 이용하세요. 급한 여행 경비를 재외공관을 통해 송금받을 수 있습니다. 머무르는 곳에 대사관이 없는 경우 카드 콜센터를 통해 '긴급 대체카드 서비스(emergency credit card service)'를 이용할 수 있습니다.
- 여권 분실: 먼저 경찰서(국가 소속 경찰서; Comisaría de Policía Nacional)에 가서 여권 분실 증명서를 작성합니다. (여권 사본을 챙겨 두세요) 분실(도난) 지역이 어디든 무조건 한국 대사관(영사관)이 있는 도시로 가야 합니다. 예를 들어 바르셀로나에서 분실하면 한국 대사관이 있는 마드리드로 이동해야 합니다. 주말 제외, 업무 시간(9:00~14:00)에 맞춰 방문하고 필요한 서류(증명사진은 대사관에서도 찍을 수 있지만, 여분을 챙겨 두면 좋겠죠)를 준비하여 재발급받습니다.

여행 안심 패스
VOCA BOX 8

은행, 병원 · 약국, 응급 상황 관련 어휘

은행

계좌 **cuenta**
꾸엔따

고액권 **billetes grandes**
비예떼쓰 그란데쓰

돈 **dinero**
디네로

동전 **monedas**
모네다쓰

보증금, 착수금 **depósito**
데뽀씨또

부채(빚) **deuda**
데우다

송금 **transferencia**
뜨란스페렌씨아

수표 **cheque**
체께

신용카드 **tarjeta de crédito**
따르헤따 데 끄레디또

여행자 수표 **cheque de viajero**
체께 데 비아헤로

은행 고유(식별)번호 **código SWIFT**
꼬디고 스위프트

은행 **banco**
방꼬

은행 계좌 **cuenta bancaria**
꾸엔따 방까리아

은행 수수료 **comisión del banco**
꼬미씨온 델 방꼬

은행 창구 출납원 **cajero**
까헤로

인출(출금) **sacar dinero**
싸까르 디네로

저금 계좌 **cuenta de ahorros**
꾸엔따 데 아오로쓰

저축 **ahorro**
아오로

지폐(현금) **billete**
비예떼

직불(현금)카드 **tarjeta de débito**
따르헤따 데 데비또

한도 **límite**
리미떼

현금 자동 인출기 **cajero automático**
까헤로 아우또마띠꼬

환율 **cambio**
깜비오

환전 **cambiar dinero**
깜비아르 디네로

환전소 **oficina de cambio**
오피씨나 데 깜비오

병원/약국

가려움 **picor**
삐꼬르

간호사 **enfermero / enfermera**
엔페르메로 / 엔페르메라

감기 **resfriado / constipado**
레쓰프리아도 / 꼰스띠빠도

감염 **infección**
인펙씨온

과민 **nervios**
네르비오쓰

구급차 **ambulancia**
암불란씨아

구토 **vómito**
보미또

기침 **tos**
또쓰

독감 **cripe**
그리뻬

두통 **dolor de cabeza**
돌로르 데 까베싸

립밤 **cacao para los labios**
까까오 빠라 로쓰 라비오쓰

메스꺼움 **náusea**
나우쎄아

목캔디 **pastillas para la garganta**
빠스띨야쓰 빠라 라 가르간따

바셀린 **vaselina**
바셀리나

밴드 **vendas esparadrapo**
벤다쓰 에스빠라드라뽀

베다 **corte**
꼬르떼

변비 **estreñimiento**
에스뜨레니미엔또

병원 **hospital**
오스삐딸

복통 **dolor de tripa** (스페인) / **barriga** (중남미)
돌로르 데 뜨리빠 / 바리가

부상 **herida**
에리다

삐다(염좌) **torcedura**
또르쎄두라

설사 **diarrea**
디아레아

소독제 **antiséptico**
안띠셉띠꼬

소화제 **pastillas para la digestión**
빠스띨야쓰 빠라 라 디헤스띠온

수면제 **pastillas para dormir**
빠스띨야쓰 빠라 도르미르

수술 **cirugía**
씨루히아

안약 **gotas para los ojos / colirio**
고따쓰 빠라 로쓰 오호쓰 / 꼴리리오

알레르기 **alergia**
알레르히아

약 **medicina**
메디씨나

약국 **farmacia**
파르마씨아

연고 **crema**
끄레마

열 **fiebre**
피에브레

오한 **temblor**
뗌블로르

응급실 **urgencias**
우르헨씨아쓰

이통 **dolor de oído**
돌로르 데 오이도

주사 **inyección**
인옉씨온

진료실 **consultorio**
꼰쑬또리오

충혈, 막힘 **congestión**
꼰헤스띠온

치통 **dolor de muela**
돌로르 데 무엘라

코 막힘 **congestión nasal**
꼰헤스띠온 나쌀

코프(기침)시럽 **jarabe para la tos**
하라베 빠라 라 또쓰

코피 **hemorragia nasal**
에모라히아 나쌀

콘돔 **condón / preservativo**
꼰돔 / 쁘레세르바띠보

클리닉(진료소) **clínica**
끌리니까

통증 **dolor**
돌로르

편두통 **migraña**
미그라냐

피임약 **anovulatorio / píldora antiembarazo**
아노불라또리오 / 삘도라 안띠엠바라쏘

항생제 **antibióticos**
안띠비오띠꼬쓰

화상 **quemaduras**
께마두라쓰

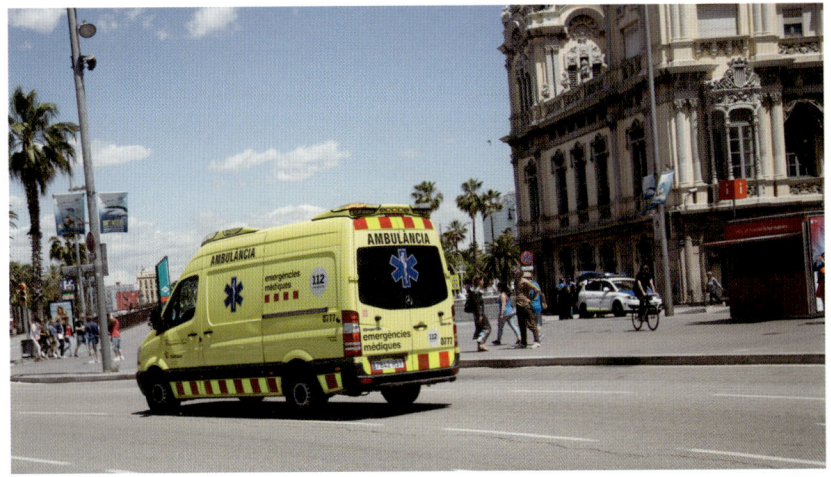

응급 상황

경찰관 **policía**
뽈리씨아

구급차 **ambulancia**
암불란씨아

사고 **accidente**
악씨덴떼

사다리 **escalera**
에스깔레라

소방관 **bomberos**
봄베로쓰

소방차 **coche de bomberos**
꼬체 데 봄베로쓰

위험 **peligro**
뻴리그로

응급 구조사 **paramédico / médico de urgencias**
빠라메디꼬 / 메디꼬 데 우르헨씨아쓰

화재 대피로 **salida de emergencia**
쌀리다 데 에메르헨씨아

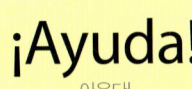
아유다!

도와주세요!